5년 후 나는 어디에 있을 것인가

5년 후 나는 어디에 있을 것인가

이용덕 지음

세상의 모든 것을 기회로 만드는
글로벌 이노베이터의 5가지 통찰

WHERE WOULD I BE IN

FIVE

YEARS

TORNADO
토네이도

추천의 말

내가 이용덕 교수와 알고 지낸 시간은 1년 남짓이다. 두어 차례 그의 강의를 듣고 교우하면서 나는 이 교수가 자기 인생을 스스로 디자인해 적극적으로 만들어가는 특별한 사람이라는 것을 알게 됐다.

그렇기에 4차 산업혁명을 맞이한, 무엇보다 AI 기술의 발달로 수백만 개의 일자리가 사라지는 것을 경험하고 있는 밀레니얼 세대에게 이 책을 필독서로 추천하고 싶다. 현대를 살아가는 우리에게 많은 시사점을 던져줄 것이다.

_권오준(前 POSCO 회장)

당신은 무엇을 원하는가! 그것이 알고 싶다면 나 자신과 마주 서서 스스로를 장악하고, 세상의 격랑 속으로 과감히 뛰어들어라. 그렇게 하지 않고 원하는 것을 얻은 사람은 아무도 없다.

지방대 출신, 인정받지 못하던 사회 초년생이라는 사회적 마이너리티를 극복하고 글로벌 기업 CEO가 된 이용덕 대표가 멘티들과 나눈 인생의 고민은 젊은이들의 가슴을 뛰게 할 것이다. 꿈이 있다면 이 책을 읽고 두려움을 거두길 바란다.

_정석현(수산그룹 회장)

이용덕 대표는 29년 전 내 MBA 학생이었다. 그때부터 그가 어떻게 자신을 만들어 가고 성장하는지 지켜봤고, 함께 일하기도 했다.

글로벌 IT 기업의 대표이자 수많은 젊은 창업가들의 멘토였던 이용덕 대표는 이제 직접 스타트업을 운영하는 경영자가 됐다. 이 책은 그가 자신의 경험과 성공 비결을 모두 털어놓은 훌륭한 성장 매뉴얼이다.

_황의록(아주대학교 명예교수, 한국화가협동조합 이사장)

곁에서 본 이용덕 대표는 매력적인 삶을 살고 있는 우리 시대의 리더다. 대기업에서 출발해 최고의 위치에 오른 후, 다시 꿈을 좇아 스타트업을 시작하고 젊은이들을 교육하는 지금의 모습까지, 테크놀로지의 최전선에서 시대가 요구하는 책임감 있는 리더의 모습을 우리에게 보여주었다.

그의 삶이 고스란히 녹아 있는 이 책에서 젊은이들이 사회적 성공의 기술이 아니라 꿈을 실행하는 성숙한 열정을 읽어낼 수 있기를.

_정재승(뇌공학자, 《열두 발자국》《과학 콘서트》 저자)

우리의 가슴을 뛰게 만드는 단어들이 있다. '꿈', '미래', 그리고 나의 경우에는 '연구소'. 그런데 이 세 개의 단어 모두가 들어간 곳을 세운 이가 있으니, 바로 "드림앤퓨처랩스Dream N Future Labs"의 대표이자 이 책의 저자, 이용덕 대표다.

빠르게 바뀌는 이 세상에서 어떤 일을 어떻게 찾아야 하는지 고민하는 젊은 친구들이 많다. 나는 자기만의 꿈을 찾고 좇고 이루는 것만큼 중요한 것이 없다고 믿기에 우리나라에서 열심히 멘토의 역할을 해오고 있다. 이러한 가치를 함께하는 이 대표 역시 엄청난 에너지로 멘티들과 꿈에 관한 이야기를 나눈다. 붕 떠 있는 이야기들이 아닌, 실질적으로 도움이 되는 현실적인 조언들과 이야기들을.

서점에 가면 수많은 자기계발서들이 있지만, 진정성이 느껴지는 책들은 나는 많이 보지 못했다. 조언의 진정성은 스스로 격어보지 않은 사람에게서는 나오기가 힘들기 때문이다. 진정성은 보여주는 것이 아니라 '보여지는' 것이다. 20년간 글로벌 IT 기업에서 CEO로 재직하다가 직접 꿈을 찾으러 떠난 사람이 하는 이야기에서는 엄청난 에너지와 진정성이 느껴질 수밖에 없다.

자신이 좋아하는 일, 잘하는 일, 그리고 가치 있는 일을 찾고자 하는 사람들에게 이 책을 권하고 싶다. 미래는, 세상을 바꿀 수 있다고 믿는 자들의 것이다.

_데니스 홍(로봇공학자)

나는
까칠한 사람입니다

15년 전 어느 날, 신문 기사에서 본 '이공계 기피 현상'이란 헤드라인이 이렇게 나의 길을 바꾸어 놓을 줄은 정말 몰랐다. 몇 명의 대학생들과 만나 IT와 과학을 주제로 대화를 나눈 것이 그 시작이었다. 그냥 짬을 내어 IT의 중요함을 말하려고 시작한 일인데… 그날 이후로 많은 젊은이들을 만나왔다. 연령대도 다양했다. 중학교 1학년부터 30대 직장인까지. 이야기의 주제 또한 여러 가지였다. 입시, 진로, 취업, 이직, 가정 문제 등등. 이 시대를 살아가는 젊은이들은 많은 고민을 가지고 있었다. 하지만 그 고민을 말할 곳이 없어 해결하지 못한 채 그냥 체념하는 경우가 많은 듯 보였다.

나는 어떻게 많은 젊은이들과 만나 함께 고민을 나눌 수 있었던 걸까? 곰곰이 생각해 보니 '관심' 덕분이었다. 내가 한 일이라 곤 조금 더 관심을 가지고 그들의 고민을 듣고 얘기를 나눠준 것 뿐이었다. 그런데 그 조그마한 관심이 젊은이들에게 위로와 용기 가 되었고, 꿈을 향한 동기 부여로 이어졌다. 친구들이 고민에서 벗어나 도전하는 모습을 보니 가슴이 떨렸다. 바로 이 변화가 내 가 지금까지 수만 명의 젊은이들 앞에 설 수 있는 용기를 내게 해 줬다.

나는 IT 전문가다. 특히 지난 20년 동안 미국 기업의 전문 경영 인으로 근무하며 실리콘밸리에서 일어나는 변화를 목격했고, 미 래 기술의 변화에 대해 깊이 생각하게 됐다. 바로 이러한 변화를 젊은이들에게 보여주며 자신의 미래를 생각해볼 시간을 만들어 주고 싶었다. 그래서 강연장에 설 때마다 단순히 '꿈을 향해 가!' 라고 격려만 하는 것이 아니라, 앞으로 도래할 우리 사회의 변화 상을 먼저 제시한 후에 청중을 향해 자신의 꿈을 설계하라고 목 소리를 높여 얘기했다. 그리고 실로 놀라운 변화와 도전을 목격 해왔다. 그렇기에 이 책은 '변화하는 세상 속에서 내 꿈을, 혹은 나의 목표를 어떻게 실행할 것인가'에 대한 해답을 찾는 길로 독 자 여러분을 안내해줄 것이다.

5년 후의 여러분은 어떻게 변해 있을까? 여러분의 '꿈'대로 가 고 있을까? 아니면 다른 길로 가고 있을까. 5년 후 나는 어디에 있을 것인가! 꿈과 도전대로 가 있길 바란다.

나는 까칠한 사람이다. 꿈을 향한 도전만큼은 절대 양보하지 않았기 때문이다. 그것은 타인과의 양보가 아니라 나 자신에 대한 양보를 말한다. 일단 목표를 세우면 지독하리만큼 밀어붙였다. 몸이 망가지는 것도 상관하지 않고 목표로 한 것에 모든 힘을 다 쏟아부었다. 어쩌면 그 덕분에 지금까지 인생을 살면서 세운 두 번의 꿈을 모두 이룰 수 있었던 것인지도 모른다. 그리고 나의 이런 까칠함은 멘티들을 만날 때도 다르지 않았다. 어떨 때는 멘티들과 얘기를 나누다가 눈치 보지 않고 정신이 번쩍 들도록 돌직구를 날리기도 했다. 그러고 나면 '십중팔구 연락이 끊기겠지' 싶은데 돌아서면 곧 다시 전화가 왔다. "사장님, 감사합니다" 하고. 나는 젊은이들에게 스스럼 없이 솔직하게 얘기해주려 한다. 인생에 한 명쯤은 돌직구를 날려줄 사람이 있어야 하지 않겠느냐는 논리로 말이다. 무엇보다 지난 5년 이상 해온, 고민 상담을 원하는 젊은이들과의 'Weekend Night Talk'(주말 저녁 9시부터 12시까지의 전화 미팅)는 잊을 수가 없다. 같이 웃고 울고, 때로는 화도 내면서 많은 이야기를 나누었다. 아마 전화 통화를 하며 나눈 얘기들로 글을 썼다면 대여섯 권의 책이 나오지 않았을까.

지난가을, 출판사로부터 멘티들과 함께한 이야기들을 책으로 엮어 좀 더 많은 젊은이들에게 인사이트를 주자는 제안을 받았다. 처음에는 별 고민 없이 선뜻 제안을 수락했다. 이미 수많은 젊은이들과 '꿈'을 향해 가며 겪은, 살아 있는 체험들을 꺼내놓기만 하면 되는 것으로 생각했기 때문이다. 멘티들과의 기억을 하나하나 복기해가며 떠오르는 추억에 미소를 짓기도 하고 또 마음이 저려오는 아픔을 느끼기도 하며 원고를 적어내려갔다.

그런데 거침없이 적어 내려갔던 초반의 기세와 달리, 적으면 적을수록 자신이 없어졌다. 내가 해온 멘토링이 어떻게 보면 대수롭지 않은 일일 수도 있겠단 생각이 들어서였다. 누구나 다 할 수 있는 일인데 생색내기를 하고 있는 건 아닌지, 혹시나 나의 부족함으로 멘티에게 상처를 준 적이 있지는 않을지 염려가 됐다. 책을 쓰는 작업은 나를 되돌아보게 했고, 지난 일들을 반성하는 계기가 되기도 했다.

멘티들에게 나는 '용마담'으로 불린다. '용다방'이라는 이름의 카페도 운영하고 있는데 이 카페에 커피는 없다. 이곳은 '꿈'을 나누는 공간이다. 나는 젊은이들과 함께한 내 인생의 모습이 담긴 이 이름들이 참 좋다. 물론 멘티들이 지어준 이름이어서 더 좋고.

이 책을 쓰면서 많은 멘티들을, 함께 고민한 수많은 순간들을 떠올렸다. 그중 책에 등장한 강정오, 김선빈, 김정엽, 노지원, 윤찬노, 이석, 신단비, 이정재, 임진형, 정영훈, 최성혁, 최정윤, 최혜선, 그리고 드림앤퓨처랩스 소속 스타트업 대표인 신승식, 석희영, 김진아, 최성식, 최성근, 김인남, 김경호, 김태준, 박재홍, 이정민, 곽인범, 이민정, 유병훈, 제시카, 윤성용, 또 김재혁, 장혁, 김민준 대표에게도 응원의 메시지를 보낸다.

나의 롤모델이신 박두진 前 STMicroelectronics Korea 사장님, 前 브로드컴Broadcom 아시아 총괄부사장 닉 샴루Nick Shamlou, 엔비디아Nvidia CEO 젠슨 황Jensen Hwang, 제이 퓨리Jay Puri, 프란시스 유Francis Yu에게도 이 지면을 빌려 감사의 인사를 전한다. 드림앤퓨쳐랩스를 운영하는 데 결정적인 도움을 주신 수산그룹의 정석현 회장님께도 감사의 말씀을 드리며 추천사를 써주신 권오준 前 포스코 회장님, 카이스트 정재승 교수님, UCLA 데니스 홍 교수님께 감사드린다. 특히 지금의 나를 만들어주신 두 분의 스승님, 울산대학교 최재하 특임교수님과 아주대학교 명예교수이시자 한국화가협동조합 이사장이신 황의록 교수님께 감사드린다. 무엇보다 지금의 저를 있게 해주신 하늘에 계신 아버지와 매일 새벽 기도로 아들을 지켜주시는 어머니, 감사드립니다. 끝으로 오랜 시간 수많은 젊은이들과 시간을 보내느라 가족에게 소홀했던 부분도 있었을 텐데 항상 변함없는 용기와 지지를 보내준 사랑하는 아내 정아 씨와 자랑스런 세 아이들 지수, 준구, 현구에게 이 책을 바친다.

2020년 불어닥친 코로나바이러스라는 변화의 풍랑 앞에서
대한민국의 모든 젊은이와 스타트업을 응원하며,
이용덕

차례

1장

일을 대하는 태도
: 글로벌 CEO의 통찰

WHERE WOULD I BE IN

FIVE

YEARS

모든 직장 생활의 종착지는
결국 백수

1년에 한 번은 꼭 용다방 반상회(멘티들과의 모임 이름)를 개최한다. 주로 고등학생과 대학생 위주로 진행했는데 최근에는 '직장인반'도 개설했다. 직장에 다니는 멘티들의 빗발치는 요구가 있기도 했지만, 직장 생활을 할수록 좁아지는 시야에 답답해하는 멘티들의 마음을 누구보다 잘 알고 있기 때문이기도 했다.

'회사에 다니는데 시야가 좁아진다고?' 하는 의문이 들지도 모르겠다. 그런데 사실이다. 맡은 업무에만 집중하기에도 하루가 모자라기 때문이다. 규모가 큰 기업에 다닐수록 세분화된 업무를 담당하기 때문에 더욱 그렇다. 게다가 결혼을 하고 육아까지 병행해야 하는 상황이 오게 되면 당장 코앞의 것들을 시야에 담기에도 버거워진다. 입사할 때까지만 해도 총명한 눈빛을 빛내던 사람들이 점점 생기를 잃어가는 걸 볼 때마다 안타까운 마음이 든다.

직장인들에게 가장 필요한 건 '현실의 삶'이라는 전투에서 때때로 '미래의 나'를 생각하는 것이다. 오늘의 내가 얼마나 경쟁력을 지니고 있는지, 변화할 미래 사회에 맞설 준비는 얼마나 되어 있는지 등. 그래서 나는 직장인들을 만날 기회가 있을 때마다 묻곤 한다.

"우리 미래의 '나'를 생각해볼까요? 미래의 나에겐 어떤 경쟁력이 있나요? 꿈은 갖고 있나요?"

나는 경쟁력 있는 인재인가?

직장인들을 대상으로 강연하는 자리에서 미래를 이야기하며 '꿈'을 언급할 때면 처음엔 다들 황당해하는 얼굴을 해 보인다. 내가 생각해도 유치하고 황당무계하다. 하지만 그 어리둥절해하는 눈빛을 모른 체하고 10분 정도 계속 꿈에 대해 이야기하다 보면 그 후엔 놀랍게도 다들 경청을 하기 시작한다. 아, 물론 어딜 가나 교육발 안 먹히는 10%는 존재한다. 그런데 왜 30대, 40대 직장인들이 그 나이에는 다소 생뚱맞게 들리는 꿈 얘기에 관심을 보이는 걸까? 잊고 지내다 생각이 나서일 수도 있고 실제 그런 생각을 하고 있었기 때문인지도 모른다.

얼마 전, 국내 최대 대기업 중 한 곳에서 직원 5,000명 이상을 감원하겠다는 발표와 동시에 명예퇴직 신청을 받기 시작했다는 기사를 봤다. 하필이면 그 회사의 8~9년 차 중간 관리자 400명 이상을 청중으로 하는 강연이 있던 날이었다.

"여러분, 한번 생각해봅시다. 지금 회사가 어쩔 수 없이 인원 감축을 해야 한다며 중간 관리자인 여러분에게 팀에서 5명씩 정리 해고 대상자 리스트를 제출하라고 합니다. 그랬을 때 여러분은 어떤 기준으로 정리할 팀원을 선별하실 건가요?"

난데없는 질문에 객석이 소란스러워졌다.

"일 잘하는 직원을 리스트에 넣진 않을 거예요. 그렇죠? 일을 못하는 직원부터 순서대로 적으실 건가요? 그럴 수도 있겠죠. 그런데 일을 잘하고 못하고의 기준은 무엇일까요?"

보통 강연 중간에 질문을 하면 객석에서 한두 명 정도가 자신의 생각을 말하곤 하는데, 이번엔 선뜻 입을 여는 사람이 없었다.

"음, 그럼 반대로 회사가 부장에게 여러분과 같은 중간 관리자 5명을 정리 해고 대상자로 선정해 리스트를 제출하라고 하는 상황은 어떨까요? 여러분은 그 리스트에 들어가지 않을 자신이 있나요?"

순간 장내가 조용해졌다. '건드리지 말아야 할 금기를 건드린 걸까?' 하는 걱정이 들기도 했지만 20년 동안 CEO의 자리에 있으며 경험한 이야기를 솔직하게 전하는 게 맞겠다 싶어서 계속 이야기를 이어갔다.

"저도 미국 본사에서 매출이 부진한 부서의 직원을 정리 해고 하라는 메일을 받은 적이 있어요. 한국 지사의 사업이 잘 되고 있던 때였는데도 말이죠. 모든 방법을 동원해 이를 막아보려 했지만 결국 본사에서 요청한 인원만큼을 내보내야 했어요. 여러분, 제가 만든 리스트의 기준은 무엇이었을까요?"

청중의 침묵이 계속됐다.

"사회라는 전쟁터에서 어떤 경쟁력을 가지고 있는지가 제 첫 번째 기준이었어요. 여러분은 스스로 얼마만큼의 경쟁력을 가지고 있다고 생각하시나요? 이 조직, 이 사회에서 나는 경쟁력 있는 인재라고 말할 수 있을까요?"

21세기의 구조 조정에는 위아래가 없다

이런 사람이 있다고 가정해보자. 자신에게 주어진 일을 제대로 해내는 것은 물론이고 동료 직원, 파트너사와의 관계도 좋고, 항상 활기찬 모습으로 사내 분위기까지 끌어올리는 직원. 그런 유니콘이 어디에 있느냐고 반문할 수도 있지만, 실제로 이런 사람이 존재한다. 나 역시 회사를 이끌어가면서 그런 직원들을 적지 않게 만났다. 그들에겐 하나같이 공통적인 특징이 있었다. 바로 '자신이 좋아하는 일을 한다는 것'이었다. 좋아하는 일을 하다 보니 '열의'가 넘쳤던 것이다.

이는 한국 사회에서 일반 기업에 다니며 갖추기는 쉽지 않은 요소라는 걸 안다. 꿈을 생각해볼 겨를도 없이 학과보다는 대학교 이름을 선택의 기준으로 삼고, 취직 자체가 목표가 된 취업 준비를 하고 있는 현실을 모르는 것이 아니다. 그래서 자꾸만 꿈에서 멀어지고 있는데 그 사실조차 자각하지 못하고 있는 경우가 대다수라는 것도.

그렇게 열심히 달려왔는데도 30대 중반이면 명예퇴직 대상에 합류하게 되는 게 작금의 현실이다. 몇 년 전 국내 굴지의 대기업이 대리급 직원들에게도 명예퇴직 신청을 받아서 구설수에 오른 적이 있다. 그해 가을 또 다른 대기업은 입사 2년 차 직원들에게까지 명예퇴직을 요구해 비난을 받기도 했다.

'CEO 스코어'에서 대기업에 신입 사원으로 입사한 직원이 임원의 자리까지 승진할 확률이 0.8% 미만이라는 기사를 본 적이 있다. 1,000명 중 8명만 나이가 들어도 임원으로 회사에 남아 있을 수 있다는 소리다. 그러면 나머지 992명은 어떻게 되는 것일까? 그들 중 퇴직 후 성공적으로 제2의 직업을 갖고 다시 멋진 시작을 하는 사람은 몇이나 될까? 모두들 당장 눈앞의 대학교 진학, 취업, 직장 생활만을 보다 보니 가장 중요한 나의 미래는 보지 못한 채로 지내다가 코앞에 맞닥뜨리게 되면 망연자실, 즉 멘붕이 오는 것이다. 청중을 향해 이렇게 물었다.

"여러분, 혹시 지금 행복하세요?"

순간 참석자 400여 명의 숨소리조차 들리지 않을 정도로 깊은 적막이 흘렀다.

"일이 재미 없지만 돈은 벌어야 하니까… 그런 식으로 그럭저럭 하루를 때우고 있지는 않은가요? 하기 싫은 일이지만 가족을 위해 할 수 없이 억지로 하는 분은요?"

"…."

"아무리 가족을 위해 자신을 희생해도 여러분이 행복하지 않으면 가정도 행복할 수 없다고 생각해요. 잠시라도 짬을 내서 여러분이 하고 싶었던 것, 여러분의 꿈이었던 것을 다시 시도해봤으면 좋겠어요. 전 이제 여러분이 행복했으면 좋겠어요."

21세기의 구조 조정에는 나이와 경력의 제한이 없어졌다. 비즈니스 환경은 심각할 정도로 빠르게 변화하고 있으며 한순간의 경영 실책은 회사의 존폐 위기로까지 이어질 수 있는 상황이다. 급변하는 기술의 발전은 이를 더욱 가속화하고 있다. 이러한 얘기를 하면 대부분의 직장인들이 같은 말을 한다.

"대표님 말씀이 맞아요. 졸업하고 취직해서 정신없이 일했거든요. 결혼해서는 가정을 위해 살았고 부모님까지 부양하느라 다른 생각은 할 시간이 없었어요."

"열심히 가족을 위해 사셨네요. 수고 많으셨습니다."

"그런데 점점 기업의 명예퇴직 연령대가 낮아지는 걸 보고 있자니 기분이 착잡해지면서 정신이 번쩍 들더라고요."

"이제 정말 철밥통의 시대가 끝난 거죠."

"그래서 이제는 좀 더 저를 위한 삶을 살면서 퇴직 이후를 차근차근 준비해나가고 싶은데, 어디서부터 어떻게 시작해야 할지 모르겠어요."

"이해합니다. 우선 자기 자신과 솔직하게 대화하는 시간을 가져보세요."

"어… 제가 저랑 무슨 얘길 해야 하죠?"

"좋아했거나 하고 싶었던 게 있는지, 그게 어렵다면 잘했던 혹은 잘할 수 있는 게 뭔지를 생각해보세요. 그러고는 떠오른 답 중에서 3가지 정도를 골라 실행에 옮겨보세요."

"3개는 너무 많아요. 1개도 있을까 말까인데…"

"1개도 좋아요. 일단 뭐든 떠오른 걸 하루에 10분, 일주일에 단 2시간만이라도 실행에 옮겨보세요. 스케치라도 해야 수정할 게 보이죠. 그렇지 않으면 계속 백지일 거예요."

30대 후반은 인생에서 가장 중요한 시기라고 생각한다. 전체 인생을 놓고 봤을 때 30~40% 정도의 지점에 이르렀고, 앞으로도 최소 30년 이상 돈을 벌어 자급자족해야 한다. 고령 인구의 폭발적 증가로 그들을 부양할 세금은 계속 증가할 것이다. 그러니 회사에서 과장의 직급을 다는 순간부터 퇴직 이후를 진지하게 준비해야 한다. 내 인생의 경쟁력은 무엇인가? 지금까지 해야 하는 일을 했다면 이제는 하고 싶은 일에 욕심을 내보면 어떨까. 더는 여러분이 자신을 위한 행복을 유예하지 않길 바란다. 장담하건대, 꿈을 먹고 사는 삶은 기대 이상으로 근사할 것이다.

만족벨트를 풀자

"Mr. Franke. How do I fasten⋯ Um um⋯ sa, satisfacion belt?"

"What?"

"This satisfaction belt!"

"What? OMG! Hahahaha. David, you mean safety belt, isn't it?"

30년 전, 필립스에서 첫 직장 생활을 했을 때의 일이다. 당시에는 순간 너무 창피해서 쥐구멍에라도 들어가고 싶었다. 안전벨트가 잘 잠기지 않아서 독일인 매니저에게 그 말을 한다는 게 만족벨트를 어떻게 잠궈야 하느냐고 물었으니⋯ 'OMG!'를 외치며 큰 소리로 웃어 대는데 창피하지 않을 리가.

어학 실력 레벨 업 작전

필립스에서는 마케팅부로 배치받아 아시아·태평양 지역 업무를
맡게 됐다. 당시 마케팅부를 담당했던 임원은 독일인이었고 한국
인 부장과 몇몇 선배 사원들이 있었는데 다들 영어를 정말 잘했
다. 부서의 담당 임원이 외국인이었으니 팀 회의는 모두 영어로
진행됐고, 나는 처음부터 완전히 얼어붙을 수밖에 없었다. 물론
나도 영어 인터뷰에 합격해서 입사한 것이었지만 대부분의 업무
에서 모국어가 아닌 언어를 사용해야 한다는 건 다른 문제였다.
그렇다 보니 스트레스가 컸고, 독일인 매니저가 나를 부를 때면
가슴이 벌렁벌렁하기도 했다.

시간이 지나면서 이대로는 안 되겠단 생각이 들었다. 영어 공부
를 더 빡세게 해서 실력을 올리겠노라 다짐했고 어떻게 공부하면
좋을지를 고민했다. 그러던 중 종로2가에 일반 실력 이상의 레벨
을 가르치는 영어 기숙 학원이 있다는 것을 알게 됐다. 학원에 등
록하고 보니 모두 난다 긴다 하는 직장에 다니며 영어에 한이 맺
힌 사람들이 모인 곳이었다. 저녁 8시에 학원에 도착하면 저녁을
먹고 9시부터 자정까지 영어 수업을 들었다. 그렇게 3교시의 수

업이 끝나고 과제까지 마친 후에야 잠들 수 있었다. 다음 날 아침에는 6시부터 7시까지 4교시 수업을 듣고 아침 식사 후에 출근을 했다. 강사진은 전부 미국, 호주, 영국 등에서 온 원어민이었다.

그곳에서 3명과 함께 방을 썼는데, 그들은 각각 외무고시에 합격한 외무부 과장, 명문대를 졸업한 고등학교 영어 교사, 유명한 건설 회사의 이사였다. 모두 업무를 하며 영어에 부족함을 느껴서 독한 마음을 먹고 들어온 것이었다. 얘기를 들어보니 주변에 이 기숙 학원에 등록했다가 과정이 너무 힘들어 중간에 포기한 사람도 많다고 했다. 한 코스가 3개월 커리큘럼으로 구성되니 그럴 만도 했다. 영어반에는 7개 레벨이 있었는데 나는 그중 최고 레벨의 반에 들어가 3개월 동안 하루에 거의 2시간만 자면서 영어를 공부했다. 영어 코스를 마친 후에는 바로 최고 레벨의 일본어반에 등록해 마찬가지로 3개월 동안 수업을 들었다.

그렇게 총 6개월을 회사 생활과 어학 공부를 병행하니 실력이 쑥쑥 늘었고, 특히 자신감이 붙어서 어떤 상황에서 누구를 만나든 막힘 없이 영어로 업무를 처리할 수 있었다. 그 시절 해둔 공부가 지금 내 영어 회화 실력의 전부를 만들어줬다고 해도 과언이 아니다. 회사를 다니면서도 따로 시간을 내 목표를 세우고 달성했던 이 도전의 경험은 지난 30년의 직장 생활 내내 훌륭한 가이드 샘플이 돼줬다. 이후에도 업무를 진행하다 부족한 부분이 보이면 일주일, 한 달 등의 단기 집중 플랜을 세워 보완해나가곤 했다.

하고 싶은 일을 하자, 단 미래가 있는 곳에서

회사에서 여러 업무를 하다 보면 자연스럽게 자신의 부족한 부분을 발견하게 된다. 실제로 많은 직장인 멘티들이 찾아와 하소연하는 것 중 하나가 이로 인한 스트레스다. 본인의 전공과 다른 일을 해야 하기에 느끼는 부족함, 영어 등 개인의 실력에 대한 부족함, 간혹 학벌로 겪는 어려움 등 다양한 경우가 있다. 퇴근 후에 시간을 내서 보완하고 싶은 마음은 굴뚝같지만 이 또한 만만치 않은 게 사실이다. 직장 생활을 하면서 추가적인 플랜을 세우고 실행하는 건 정말 어려운 일이다.

그렇다 보니 아무런 대처도 하지 못한 채 시간은 흐르고, 스스로 열등감을 느끼기도 한다. 그래서 사실이 아닐 확률이 크다는 걸 알면서도 자신의 부족함으로 회사에서 승진, 연봉 등에서 부당한 대우를 받고 있는 것 같다는 생각을 지우기 어려워진다. 회사에 대한 만족도는 현저히 떨어지고 불평불만만 쌓인다. 그리고 이 결정만이 가장 올바른 선택인 것처럼 최면을 건다. '그래, 사표를 내자. 그만두고 내 실력을 인정해주는 회사로 옮기는 거야'라고. 종종 이런 결심을 한 멘티들이 찾아와 상담을 요청하기도 한다.

"대표님, 저 회사를 옮기고 싶은데 조언 좀 부탁드려요."

"아니 왜, 회사에서 무슨 일 있었어?"

"그런 건 아닌데, 지금 하는 업무가 저랑 잘 안 맞는 것 같아요.

제 전공과 조금 다르긴 해도 잘할 수 있을 거라고 생각했거든요. 그런데 아무리 해도 주변 동료들보다 뒤처지는 것 같고 적성에도 잘 안 맞는 것 같아요. 생각했던 것과 너무 다르기도 하고요."

어떤 마음인지 알기에 난 항상 조심스러운 태도로 이렇게 얘기를 풀어나가곤 한다.

"부족한 실력에 대한 고민은 조금 나중으로 미뤄두고, 지금 하는 일에 앞으로 어떤 미래 비전이 있을지 그리고 네가 하고 싶은 일이 뭔지를 먼저 생각해보는 게 어떨까?"

만약 미래 비전도 있고 자신이 하고 싶은 일이기도 하다면 이직을 생각할 게 아니라 어떻게든 시간을 내서 부족함을 보완하는 편이 좋다. 내가 저렇게까지 잠을 줄여가며 어학 공부를 했던 것은 당시에 하고 있던 일이 둘 모두에 해당한다고 판단했기 때문이다. 하지만 둘 중 어디에도 속하지 않는 경우라면 정말 많은 고민이 필요하다. 1년 전 이런 문제로 나를 찾아온 멘티가 있었다. 명문대의 전자공학과를 나와서 국내 대기업에 입사하고 1년이 지난 시점이었다. 그 친구가 소속된 부서와 팀의 매각이 결정되면서 몇 개월 내로 매각한 회사로 이전하거나 퇴사를 해야 하는 상황에 직면하게 됐다.

"대표님, 대표님이라면 어떻게 하시겠어요?"

"음, 이렇게 어려운 질문을 돌직구로 날리면 어떡해, 이놈아! 그런데 내가 너였다면, 더 미래가 있는 새로운 분야의 일을 찾아볼 것도 같은데. 너 아직 젊고 실력도 있잖아. 자기 자신에게 자부심을 가져!"

지금 이 멘티는 핀테크 분야의 소프트엔지니어 자리로 이직해 만족스러운 회사 생활을 하고 있다. 가끔 연락이 오면 '머신러닝이랑 딥러닝 열심히 공부해! 이제 인공지능 알고리즘이 너의 미래야!'라는 잔소리를 늘어놓곤 한다. 사실 이 멘티는 젊고 싱글이었기에 이런 과감한 선택을 하는 게 그리 어려운 일은 아니었지만, 가정이 있고 아이까지 있는 경우라면 이야기가 달라질 수 있다. 경제적인 문제가 있을 수도 있고. 그럼에도 용기를 내야 한다고 말하고 싶은 건, 우리의 인생이 장기전이기 때문이다. 눈앞의 현실을 생각했을 땐 지금 있는 곳에서 자리를 지키는 것은 당연히 중요하다. 그런데 퇴직 이후에는? 그때의 플랜까지 있다면 상관없다. 하지만 그렇지 않다면?

대한민국의 월급쟁이 여러분께 말하고 싶다. 잠시 멈춰 서서 생각을 해보자. 그리고 계획을 세우자. 전환점이 필요한 시점이라면 지금이 바로 인생의 장기 플랜을 점검해볼 적기다. 당장 움직이는 게 어렵다면 시간을 두고라도 평생 하고 싶은, 또 할 수도 있는 일을 찾자. 자신이 '돈도 빽도 없는 대한민국 월급쟁이'의 범주에 든다고 생각한다면 하루라도 빨리 퇴직 후의 미래를 진지하게 준비해야 한다. 시간이 없어서? 회사 일이 너무 바쁘고 가정을 돌봐야 해서? 이런 이유들로 미루고 미루다 정작 가장 중요한 여러분의 미래를 놓치는 우를 범하지 않기를, B(birth)와 D(death) 사이의 C가 'Chicken house'라는 웃픈 유머가 당신에게는 해당되지 않는 일이기를 바란다. 곰곰이 생각해보자. 혹시 지금, '만족벨트'를 너무 꽉 붙들어 매고 있는 것은 아닌지.

어차피 시간은
항상 없다

평소처럼 밤 10시가 넘어 늦은 퇴근을 하고 야식으로 출출한 속을 달래던 날이었다. 많은 프로젝트를 동시에 진행하다 보니 일에 거의 끌려다니다시피 한 생활을 하던 때였고, 정신적·육체적으로도 많이 지친 상태였다. 누가 틀어놨는지 거실에서는 아무도 보지 않는 TV가 혼자 떠들고 있었다. 야식을 먹으며 무심코 화면을 보다가 망치로 머리를 한 대 맞은 듯한 깨달음을 얻었다.

방송의 내용은 이렇다. 한 피트니스 센터 관장이 직원들을 데리고 템플스테이를 하러 갔다. 저녁 식사를 마친 후 주지 스님과 차를 마시는 시간을 갖게 됐고 스님은 묻고 싶은 게 있으면 마음 편히 말해보라고 권했다. 그러자 관장은 주지 스님에게 이런 질문을 한다.

"스님, 제가 피트니스 센터를 운영하는데 이 사업이 잘 돼서 돈을 많이 벌었으면 좋겠습니다. 어떻게 하면 돈을 많이 벌 수 있을까요?"

"아, 그러시군요. 대표님은 하루에 몇 시간 일하십니까?"

"저는 하루에 6시간을 일합니다."

"12시간 일을 하세요. 그러면 돈을 많이 버실 수 있을 겁니다."

"네?"

네? 하고 반문하는 관장이 눈이 동그래졌다. 그와 반대로 나는 감탄의 탄식을 내뱉었다. '유레카!'의 순간이었다. 머리가 맑아지며 해답을 찾은 것과 같은 기분이 들었다. 관장은 단도직입적으로 세속적인 질문을 했다. 그런데 스님은 그의 질문에 있던 단어들을 '현답'으로 재구성해 돌려줬다. 그런 스님의 혜안을 보고 있자니 존경심마저 느껴졌다.

그렇다. 내가 원하는 일을 이루는 것, 특히 돈을 많이 버는 것은 틀림없이 난이도 최상에 속하는 일 중 하나일 테다. 만약 쉬운 일이었다면 누구나 다 부자가 됐겠지. 일한 만큼 돈을 벌 수 있다고 가정한다면, 일을 많이 한 사람이 돈을 더 많이 버는 건 당연한 이치일 것이다. 내 경험상 이 가정은 참이다. 원하는 것을 성취하려면 다른 사람보다 두 배 더 많이 일해야 한다. 그런데 여기서 중요한 건 '어떤 일을 어떻게 하는가'이다.

양적인 일과 질적인 일

일에는 두 가지 종류가 있다. '양'으로 해결해야 하는 것과 '질'로 해결하는 것. 전자는 문자 그대로 일의 양 자체가 많아서 그만큼의 물리적 시간을 들여야 하고, 후자에는 물리적 시간의 총합과 무관하게 탁월한 아이디어나 지혜가 필요하다. 앞서 언급한 '일을 많이 해서 원하는 결과를 얻는 것'은 양적인 일과 질적인 일 모두를 아우른다.

그런데 잠깐 직장에서의 생활을 생각해보자. 분명 다른 사람보다 더 많은 일을 하느라 야근을 밥 먹듯이 했는데도 그다지 눈에 띄는 결과물을 내놓지 못한 경험이 있지 않은가? '진짜 열심히 했으니까 이번 프로젝트만큼은 분명 좋은 결과를 얻을 거야!'라고 생각했는데 막상 뚜껑을 열어 보니 다시 제자리였던 적은? 또 학교 다닐 때를 떠올려 보면, 맨날 같이 놀기만 했던 것 같은데 친구의 시험 점수는 잘 나오고 내 점수는 엉망이었던 기억이 한 번쯤 있지 않은가? 도대체 무엇이 문제였던 걸까?

이는 모두 양과 질의 문제다. 내가 어떤 일을 정말 죽기 살기로 남들보다 열심히 했는데 노력한 만큼의 결과가 나오지 않았다면 냉정하게 스스로를 돌아보자. 과연 나는 어떤 일을 많이 했던 것인지. 혹시 양적인 일과 질적인 일 둘 중 하나에만 매몰돼 균형을 맞추지 못했던 것은 아닌가?

지난 20여 년 동안 기업의 대표로 있으면서 이런 사례를 많이 봐왔다. 특히 새로운 프로젝트를 진행할 때 눈에 띄는 현상인데, 책상에 놓인 수백 페이지의 보고서 중에서 쓸 만한 내용이 전혀 없는 경우가 대표적인 사례다. 부장, 과장 등의 직급자 10명으로 구성된 팀이 한 달 동안 만든 사업계획서가 양만 많고 알맹이가 없을 땐 정말 허탈한 마음을 감출 길이 없다.

평사원에서 대리까지의 직급에서는 양적인 일의 비중이 조금 더 높아도 괜찮다. 하지만 직급이 과장이 되고 차장, 부장, 팀장이 되면 얘기가 달라진다. 그들은 목표를 세우고 전략과 계획을 짜야 하는 사람들이다. 두 종류의 일 사이에 비교우위를 두려는 것은 아니지만, 소위 말하는 부가 가치가 높은 일일수록 질적인 일의 중요성이 커지는 게 사실이다.

여러분이 사원으로 시작해 대리, 과장, 차장을 거쳐 팀장으로까지 승진할 수 있었던 비결은 무엇이었을지 생각해보자. 만약 그 승진이 오랜 업무 경험을 바탕으로 한 지식, 즉 '짬밥'으로만 얻은 것이라면 이제 당신은 명예퇴직을 준비해야 한다. 하지만 그것이 업무 경험은 물론이고 동시에 끊임없는 노력으로 새로운 지식, 정보 등을 결합해 쌓아올린 결과라면 당신은 임원으로 승진할 준비를 해도 좋다. 오랜 경험에 비춰봤을 때 끊임없이 경험에 지식, 지혜, 정보를 쌓아나가는 부장, 팀장은 대번에 알 수 있다. 짬밥으로 버티는 사람들과는 확연히 다르다.

이제는 공부를 해야 하는 시대다. 우선 나를 위해서 그리고 나의 업무를 위해서. 나는 얼마나 공부를 하고 있는지 스스로 돌아보자. 자신이 필요하다고 생각하는 공부를 하기 바란다. 그게 바로 여러분이 해야 할 공부다.

변화를 이끄는 그룹에 속하는 방법

오늘날은 기술의 시대이자 인공지능의 시대이며 데이터의 시대다. 기존의 많은 업무 방식들이 변화하고 있다. 그것도 빠르게. 이전에 경험해보지 못한 속도와 기술에 두렵기도 하고 걱정이 되기도 할 것이다. 하지만 마냥 걱정만 하고 있는 것보다는 스스로 변화에 발맞추려 한 걸음이라도 내딛는 편이 훨씬 효율적이다. 변화의 끝이 아니라 변화의 리딩그룹에 소속되려면 무엇을 준비해야 할까? 나는 항상 공부를 하라고 얘기한다. 학교에 다닐 때처럼 누가 시켜서 하는 공부 말고, 내가 하고 싶고 재미도 있는 공부를. 그럼 다시 질문이 돌아온다.

"뭘 공부해야 할지는 알겠는데… 그걸 어떻게 공부해야 할지는 잘 모르겠어요."

"공부는 어디에서든 할 수 있어요. 책, 잡지, 웹사이트, 영화, 취미 클럽 등 우리 주변의 모든 것을 활용해 공부할 수 있죠."

실제로 나는 지금도 정말 많은 양의 공부를 한다. 학교에 다닐 때는 지겹게도 공부를 안 했는데 사회에 나와 내가 하고 싶은 일을 더 잘하고 싶단 마음이 드니 저절로 공부를 하게 됐다. 하다 보니 공부가 재미있게 느껴지는 신비한 체험도 했다.

그리고 이건 내 특급 노하우인데, 나는 공부할 때 '밴드BAND' 애플리케이션을 곧잘 활용한다. 내 밴드에는 약 50개의 방이 있다. 그런데 특이한 건 모든 방의 멤버가 나 한 사람뿐이라는 거다. 이 밴드는 나만의 데이터 뱅크다. '스타트업, 뉴 테크놀로지, 멘토링, AI, 테슬라&일론 머스크, 아마존&제프 베조스, FANG(Facebook, Apple, Nvidia, Google), 푸드 테크놀로지, 와인, 책, 운동일지, 투자·부동산, 맛집, 영화, 그림, 패밀리' 등 분야도 다양하다. 내 관심 분야의 정보를 받거나 찾아보는 매체가 한 달에 약 200개 정도 된다. 매주 월요일부터 금요일까지 읽은 것들 중 쓸 만한 자료나 참고 데이터들을 밴드 각각의 방에 분류해 옮겨놓는다. 처음 선별한 데이터는 100개 정도이고 주말에 한 번 더 정독한 후에는 10~20개의 엑기스 데이터만 남기고 모두 삭제한다. 최종 데이터는 강연, 스타트업 코칭, 멘토링 등에 적극적으로 활용하고 있다.

SNS도 필요한 공부를 하기에 훌륭한 도구다. 특히 실시간으로 올라오는 가장 최신의 뉴스와 인공지능 논문까지 커버하는 페이스북은 좋은 정보 저장고다. 인스타그램도 자주 본다. 라이프 트렌드를 알기에 가장 적합한 플랫폼이기 때문이다. 유튜브는 '교육 센터'라고 불러도 손색이 없을 만큼 정말 없는 게 없는 곳이다. 틈틈이 필요한 영상을 찾아 강연 자료로도 활용하고 개인적인 공부를 하는 데도 도움을 받곤 한다.

독서가 좋은 공부인 건 두말할 필요가 없다. 작년 한 해 동안 약 50권의 책을 읽었다. 필요할 때 몰아서 읽는 편이라 월 평균 독서량은 들쑥날쑥하다. 대학 강의 때문에 참고 자료로 훑어보는 양까지 더하면 그 이상의 독서를 하고 있을 듯하다. 책 이야기를 할 때면 항상 이런 질문을 받는다.

"대체 대표님은 언제 시간이 나서 그 많은 책을 다 읽으시는 거예요?"

"책은 일부러 시간을 만들어서 읽는 것이지, 시간이 나서 읽는 게 아니에요."

어떻게 하면 일을 잘할 수 있을까? 어떻게 하면 회사와 주변 동료들에게 인정받을 수 있을까? 이런 고민을 하고 있다면 공부를 하기 바란다. 매일 여러분의 경쟁력을 만들어줄 공부를 해야 한다. 안타깝지만 '업무 때문에, 친구 때문에, 가족 때문에 시간이 없어요', '하고는 싶은데 이래저래 힘드네요'와 같은 하소연은 통하지 않는다. 아무리 바빠도 하루에 1시간은 낼 수 있다. 분명한 건, 이런 갖가지 어려운 상황을 뚫고 시도한 사람만이 원하는 것을 이룰 수 있다는 것이다.

베스트 비즈니스맨의
영업 비밀

나는 세일즈맨이다. 그것도 자랑스러운. IT 세계에서 전문 경영인으로 보낸 20년을 포함해 총 30년 동안 세일즈맨으로 일했다. 개인적으로 기업의 꽃은 세일즈맨이라고 생각한다. 요즘처럼 모든 산업에 인공지능 기술이 융합되는 시대에는 세일즈맨의 역할이 더더욱 중요하다. 그만큼 공부해야 하고 알아야 하고 준비해야 할 것이 많기 때문이다. 그래서 어려운 자리이기도 하고.

세일즈맨은 그 누구보다 똑똑하고 부지런해야 한다. 빠르고 정확해야 하며 사교적이어야 한다 등등. 필요한 자질을 적으려면 끝도 없을 것이다. 프로젝트를 성사시키기 위해 경쟁사들과 치열한 경합을 벌일 때마다 얼마나 마음을 졸이곤 했는지 모른다. 고객의 마음을 바꾸기 위해 살얼음판 위를 걷는 기분으로 조심스레 공을 들이던 날이 부지기수였다. 납품한 물량에 불량 제품이 섞여 문제가 생긴 날이면 이를 해결하기 위해 사정하며 여기저기 뛰어다녀야 했다. 우리 세일즈맨들끼리 우스갯소리로 하는 말이 있다. '세일즈맨을 오래 하면 도를 닦은 정도의 내공이 생긴다'고.

왜 이런 말이 나왔을까? 표면적으로 세일즈맨은 문자 그대로 제품과 서비스를 파는 직업이지만, 사실 이 일을 할 때 가장 중요한 것은 사람과 사람 사이의 '신뢰'이기 때문이다. 신뢰가 쌓이고 서로 필요한 것을 충족시켜줬을 때 롱 텀 파트너십long term partnership이 가능하다. 어떤 비즈니스 관계에서도 한 번 보고 말 사이란 없다. 관계를 장기적으로 가져가야 하기 때문에 영업이 쉽지 않고 베스트 세일즈맨으로 가는 길 또한 험난한 것이다.

'나'를 팝니다

'영업은 누구나 다 할 수 있지만 성공은 아무나 못 합니다.' 어디서 들었는지 기억은 잘 나지 않지만 임팩트가 커서 아직도 기억하고 있는 문구다. 시간이 지날수록 더 자주 곱씹어보게 되는 말이기도 하다. 한 번은 이런 질문을 받았다.

"대표님은 베스트 세일즈맨이 된 사람들의 가장 중요한 비결이 뭐라고 생각하세요?"

"음… 잘 파는 게 베스트의 비결 아닐까요?"

"네? 헐…"

어떤 대답을 기대했던 것인지는 모르겠지만 내 대답을 들은 상대는 허탈한 표정을 감추지 못했다. 그런데 그게 진짜 비결인데 어쩌겠는가! 또 한 번은 직장인 멘티들과 만나 이런 얘기를 나눈 적이 있다.

"기업은 영리를 목적으로 하기 때문에 이윤을 창출해야만 하지. 이윤을 창출하려면 제품을 잘 만들어서 잘 팔아야 하고. 거기서 발생한 이윤으로는 재투자를 해서 또 좋은 제품을 만들어야 해. 세일즈맨은 잘 팔아서 자금을 흐르게 하는 사람이야. 그러니까 잘 파는 게 무엇보다 중요하지."

"그럼 어떻게 해야 잘 팔 수 있죠?"

"난 그동안 영업을 하면서 제품을 팔려고 하지 않았어. '나'를 팔려고 했지."

"네? 대표님을 파셨다고요?"

사실이었다. 나는 언제나 나를 팔려고 노력했다. 그 결과, 많은 고객들과 오랜 시간 '고객 친구customer friend'로 지내오고 있다. 이건 내가 만든 단어인데, 업무상 관계로 시작해 지금은 인생 친구가 된 사람들을 의미한다.

30년 전, 필립스에서 아시아 시장 마케팅을 하던 나는 사장이 되기 위해 작성했던 'TO DO List'에 있는 '한국 시장 영업'을 배우고 경험하기 위해 유럽 반도체 회사인 STMicroelectronics로 이직을 했다. 32살에 처음 해보는 국내 영업이라 걱정이 되기도 했다. 지금은 없어진 곳이지만 입사와 동시에 담당하게 된 곳은 본사가 있는 강남에서 차로 1시간 30분이나 걸리는 경기도 이천의 H전자였다. 통신사업부, 모니터사업부, 전장사업부, 반도체사업부 등이 있었는데 나 혼자 모두 담당하게 됐다. 나중에 알고 보니 H전자는 거리도 먼 데다 매출도 적어서 영업 사원들이 모두 꺼리는 곳이라 신참인 내게 넘어온 것이었다.

그때 경험하며 배운 것 중 하나는 '고객이 최고의 선생님이자 지원군'이란 것이다. 처음 1년 동안은 일주일에 3번씩 부지런히 이천에 내려갔다. 자주 내려간 덕분에 많은 고객과 업무적으로 친밀한 관계를 맺게 됐다. 보통 영업 사원들은 본사에서 먼 기업을 담당하게 되면 일주일에 1번도 찾아가지 않는 경우가 많은데 3번이나 찾아가니 고객인 엔지니어들이 그 모습을 좋게 봐준 것이다. 덕분에 내가 궁금했던 것들뿐 아니라 더 넓은 시장과 많은 기술을 배웠고 해당 업계에서 신뢰를 쌓는 중요한 출발점이 됐다. 이러한 신뢰는 '나'라는 사람, 특히 나의 '부지런하고 진실된 태도'를 팔았기에 가능한 일이기도 했다.

하루는 내가 입사하기 전 통신사업부에 납품된 반도체에서 불량이 발생해 고객사 납품까지 지연되는 아주 심각한 상황이 발생했다. 그 일을 해결하는 데에는 6개월이란 시간이 소요됐다. 잔뜩 화가 난 고객은 나를 만나주려 하지도 않았다. 그래도 계속 연락을 하고 찾아가 진행 상황을 설명하며 해결하기 위해 최선을 다하고 있는 모습을 보여줬다. 사실 그렇게 하는 것 외엔 딱히 다른 방법이 없기도 했다. 그렇게 몇 달 동안 찾아가 사과하며 상황을 설명하니 엔지니어들의 마음도 조금씩 돌아서기 시작했다. 그리고 이 말 한마디로 불편한 상황이 종료됐다.

"하기야, 이 과장님한테 무슨 잘못이 있겠어요. 회사가 잘못한 건데."

문제가 생겼을 때야말로 고객을 사귀기에 가장 좋은 기회라는 것을 강조하고 싶다. 물론 그런 상황은 불편하고 힘들다. 그럼에도 정면돌파의 자세로 나아가 고객을 만나 설득하고 발생한 문제를 해결하기 위해 최선을 다하고 있다는 모습을 보여주면 나에 대한 고객의 신뢰와 호감이 싹트게 된다.

이때 중요한 또 한 가지는 '솔직함'이다. 찾아가서 변명만 잔뜩 늘어놓는 것으로는 상황을 나아지게 할 수 없다. 잘못이 우리 회사 측에 있음을 솔직하게 인정하고 문제를 해결하기 위해 어떤 계획을 세웠는지 투명하게 공유해야 한다. 이런 과정을 거쳐 문제를 해결하고 나면 그 고객과는 최상의 신뢰가 생긴다. 문제를 두려워하지 말자. 문제는 해결하라고 생긴 것이다.

하던 대로 일하는 사람 VS 남다르게 일하는 사람

그렇게 일한 지 1년, 가장 베테랑 세일즈맨들이 모이는 S전자 담당으로 발령을 받았다. 나는 모니터사업부를 주로 담당하게 됐는데 당시는 브라운관 모니터가 시장의 주류였다. S전자의 모니터는 OEM 비즈니스로, 1년에 약 2천만 대 이상을 생산하며 모니터 생산 분야에서 세계 1위를 하고 있었다. 그해에 내가 모니터 사업부에서만 700억 원 이상의 매출을 올렸으니 대단한 비즈니스의 결과였다.

사실 이렇게 큰 성과를 올린 데에는 나만의 특급 비밀이 있었다. 새로운 모델 개발이 시작되면 엔지니어들은 데이터를 모아놓은 책자에서(그때는 인터넷도 없었다) 스펙을 보고 제품을 선정한 후 영업 사원에게 전화해 샘플을 받아 테스트를 진행한다. 이 과정에는 보통 2~4주 정도가 소요되는데, 가격 절감을 위해 이 작업을 2~3군데 업체를 대상으로 동시에 진행하기도 한다. 나는 바로 이 시간을 단축시켜 다른 경쟁사보다 먼저 테스트를 하게 하면 영업에 성공하겠다는 생각이 들어 다음과 같은 계획을 짰다.

이 프로젝트의 제목을 '뉴 모니터 개발을 위한 솔루션 제안'으로 정하고 고객에게 추천할 수 있는 모든 제품을 선정했다. 그런후에는 제품별로 50~100개의 샘플을 본사에 요청해 고객사의 새 모델 개발이 시작되기 1~2달 전부터 준비를 시작했다. 선정한 제품은 약 50~80개 정도였는데, 그때는 외장하드도 없어서 제품당 약 500페이지 가까이 되는 데이터 자료를 모두 프린트해야 했다. 총 두 세트를 만들면 1,000페이지, 두꺼운 파일 12개로 라면 박스 2개 분량의 자료가 나왔다. 그리고 파일 전면에 본드로 떨어지지 않게 명함을 붙인 후 '솔루션 제안' 파일과 샘플 박스를 함께 전달했다. 언제든 엔지니어가 필요할 때 데이터를 찾아보고 바로 샘플을 찾아 PCB 기판에서 테스트를 할 수 있게 한 것이다. 테스트 후 문제가 없으면 캐드로 설계를 하면 되기에 가격만 적정선에서 합의가 되면 비즈니스 성사율은 백발백중이었다. 일일이 데이터 책자를 체크하고 영업 사원에게 샘플을 신청해 테스트를 하기까지 걸리는 4주 이상의 시간과 과정을 없애주니 다음 모델 라인업 개발을 시작할 때쯤이면 엔지니어 고객에게 먼저 전화가 오기 시작했다.

"이 차장님, 제안 보내주세요. 샘플도 넉넉하게요!"

여기서 내가 판 건 제품이 아니었다. 나의 재능과 아이디어를 판 것이다. 일일이 만나서 제품의 장·단점을 소개하는 보편적인 영업 방식을 답습했다면 이런 결과를 만들 수 없었을 것이다. 앞서 언급했던 '영업은 아무나 할 수 있지만 성공은 아무나 못 합니다'라는 말이 인상적이었던 이유다. 그때 베스트 세일즈맨으로 선정돼 연봉도 많이 오르고 인센티브며 보너스를 두둑이 받기도 했다.

제품이 아니라 나를 팔자. 영업직군에 한정된 이야기가 아니다. 개발자, 기획자, 생산자 등 모두에게 해당된다. 지금 내가 담당하고 있는 제품이나 서비스의 내용이 바뀌어도 업무적으로 맺은 관계를 이어갈 수 있다면, 이는 앞으로 무슨 일을 하든 든든한 자산이 되어줄 것이다. 재능을 팔든지 부지런함을 팔든지, 어떻게 그리고 무엇을 팔 것인지는 각자의 몫이다.

영원히 직원으로
남을 것인가

한 번은 프렌차이즈 사업으로 전국에 많은 직영점을 연 CEO와 저녁을 먹을 기회가 있었다. 이런저런 비즈니스 얘기를 나누던 중 들은 얘기가 감명 깊어 그 이후로 많은 젊은이들, 특히 직장에 다니는 친구들에게 자주 얘기하는 것이 있다.

이 CEO는 새로 직영점을 열 때 다른 지점에서 일하던 직원 중에서 사장 후보를 선별해 50:50 비율의 투자를 한다고 했다. 그는 이런 식으로 수백 개의 직영점을 열었다. 기존 직원들 사이에서 수백 명의 사장 후보를 선출했다는 뜻인데, 이 얘기를 듣던 나는 신기한 마음을 감추지 못하고 몇 가지 질문을 했다.

"아니, 장사는 다 잘 되나요?"

"예, 물론 매장마다 차이는 있지만 전체적으로는 잘 되는 것 같습니다."

"와, 놀라운 일이네요. 그건 그렇고 사장 후보는 어떻게 골라내나요?"

"매장을 눈여겨보다 보면, 꼭 사장의 마인드로 일하는 직원들이 있어요. 그렇게 일하는 직원은 3년 안에 반드시 사장이 돼 있더라고요. 그런 식으로 직원들을 잘 살피다가 이젠 때가 됐다 싶을 때 제안을 해서 직영점을 열었어요."

사장이 되고 싶다면 사장처럼 일해라

주인같이 일하는 직원은 3년 안에 사장이 되더란 말은 곱씹을수록 기가 막힌 말이다. 그럼 사장이 되지 못한 직원들은 사장처럼 일하지 않았다는 말인데, 이건 무엇을 의미하는 것일까? 나는 그 말에 내포된 의미를 안다. 하지만 굳이 여러분에게 안 되는 경우에 대해 말하고 싶지는 않다. 되기 위한 얘기만 하기에도 우리는 너무 바쁘니까.(그래도 알고 싶은 사람들은 드림앤퓨처랩스 사무실로 찾아오기 바란다)

많이 받는 질문 중 하나가 "어떻게 (그렇게 빨리) 사장이 되셨어요?"다. 나는 사회생활을 시작한 지 11년째 되던 해에 37살의 나이로 미국 반도체 회사의 한국 지사 대표가 됐다. 젊은 나이에 사장이 될 수 있었던 이유는 무엇일까? 여러 번 질문을 받았던 만큼 그 답을 곰곰이 생각해봤다.

내가 사장이 된 첫 번째 이유를 말하라고 하면 당연히 정확한 '꿈'이 있었기 때문이다. 내 꿈은 '사장'이었다. 첫 회사인 필립스에 입사하고 2년 차가 됐을 때 한국 지사의 대표에 도전해보자는 꿈이자 목표를 세웠다. 이 목표를 보고 달렸기에 그 과정에서 필요한 부분을 채워나가려는 노력을 할 수 있었다. 명확한 꿈을 세우는 게 별것 아닌 일처럼 보일 수도 있다. 그런데 이게 참 별거다. 정확한 꿈은 내가 그 방향만 보고 나아가게 하는 등대 역할을 해준다. 꿈을 정확하게 세팅해야 하는 이유가 여기에 있다. 그런 후엔 한눈팔지 말고 그 길로 달려가기만 하면 된다.

두 번째는 'TO DO List'의 활용이다. 사장이라는 목표를 세우고 나니 내게 부족한 부분이 무엇인지 보이기 시작했다. 거기에 더해 사장이 되기 위해 필요한 것이 무엇일지 고민하며 내가 준비해야 할 것들을 다음과 같이 정리했다.

1. MBA
2. 한국 시장 세일즈 경험
3. 네트워크
4. 영어

무려 6년에 걸쳐 준비하고 도전한 끝에 이 리스트에 있는 것들을 어느 정도 달성할 수 있었다. 그 과정이 쉽지 않았음은 굳이 덧붙이지 않겠다. 돌이켜보니 최종 목표를 달성하는 것보다도 이를 실행하는 중에 얻은 자신감이 더 큰 수확이었던 것 같단 생각이 들기도 한다.

세 번째 이유는 롤모델 벤치마킹이다. 롤모델을 정하고 그의 장점을 학습해 완전한 내 것으로 만들었다. 직장 생활을 하는 동안 총 4명의 롤모델이 있었다. 필립스의 마케팅 부서 총괄부사장 프랑케Franke, STMicroelectronics 한국 지사 총괄대표 박두진 사장, 브로드컴에서 직속상관이었던 APAC VP 닉 샴루, 엔비디아의 CEO 젠슨 황. 이분들의 리더십, 팀 매니지먼트 방법, 스피치, 프레젠테이션 스킬, 일 처리 방식, 타임 매니지먼트, 자기계발 활동 등 구체적으로 본받을 것을 적어 그대로 따라 했다. 그분들이 오랫동안 시행착오를 겪어가며 체득하고 만든 결과물들이니 이거야 말로 살아 있는 교육이라고 할 수 있다. 각각의 능력들을 완벽히 복제한 후에는 나만의 스타일로 바꾸는 작업도 빠뜨리지 않았다.

특히 엔비디아 CEO인 젠슨 황의 연설과 프레젠테이션은 미국에서도 유명하다. 워낙 달변가인 데다 연설할 때 발휘되는 특유의 카리스마는 정말 압권이다. 그래서 유튜브로 그의 연설을 보면서 얼마나 따라했는지 모른다. 운전을 할 때면 아무도 없는 차 안에서 큰 소리로 정말 내가 연설을 하는 것처럼 따라하곤 했다.

그의 연설을 나의 스타일로 바꿔서 다시 말하는 과정에서 스피치 스킬이 놀라울 정도로 향상됐다. 지금 나의 강연 스킬은 젠슨 황 덕분에 만들어진 결과라고 자신 있게 말할 수 있을 정도다.

마지막은 인적 네트워크 관리다. 비즈니스적으로든 개인적으로든 한번 맺은 인연을 계속해서 잘 관리하면 언젠가는 서로가 윈-윈하는 상황이 오게 돼 있다. 지금도 세 번째에서 언급한 분들 중 두 분께는 자주 연락을 드리고 가끔 찾아뵙기도 한다. 특히 실리콘밸리에 갈 때면 꼭 인사를 드리러 간다. 어떤 대가를 바라고 하는 행동이 아니고 존경과 감사의 마음에서 비롯된 것이다.

사장, 직장인의 꽃이다. 많은 이가 사장이 되고 싶어 하지만 누구나 될 수는 없다. 이렇게 내가 사장이 된 이유를 정리해서 여러분에게 말할 수 있게 된 건 '꿈'과 '실행'이 있었기 때문이다. 그런데 사장이 되기 전까지는 이것들이 사장이 되기 위한 결정적인 요인이라는 것을 전혀 인지하지 못했다. 되고 나서 뒤돌아보니 '아! 그때 막연하지만 사장이란 꿈을 세우고 TO DO List를 만들어 도전한 게 결국 사장으로 가는 길이었구나!' 하고 깨달을 수 있었다. 그러니 만약 여러분이 사장이 되기 위한 계획이나 실행 루트를 정했다면 굳게 마음먹고 밀어붙이라는 말을 해주고 싶다. 어쩌면 그 길이 사장의 자리로 가는 유일한 길일지도 모른다.

지금까지 만난 직원들 중에서는 두 명의 사장 후보감을 발견했고 그들은 모두 나중에 사장이 됐다. 그 모습을 보면서 얼마나 뿌듯했는지 모른다. 그 두 사람이 사장이 된 비결은 무엇이었을까 생각해보니 세 가지 공통점이 있었다.

1. 협조 : 그 둘은 회사 내 어떤 일이든 마다하지 않고 때로는 리더의 역할로 또 때로는 조력자의 자리에서 묵묵히 동료들에게 도움을 줬다. 신입 사원일 때부터 중역이 될 때까지 언제나 변함없이 말이다.

2. 성실함 : 성실함으로 무장해 있으니 팀 내에서든 고객 사이에서든 그들에게 신뢰는 저절로 따라오는 선물이었다.

3. 노력 : 특히 팀을 이끄는 자리에 있을 때 리더십에 대한 두 사람의 노력이 눈에 띄었다. 항상 스마트한 리더십을 발휘하려고 노력하니 팀의 목표를 달성하는 건 당연한 일이었다.

'헐! 이거 모두 다 아는 내용이잖아요!'라고 말할 수도 있다. 맞다. 다들 아는 기본적인 것들이다. 그런데 머리로만. 모두가 아는 내용을 열심히 실천하며 행동으로 옮기는 것, 여기에 바로 사장이 되는 비결이 있다.

좌절바이러스에 맞설
항체를 만들어라

"대표님, 혹시 회사 생활을 하시면서 실패나 좌절을 겪기
도 하셨나요?"

"그럼요. 왜 없었겠어요. 저도 그런 경험이 많이 있었습니다."

"그럴 때는 어떻게 극복하셨어요?"

직장인을 상대로 강연할 때마다 자주 받는 질문이다. 나는 실
패나 좌절을 어떻게 극복해왔을까? 몇 번을 자문해도 바로 답이
나오지 않는 어려운 주제다. 나조차 그 대답이 궁금할 정도로 어
떻게 이겨냈는지 모르겠는 시절들이 있다.

낭비야, 쓸데없이

첫 직장인 필립스에서의 일이다. 당시 회사의 아시아·태평양 지역 전체 영업 회의가 한국에서 개최될 예정이었다. 10개국 이상의 영업팀 40여 명을 초대해 3박 4일 일정으로 진행하는 중요한 국제회의였고, 독일인 부사장이 직접 주관한 큰 행사였기에 준비할 것이 무척 많았다.

이를 앞두고 몇 달 동안 실무 담당자들은 주말, 밤낮 없이 준비를 해야 했는데 가장 품이 많이 드는 업무 중 하나가 회의에 쓸 자료를 출력해 파일로 만드는 것이었다. 그때 사용하던 복사기에는 자동 분류 장치가 없어서 각 페이지들을 따로 복사해 사람이 일일이 분류한 후 펀칭해서 서류 파일에 끼워야했다. 300페이지에 달하는 파일 40여 개를 만드는 일을 모두 수작업으로 하려고 하니 정말 고된 작업이었다. 그래도 처음으로 준비하고 참가하는 국제회의였기에 그 자부심과 보람을 되새기며 작업에 임했다.

국제회의의 하이라이트는 마지막 날에 있는 디너파티 및 클로징 세리머니였다. 독일인 부사장의 아이디어로 영화에서나 봤던 선상 디너파티를 부산에서 개최하기로 했는데 부산으로 가는 명단에 내 이름이 빠져 있었다. 한국인 매니저가 내게 사무실에 남아 실무를 계속 지원해달라고 말해 아쉬웠지만 조용히 돌아섰다. 그런데 국제회의가 끝나고 며칠 후, 같은 팀의 팀원이 디너파티에 내가 동행하지 않는 것이 의아해 매니저에게 물어봤다며 이런 얘길 해줬다.

"이 회의를 준비하느라 이용덕 씨가 가장 많이 고생했는데 왜 같이 안 가죠?"

"가는 사람이 많아. 낭비야, 쓸데없이."

이 이야기를 듣는 순간 너무 창피하고 억울했다. 그 이후로도 10년 이상을 이 일을 떠올릴 때면 화가 나서 잠도 제대로 이루지 못할 정도였다. 당시 마케팅팀에는 사원 2명과 한국인 매니저, 나, 이렇게 4명이 전부였다. 국제회의를 준비하며 노가다처럼 보이는 일도 마다하지 않았는데 나라는 사람이 '낭비'라니. 기가 막힐 일이었다.

솔직히 그때는 원망도 많이 했고 욕도 많이 했다. 술을 들이부으며 내가 왜 이런 대접을 받아야 하는 것인지 자문했다. 어떻게 해도 이해가 되지 않았다. 글로벌 비즈니스맨이라는 꿈이 있었고, 그 꿈에 가까워진다는 생각으로 고된 일도 즐겁고 기꺼운 마음으로 해냈다. 그런데 이런 상황이 되자 내 꿈 자체가 산산조각 나는 듯한 기분마저 들었다.

하지만 시간이 흐르면서 조금씩 이성이 되돌아오기 시작했다. 이게 현실이었다. 이 자리에 멈춰 있으면 나는 언제든 '낭비'의 존재가 될 테였다. 그리고 이런 하찮은 일로 내 꿈을 저버린다면 내가 하찮은 사람이라는 걸 인정하는 것밖에 되지 않는다는 결론에 이르렀다. 나는 이 일을 전화위복의 기회로 만들기로 결정했다.

'그래, 내 실력을 키우는 거야. 이유가 뭐든 이제 사회생활 2년차 초년병에 지방대 출신이고, 국제회의 경험도 없는데다 국제적인 비즈니스 매너도 잘 모르는 상태였잖아. 매니저 입장에서는 그런 면들이 함께하기에 부족하다고 느껴져서 내가 동행하는 게 낭비라고 판단했을 수도 있어…'

그때부터 '우리 아이가 달라졌어요'처럼 나라는 사람 자체의 개선을 위해 전력 질주했다. 대학원 MBA 과정에 더 성실한 자세로 임했고, 회사일은 두 배, 세 배로 열심히 하기 시작했다. 그리고 회사를 다른 각도로 바라보니, 100년이 넘은 기업의 업무 프로세스는 그 자체가 경영학 텍스트북일 정도로 어마어마한 참고 자료였다. 게다가 그때 당시 마케팅과 로지스틱스logistics는 한국 기업에서 찾아보기 힘든 부서였으므로 조직 구성 면에서도 앞서 있었다.

사회생활을 하다 보면 내 생각과 다르게 흘러가는 일이 다반사다. 때로는 이해가 안 되는 억울한 일이 벌어지기도 한다. 흔히 말하는 '줄타기'를 잘못해서 생기는 일도 있다. 운이 따르지 않을 때면 고생은 내가 다 했는데 엉뚱한 사람이나 다른 팀이 성과를 챙기는 일도 부지기수다. 과정도 결과도 좋았는데 승진에서 밀리기도 한다. 좋은 일이 기본값이길 바라는 마음 때문인지 좋은 부분은 크게 와닿지 않는데 힘들었던 기억은 자꾸 눈에 밟힌다. 이런 일들에 대해 불만을 늘어놓자면 한도 끝도 없을 것이다. 하지만 그렇게 하면 무엇하겠는가. 그게 세상살이인데.

말도 안 되는 일이 계속 벌어지겠지만, 그래도 털어버릴 건 털어버리자. 열 받는다고 열 내는 건 잠깐으로 끝내고 내일의 목표를 바라보고 준비하자. 그러기엔 너무 열이 받는다고? 그럼 지금부터 실력을 쌓아서 나중에 제대로 돌려주는 걸 목표로 해보자. 나는 이제 '낭비야, 쓸데없이'를 사랑할 수 있게 됐다.(음… 그런데 솔직히 말하면 여전히 조금 속상하긴 하다)

절이 싫어도
중이 남아 있어야 할 때가 있다

이 일 이후로 직장 생활이 순탄했으면 좋았을 텐데, 두 번째 직장에서 다시 한 번 힘든 상황에 처했다. 사회생활을 하다 보면 한 번쯤 직속상사와 갈등이 생기지 않나? 8년 차가 됐을 때였는데, 당시 내 상사는 뚜렷한 이유 없이 나를 싫어했다. 시간이 많이 흐른 지금에 와서 다시 되돌아봐도 정말 왜 그렇게 나를 싫어했던 건지 모르겠다. 아마 그도 잘 모르지 않았을까.

싸라기눈처럼 쌓이던 갈등은 어느 순간 눈덩이처럼 불어났다. 멈춰 서서 쌓인 감정과 오해를 풀어야 했는데 타이밍을 놓쳤던 듯하다. 그렇게 골이 깊어지다가 '너는 너, 나는 나'의 국면으로 넘어가고야 말았다. 이후에는 대화마저도 완전히 단절돼 '너는 떠들어라, 나는 내 일이나 할란다'의 지경에 이르렀다. 이렇다 보니 회사 생활은 재미가 없었고 그토록 즐거웠던 업무마저 곧 흥미를 잃어버릴 것 같았다. 이제 남은 카드는 하나였다. '절이 싫으면 중이 떠나야지, 절이 떠날 수 있나'라는 말처럼 이직을 결심해야 하는 것이다.

하지만 난 이직은 생각하지 않았다. 당시 맡고 있던 S전자 담당 영업 업무가 좋았고, 좋은 실적을 내고 있었기 때문이다. 특히 동료들의 전폭적인 지원으로 비즈니스는 나날이 성장하고 있었다. 무엇보다, 나에게는 '사장이 되자!'라는 명확한 꿈이 있었기에 힘을 내서 이런 상황을 견뎌볼 수 있었다. 다행히 얼마 후 팀장은 사표를 냈고, 새로운 팀장이 오면서 편안한 마음으로 업무에만 집중할 수 있는 환경이 조성됐다.

자, 여기서 꼭 전하고 싶은 키포인트가 있다. 밑줄 쫙 긋기 바란다. 만약 상사와 갈등이 깊어져서 '에잇, 내가 떠나고 말지!' 하며 이직을 했다고 가정해보자. 그러면 모든 문제가 해결될까? 옮긴 곳에서 이전과 같은 상황이 발생한다면 어떻게 하겠는가? 또 이직을 할 것인가? 그러니 이직 전에 다음의 항목들을 냉정하게 고민하고 판단해보길 바란다.

1. 상사와 어떤 방법으로든 풀 수 있는 문제인가?

2. 나의 문제는 아닌가?
실력, 업무 성과, 잦은 지각, 약속 불이행, 고객이나 동료의 잦은 컴플레인 등 내가 잘못한 부분은 없었는지 돌아볼 필요가 있다.

3. 상사의 문제인가?
상사의 문제라면 회사 내부 다른 임직원들 사이에서 이미 피드백이 나와 있을 확률이 높다.

4. 지금 내가 회사에서 필요로 하는 사람인가?
내가 원하는 일을 하고 있으며 실적도 잘 내고 있어서 회사에서 필요한 사람인지에 대해 성찰해보자.

이직, 필요하면 해야 한다. 하지만 정확한 이유와 명분이 필요하다. 위에서 말한 포인트를 기준 삼아 꼼꼼하게 체크해 현재 내 상태를 면밀하게 판단해보자. 그동안 수많은 직원 면접에 참여했다. 면접 전 이력서와 자기소개서를 확인할 때는 이전 직장에서 몇 년 동안 무슨 일을 했는지 꼼꼼하게 체크했다. 면접 시에는 기업의 인재상과 부합하는지, 이직했던 이유는 무엇인지를 정확히 이해하려고 노력했다. 별다른 이유 없이 1년, 2년 만에 회사를 옮겼던 지원자는 채용에서 제외했다. 얼마 전 기업 선호 인재상 1위가 '책임감(17.4%)', 2위가 '성실성(15.9%)'*이라는 기사를 봤다. 여기에는 오래 함께 일할 사람을 찾는다는 의미도 숨겨져 있을 것이다. 나도 이에 적극 동의한다.

좌절과 실패는 바이러스와도 같다. 처음에는 면역력이 없어 무너질 수 있지만 한 번 겪어보고 나면 다음은 조금 더 수월하게 지나보낼 수 있다. 물론 매번 같은 바이러스가 오는 게 아니라 변형 바이러스가 오는 게 문제이긴 한데, 바이러스가 진화하는 동안 사회생활을 하는 우리도 진화할 것이기에 해볼 만한 싸움이다. 아, 해결해야 할 문제가 하나 더 있다. 이 바이러스에 대한 항생제는 병원이나 약국에서 구할 수 없다. 이미 우리 안에 있는 항체를 발현시켜 바이러스를 이길 것인지 아니면 바이러스의 희생양이 될 것인지는 각자의 선택에 달렸다.

---

* "기업 선호 인재상 1위는? 기업 34% '인재상, 환경에 따라 변한다'", 잡앤조이, 2020년 2월 10일(http://www.jobnjoy.com/portal/job/hotnews_view.jsp?nidx=387875&depth1=1&depth2=1&depth3=1)

회사는 언제든
당신을 자를 준비가 돼 있다

최근 일본의 기업들은 흑자임에도 45세 이상의 직원들을 대상으로 상시 명예퇴직 신청을 받고 있다. 45세 이상의 직원에게 주는 급여의 부담이 크고, 인공지능이 업무의 각 부분에 확대 적용되면서 고급 기술 인력의 확충이 필요해졌기 때문이다. 한국이라고 예외일 리 없다.

L사는 경영 악화로 LCD 사업을 정리하고 OLED 사업에 전념하기 위해 2018년부터 6,000여 명에게 희망퇴직 신청을 받았다. 2020년에는 조직 통폐합을 단행해 임원의 20~30% 감축을 검토하고 있다. 또한 C사는 2019년 말, 3년 차 사원과 대리급에게까지 권고사직을 시행했다. 실적 악화에서 비롯된 일이었다. 이는 경

영 전략의 변화로 이어졌고 수익성이 낮은 사업부는 통폐합을 하기로 결정했다. 여기서 끝이 아니다. 2020년 2월, D사는 만 45세이상 직원들을 대상으로 명예퇴직 신청을 받기 시작했다. 전 사업 부문에 걸쳐 2,600여 명의 인원을 감축할 계획이었다. 그 이전에 사업 조정, 유급 휴직 등 다양한 방법으로 돌파구를 찾으려 시도했지만 수년간 이어진 영업 악화를 더는 견뎌낼 방법이 없어 불가피하게 명예퇴직을 단행하게 된 것이다.

사업이 어려워지면 회사 입장에서는 별다른 도리가 없다. 그렇게 사업부 하나를 통째로 날려버리게 되면 그 누구도 해고의 범주에서 예외일 수 없고, 1년 차이든 20년 차이든 그런 건 중요하지 않다. 20년 이상 성실히 일하다 보면 어느새 45살이 훌쩍 넘어버린다. 그럼 지금부터 노후에 대해 좀 생각해볼까 했는데 회사에서는 이제 월급 축내지 말고 나가라고 한다. 사업 구조가 변해 인공지능 엔지니어가 필요하다는 말도 덧붙이니 더는 뭐라 반박할 수도 없다.

개인도 기업도 명퇴당하는 시대

아직도 충성을 다해 열심히 일하면 회사가 정년까지는 당신을 책임져줄 것 같은가? 알다시피 지금은 그런 시대가 아니다. 회사가 직원을 챙기는 건 고사하고, 그 이전에 회사가 먼저 망할 판이기 때문이다. 멀쩡했던 기업이 한순간에 무너지는 게 특별하지 않은 시대가 됐다. 그만큼 세상이 변했다.

기술 발달로 비즈니스의 전개는 점점 더 빨라지고 있고, 새로운 비즈니스가 기존의 것을 대체하고 있으며 인공지능 기술로 탄생한 비즈니스는 아예 시장의 판을 바꿔버리는 중이다. 전통적인 굴뚝 산업은 '어? 어어?' 하고 변화하는 기술을 바라만 보다가 두 눈 뜬 채 속수무책으로 수장을 당할 수도 있다.

'아내와 자식 빼고는 다 바꿔야 산다.' 1993년 삼성의 이건희 회장이 독일 프랑크푸르트에서 임직원들을 모아놓고 진행한 장기 회의에서 했던 선언은 삼성전자가 글로벌 기업으로 도약하는 결정적인 계기가 됐다. 아날로그 시대였던 당시에도 탁월한 리더들은 바꿔야 '한다'가 아니라 바꿔야 '산다'고 했다. 하물며 인공지능 시대를 달리고 있는 오늘날은 어떻겠는가? 어쩌면 지금 이 시대는 '그냥 바꾸면 죽는다. 살기 위해 바꿔야만 산다'는 말이 더 어울릴지도 모르겠다.

혹시 '나는 명퇴 대상이 아니야, 아닐 거야'라고 생각하고 있지는 않은가? '에이 설마…'라는 긍정적인 쪽으로 생각이 기우는가? 그렇다면 진짜 꿈 깨야 할 때다. 평생직장은 내가 처음 회사 생활을 시작하던 30년 전의 사고방식에서 나온 개념이다. 기업이 직원들에게 일방적인 희생과 의무를 강요하던 시대의 유물인 것이다. 내 실력을 파악하고 경쟁력을 만들어 언제든 미래가 있는 곳으로 옮겨갈 준비를 해야 한다.

명퇴를 준비해야 하는 건 직원뿐이 아니다. 기업도 항상 이를 준비해야 한다. 특히 만들면 팔렸던 시대를 누렸던 기업들이라면 지금도 그 시대에 만들었던 정책, 기업 문화, 조직, 전략에 약간의 수정만 더해 오늘과 내일을 대비하겠다는 생각은 그만둬야 한다. 애매모호하게 딱 그만큼만 변화해서 살아남으려는 요행을 바랐다간 큰 낭패를 맛볼 뿐이다. 예전의 영예에서 벗어나지 못하고 주춤거리다 변화의 물결에 경쟁력을 잃고 수장된 회사가 얼마나 많던가. 이젠 기업도 명퇴당한다.

박힌 돌을 이기려면
새로운 길로 굴러야 한다

몇 해 전, 내가 참 좋아하는 친구에게서 연락이 왔다. 모 그룹의 과장으로 일하고 있는 30대 중반의 멘티였다.

"캡틴, 뵙고 싶어요. 직장 생활 참 힘드네요."

"그래, 그런데 급한 거 아니면 천천히 봐도 될까?"

"빨리 뵙고 싶어요."

"음, 그래. 그럼 내일 봅시다!"

명문대 경영학과를 나와서 모 그룹 본사 신사업개발팀에서 열심히 일하고 있는 친구였다. 일을 잘해 칭찬도 많이 받고 성실하기도 해서 동료들에게 좋은 평을 받고 있었다. 그런데 이번 인사에서도 2년 연속 승진이 누락되고 동기가 먼저 팀장으로 승진했으며, 인사 고과도 기대에 미치지 못해 정신적인 스트레스가 크다고 털어놨다. 이런 고민이 계속돼서 평소 관심 있던 회사에 이력서를 보냈는데, 공교롭게도 며칠 전 합격 통보를 받았다고 했다.

"캡틴, 지금 다니는 회사가 실망스러워요. 불이익을 받고 있고, 더 이상의 비전도 없어 보여요. 그래서 회사를 옮기고 싶은데, 결정하기 전에 마지막으로 캡틴의 말씀을 듣고 싶어요."

"그렇군. 내가 아끼는 마음에서 단도직입적으로 말할게. 회사를 옮기면 지금 회사에서 벌어진 것과 같은 상황이 발생하지 않으리란 보장이 있을까? 이직할 회사가 이 부분을 계약서에 써서 보장해준다면 옮겨가도 괜찮겠네!"

"헐, 캡틴…"

이런 황당무계한 대답이 어디 있겠는가. 그런데 진심이었다. 진짜 진짜 진심이었다. 과장급 이상이 회사를 옮길 때는 조심해야 할 포인트들이 많다. 이직한 곳의 조직 문화에 적응하고 살아남으려면 실력 외에 신경 써야 할 부분이 한둘이 아니다. 구르는 돌은 박힌 돌을 빼내기 어렵다. 박힌 돌은 홈그라운드라는 이점을 살려 구르는 돌의 성과를 원천봉쇄하려 할 것이다. 또 혹시나 나를 뽑아준 임원이 명퇴라도 당하면 낙동강 오리알 신세를 면하기 어렵다.

"지금 이 문제는 회사를 옮긴다고 해결될 일이 아니야. 30대 중후반이란 나이에서는 더더욱. 오히려 그 회사에서 살아남는 게 나을지도 모르겠는데? 그런데 진짜 중요한 질문을 하나 하려고 하는데…"

"네, 말씀하세요."

"너 명퇴 준비는 하고 있니?"

"네? 며, 명퇴 준비요?"

"응, 명퇴 준비."

헐. 또 자신의 예상과 달리 골 때리는 질문이 나오니 내 멘티는 정신을 못 차리는 듯했다.

"네 나이에는 '인생'을 설계해야 해! 100살까지 산다고 가정했을 때, 최소 80세까지 할 일을 지금부터 준비하고 시작해야 한다고. 기존 직장에 남아 있든지 새 직장으로 옮겨가든지 어딜 가든 기껏해야 10년 정도 버틸 텐데… 그럼 그 다음엔 뭐 할 건데?"

"어, 그건…"

"40대 중반에 명퇴당하고 난 후를 생각해봐. 너는 지금 명문대를 나와서 업계 최고의 회사에서 일하고 있잖아. 이젠 구체적으로, 진짜 아주 구체적으로 앞으로의 인생 50년 동안 밀고 나갈 꿈을 정하고 플랜을 짜서 그 일을 가장 잘할 수 있는 곳을 선택하는 게 어떨까. 지금 직장이 바로 그곳이라면 계속 있어야 하고, 새로운 곳이 맞다면 과감히 옮기면 되겠지. 둘 다 아니라면 다시 차근차근 준비를 해보면 되고."

내가 대학생 때의 일이다. 미팅에서 정말 예쁜 여학생을 만났다. 보는 순간 '심쿵' 했고 어떻게든 또 만나고 싶어 최선을 다한 끝에 10일 뒤에 다시 보자는 약속을 받아냈다. 헤어져 집으로 가는 내내 다시 그 친구를 만날 행복한 꿈에 사로잡혀 실실 웃음이 났다. 집에 도착하자마자 아직 10일이나 남은 그 만남을 위해 계획을 짜기 시작했다.

만나서 뭘 하지? 어디를 갈까? 뭐 입고 가지? 저녁을 먹는 게 좋을까? 음… 그럼 뭘 먹지? 집에까지 데려다주는 건 오버일까? 참, 돈이 많이 들 텐데 나 이번 달 생활비 얼마나 남았지? 아, 돈이 없는데 어떡하지? 엄마한테 좀 달라고 할까? 아니면 친구한테 좀 빌려볼까…

이렇게 미팅 파트너를 만나러 갈 때에도 계획을 세우고 철저하게 준비하는데 진짜 중요한 자신의 인생에 대한 계획과 준비가 잘 되어가고 있는지도 점검해볼 필요가 있지 않을까.

매년 연말 연초에 인사 고과철이 돌아오면 '캡틴, 긴히 드릴 말씀이 있어요…'라며 찾아오는 직장인 멘티들이 있다. 만나 보면 회사에서 통보한 성과 평과에 대한 불만족과 실망으로 자신감을 잃고 불안을 호소하는 경우가 대부분이다. 이직에 대한 결심은 덤이고. 이직이 해결책일 수만 있다면 얼마나 좋겠는가! 물론 어떤 경우엔 그게 해결책이겠지만 그 전에 스스로에게 물어야 한다. '이곳에서든 저곳에서든, 나는 명퇴할 준비가 되어 있는가?' 더는 이 질문을 늦춰선 안 된다. 그리고 앞으로 50년을 내다본 인생의 '꿈'과 '계획'을 세우고 '준비'를 시작해야 한다. 바로 지금!

"여러분! 명.퇴.할 준비가 되어 있나요?"

오늘도, 내일도
커리어를 고민하고 있을 꿀벌들에게

Q1 개인의 성취도 중요하지만, 가정을 생각하지 않을 수 없습니다. 일과 가정의 균형은 어떻게 맞추셨나요?

A1 우선 아내와 많은 대화를 나눴습니다. 매 순간 가족과 나의 일, 무엇이 우리가 함께하는 미래를 위해 더 중요할지 이야기를 나누며 우선순위를 정해나갔습니다. 평일에는 특별한 일이 없는 한 회사 일에만 집중했습니다. 대신 금요일 밤부터 일요일 저녁까지는 온전히 가족들과 시간을 보냈죠. 또, 주중에 반드시 아내와 대화 나누는 시간을 가졌습니다. 단 10분이라도요.

그런데 엔비디아에 재직하던 13년 동안은 많은 시간을 실리콘밸리에서 보내느라 가족과 함께하는 시간이 어쩔 수 없이 줄어들었습니다. 그래서 여름과 겨울에 2주 이상의 휴가를 내고 부족했던 시간을 채우려 노력했습니다.(아내와 아이들은 나이를 먹을수록 제가 집에 없는 걸 더 좋아하는 것 같긴 하지만요. 하하☺) 어디에 있든, 어떤 상황이든 짧게나마 가족과 대화를 계속하는 것이 가장 중요하다고 생각합니다.

Q2 회사를 다니고 있지만 미래에 대한 걱정이 많습니다. 어느 방향으로 나아가야 할지 갈피를 잡지 못한 채 방황하고 있어요. 대표님께서는 직장 생활을 하시며 어느 정도 주기를 가지고 어떤 방식으로 목표를 실현해오셨나요?

A2 앞서도 말했다시피 제 목표는 '사장'이 되는 것이었습니다. 이 것을 장기적이고 큰 목표로 두고 이를 달성하기 위해 필요한 구체적이고 세부적인 목표들을 설정했죠. 사장이 될 수 있었던 요인 중 하나로 제시했던 'TO DO List'도 그 일부입니다.

그리고 나아갈 방향을 정하기 위해서는 현재의 트렌드를 읽을 줄 아는 능력이 필요합니다. 어떤 일을 하고, 어떤 목표를 가지고 있든 이것이 가장 중요합니다. 저의 경우, 1995년 유럽 회사에서 대리로 근무할 때 이런 생각을 했습니다. '유럽 회사는 곧 실리콘밸리 중심의 미국 IT 회사와의 경쟁에서 뒤처질 것 같군.' 그래서 미국 회사로 이직 준비를 시작했고 한국 지사장이 되기 위해 아시아·태평양 지역 마케팅을 하다 과감히 한국 시장 영업을 할 수 있는 회사로 이직했습니다. 트렌드를 이해해야만 미래를 생각하고 바라볼 수 있는 시야와 관점이 생깁니다. 지금 여러분이 하는 업무, 여러분의 고객, 여러분의 시장, 여러분의 기술 등 모든 분야의 트렌드를 읽으세요.

Q3 요즘 삶의 만족도나 개인의 시장 가치를 올리기 위해 회사 업무와 별도의 사이드 프로젝트를 진행하는 사람들이 늘고 있습니다. 저도 도전해보고 싶은데 시간을 내기가 너무 어렵네요.

A3 맞아요. 어렵죠. 그런데 저는 항상 하고 싶은 게 정말 많은 사람이거든요. 그래서 업무 외에 틈틈이 목표를 세우고 도전하는 걸 즐겼어요. 조리사 자격증, 와인 소믈리에 공부, 화가들을 지원하기 위한 한국화가협동조합 설립, 그림 그리기, 글쓰기, 멘토링, 강연 등등.

이런 얘기를 하면 '회사 대표로 일하시면서 어떻게 개인적으로 원하는 일까지 다 성취하실 수 있었나요?' 하는 질문이 돌아옵니다. 그럼 저는 이렇게 대답하죠. '저도 잘 모릅니다. 하고 싶은 게 생기면 바로 실행에 옮겼을 뿐이에요.' 허무한가요? 그런데 진짜 저도 잘 모르겠어요. 그렇지만 한 가지 분명하게 말씀드릴 수 있는 건 시간은 쓰면 쓸수록 더 생겨난다는 거예요. 뻥치지 말라고요? 그럼 저를 찾아오세요. 비법을 알려드릴게요. 단, 수업료도 준비해 오셔야 해요. 삼겹살에 쏘주 한 잔.

Q4
정말 열심히 사셨다는 생각이 듭니다. 그런데 혹시 그 과정에서 후회하는 게 있다면 무엇인가요?

A4
2004년, 브로드컴 사장으로 재직할 때의 일입니다. 당시 잦은 해외 출장 등으로 너무 바빠서 아버지의 건강을 제대로 체크하지 못했어요. 다음 해에 아버지를 하나님 곁으로 보내드려야 했죠. 그때 아버지는 겨우 65살이셨어요. 분명 제가 할 수 있는 일이 있었을 텐데 그러지 못했던 것이 여전히 마음이 아픕니다.

그리고 2017년, 엔비디아 사장으로 재직할 때는 제가 과도한 업무와 스트레스로 건강을 잃어 하늘나라로 갈 뻔한 일이 있었습니다. 그 후 아침에 1시간 동안 PT를 받고 개인 운동을 하는 것이 제 일과 중 가장 중요한 활동이 되었습니다. 제가 좋아하는 현재의 생활을 더 행복하게, 더 잘하기 위해서 운동을 꾸준히 하고 있습니다. 여러분도 좋아하는 일을 계속하시려면 가족과 보내는 시간과 건강을 챙기는 시간의 밸런스를 잘 유지하시기 바랍니다.

Q5

책도 많이 읽으시는 것 같은데 대표님의 인생에서 가장 소중한 책은 무엇일지 궁금합니다.

A5

제겐 2권의 인생책이 있습니다. 칼 세이건의 《코스모스》와 마이클 샌델의 《정의란 무엇인가》입니다. 대학교 2학년이던 1984년에 처음 읽은 《코스모스》 덕분에 '과학'의 세계에 흥미와 관심을 갖게 됐습니다. 과학적으로만 설명하면 다소 딱딱했을 150억 년에 이르는 우주 진화와 과학, 문명의 발전을 철학적이고 인문학적으로 풀어낸 것이 너무 재미있어서 밤을 새우며 읽었던 기억이 납니다. 제가 IT쪽으로 '꿈'을 정하는데 많은 역할을 해준 책이기도 합니다. 이후 저자 서거 10주년 기념 개정판이 나온 2006년에 다시 읽었는데 세월이 흘러도 여전히 흥미진진하더군요. 강력하게 추천합니다.

《정의란 무엇인가》는 반복되는 업무에 지쳐 침체기에 빠져 있던 2010년 가을에 읽게 되었습니다. 책의 원제는 《Justice : 'What's the right thing to do?'》입니다. '올바른 일이 무엇인가?'라는 뜻인데 당시 여러 가지로 가치 판단의 기준이 흔들려 어려움을 겪고 있던 차였거든요. 이 책 덕분에 흔들리지 않는 저만의 정의로운 대원칙을 생각해보게 됐습니다. 전문 경영인의 길을 잘 걸어갈 수 있도록 등대 역할을 해준, 답답했던 일상의 반복을 시원한 소나기처럼 씻어준 책입니다.

더불어 유발 하라리의 인류 3부작 시리즈인 《사피엔스》, 《호모 데우스》, 《21세기를 위한 21가지 제언》도 꼭 읽어보시길 권하고 싶습니다. 이 세 권을 읽고는 지금 시대를 살아가는 젊은이들에게 꼭 필요한 책이라는 생각이 들어 제 멘티들과 북토크를 세 번이나 열기도 했습니다. 7만 년 전 사피엔스가 등장하면서 오늘에 이르기까지 인류가 어떻게 세상을 만들어왔고 또 과학과 기술을 발전시키며 어떻게 사회를 바꾸어 나가고 있는지, 그 변화와 발전의 종착지는 어디일지에 관한 흥미신신한 이야기를 남은 책들입니다. 참, 느림앤퓨쳐랩스에서 올해도 북클럽이 열릴 예정이니 참석해서 더 즐거운 독서의 경험을 해보시길 바랍니다.

2장

꿈을 대하는 태도
: 용다방 이야기

WHERE WOULD I BE IN
FIVE
YEARS

더 높은 곳을 오르기 위한 투자

나는 오랫동안 한 인터넷고등학교 학생들을 대상으로 멘토링을 해오고 있다. 이 학교는 IT 짱들이 모인 곳이다. 많은 실력 있는 학생들이 밤새 프로그램을 짜고, 게임을 만들어 해커톤 및 전국 SW 경진대회에서 상을 휩쓰는 등 그야말로 SW 또라이들이 가득한 곳이다. 또한 스타트업을 만들어 도전하는 대한민국의 미래를 볼 수 있는 곳이기도 하다.

2016년은 VR(Virtual Reality)의 시장 가능성이 세계를 휩쓴 해다. 이제 갓 고등학교를 졸업하고 스무 살이 된 멘티가 대표로 있는 스타트업도 초등학교 미취학 아동을 대상으로 '교육용 VR 게임'을 개발하고 있었다. 시장성도 있어 보이고 기술적인 부분도 실현이 가능할 것 같았다. 다만 이제 시작인 분야이기에 언제 시장이 폭발적으로 열릴 것인지가 관건이었다.

"사장님, 저 스타트업 만들었어요. VR 게임 만들려고요!"

"어 그래? 정말? 야, 멋지다! VR 게임 개발이라니!"

"하하, 이제 시작인걸요. 많이 도와주세요."

"그래그래. 참, 일단 만나자. 사무실이 어디야?"

"양재역 근처에 있어요."

"다음 주에 갈게. 그때 얘기하자."

"네, 사장님. 감사해요."

"뭐 필요한 건 없니?"

"없어요. 와주시는 것만으로도 영광이에요."

"그래도 필요한 거 있으면 말해봐."

"음… 저희 팀원들한테 맛난 점심 사주세요!"

"점심? 녀석, 알았다. 맛있는 짜장면 사줄게."

이렇게 전화로 얘기를 나눌 때까지만 해도 이 친구들의 현실적 어려움은 생각도 하지 못한 채, 그저 고등학교를 졸업하자마자 스타트업을 시작한 어린 친구들에 대한 뿌듯함만이 가득했다.

사장님, 점심값이 없어요

양재동의 스타트업 창업센터 사무실에 들어서자 미래의 앙트레프레너entrepreneur*를 꿈꾸는 여덟 명의 젊은이들이 VR 게임 개발에 몰두하고 있었다. 스무 살의 어린 친구들이 회사를 운영하는 것이 신기하기도 하고, 진지하게 논의하는 모습을 보고 있자니 존경심이 들기도 했다.

"얘들아, 점심 먹으러 가자!"

"네! 배고파요, 맛난 거 사주세요."

"그래, 뭐 먹을래?"

대표인 멘티가 자신들이 자주 가는 식당으로 안내하겠다며 길을 앞장섰다. 아무 생각 없이 따라나섰다가 양재동 뒷골목을 한참 돌고 돌아 허름하고 조그마한 밥집에 도착하고서야 상황 파악이 됐다. 정해진 메뉴도 없이 그날그날 주인이 만든 반찬으로 백반을 차려주는 곳이었다. 소박한 밥상이었지만 젊은이들의 도전에 대한 열정을 느끼며 다 같이 밥 한 그릇을 뚝딱 해치웠다. 한참 이 얘기 저 얘기를 나누다가 내가 물었다.

"정 대표, 가장 힘든 게 뭐야?"

---

* 혁신을 통해 새로운 가치를 창출하는 창조적 파괴자

대표인 친구가 한참을 머뭇거리다 힘들게 입을 열었다.

"사장님, 점심값이 없어요. 그래서 팀원들에게 너무 미안해요."

순간 가슴이 먹먹해졌다. 스타트업의 어려움이 단번에 와닿는 말이었다. 그 어린 대표의 손을 잡으며 "우리 힘들어도 파이팅 해 보자!" 하고 응원을 건네는 마음이 좋지 않았다. '저녁 늦게까지 일하면서 돈이 없으면 컵라면으로 끼니를 때우는 일이 다반사일 텐데…'

사무실로 돌아와 그 친구들에게 필요한 게 무엇일지 고민하다 보니 사무실에서 모두 개인 노트북을 사용하고 있던 모습이 떠올랐다. VR 게임을 개발하려면 고사양의 GPU 컴퓨터 시스템은 필수인데… 멘티와 약속을 잡고 당시 다니던 회사에서 사용하지 않는 컴퓨터들을 모아 수리를 하고 새로운 그래픽 카드를 장착한 후 양재동 사무실을 다시 찾았다. 시스템을 설치해주고 나서 멘티와 함께 커피를 마시며 용기를 불어넣어 줬다.

"정 대표, 비즈니스에서 나이는 중요하지 않아. 아이디어와 열정 가득한 도전이 중요하지. 힘내. 언제든 연락하고. 파이팅! 이리 와. 포옹이나 하자."

진짜 꼭 끌어안아줬다. 진심 어린 응원과 격려를 담은 존경의 포옹이었다. 그러고는 남몰래 개인 비상금을 털어 넣은 봉투를 멘티의 손에 쥐여줬다.

실패라는 함정

이 스타트업을 설립하기 위해 스무 살의 멘티는 부모님을 설득해 350만 원을 지원받았다. 그야말로 최소한의 비용으로 회사를 운영하려니 얼마나 힘들었겠는가. 더구나 경영에 대해선 아무런 경험도 지식도 없는 상태인데 말이다. 하지만 나는 장담할 수 있다. 스무 살의 청춘들이 꿈을 향해 내딛은 이 첫 발은 그들의 인생에 가장 값진 경험으로 기록될 것이다. 비록 실패한다 할지라도.

나 역시 20년 이상 전문 경영인으로 회사를 이끌며 결정의 기로에 설 때마다 고민하고 망설였다. 확신이 서지 않아 주저하고 또 주저했다. 하물며 말 그대로 '스타트업'을 시작하는 청춘들의 도전은 사실 비즈니스적인 측면에서는 성공보다 실패로 끝날 확률이 더 높다. 이들에겐 돈도 없고 경험도 없고 흔히 말하는 빽도 없다. 어릴 때부터 미쳐 살았던 소프트웨어 코딩 실력을 바탕으로 소프트웨어 전문가 또는 기업인이 되겠다는 것이다. 그 꿈과 열망만큼은 누구에게도 뒤지지 않지만 이것만으로 어찌 성공이 가능하겠는가!

멘티들과 꿈에 대한 이야기를 나누다 보면 어김없이 나오는 주제가 '실패'다.

"도전해보고 싶은데 실패할까 봐 두려워요. 대표님은 실패해본 적이 있으신가요? 그때 어떻게 헤쳐 나오셨어요? 혹시 실패를 안

하는 방법도 있을까요?"

이런 질문을 받을 때마다 나는 이렇게 되묻는다.

"어떤 도전을 했나요? 그리고 또 어떤 실패를 했나요?"

열에 아홉은 아예 도전도 해보지 않고, 혹은 시도할 생각조차 해보지 못하고 실패에 대한 걱정을 앞세우는 경우였다. 물론 실패는 두렵다. 어떨 때는 눈앞이 캄캄해지기도 한다. 그런데 실패는 도전이 있어야만 발생하는 결과 중 하나다. 그리고 성공이란 결과도 있는데 왜 실패를 먼저 생각하는 걸까! 성공이 어려운 세상인 것은 맞다. 그러니 성공하려면 성공에 대해서 많이 생각해야 한다. 실패에 대한 걱정이 아니라 성공을 위한 생각을 더 많이 해야 한다. 그래서 나는 더욱 더 힘주어 이렇게 얘기한다.

"우선 한 번이라도 '꿈'이라는 목표를 실행에 옮겨봐야 해요. 지금 여러분이 꿈에 도전했다가 실패한다고 해서 잃을 게 뭐가 있죠?"

2015년 2월에 회사를 창립했던 이 친구들은 이듬해 2016년 일본의 소니Sony사에 VR 게임을 제안해 알파 테스트까지 통과하며 나름대로 좋은 결과를 냈다. 하지만 경영 미숙과 자금 문제로 2017년 사업을 중단하게 됐고, 지금은 각자 취직을 해서 엔지니어로 근무하고 있다. 하지만 그들이 했던 도전이 결코 헛된 것이 아니라는 것을 나는 누구보다도 확신한다. 비록 회사를 폐업했지만 이들은 겨우 스무 살이란 어린 나이에 꿈을 '실행'에 옮겼다. 꿈의 방향이 정확히 서 있었기에 이를 향해 나아가는 길에서 만난 실패는 하나의 과정일 뿐이다. 수정과 보완을 거듭하면서 꿈의 항해를 계속해 나간다면 인생이라는 긴 여정의 항해에서는 반드시 성공할 것이다. 어쩌면 스무 살의 '실패'라고 생각했던 것은 더 큰 꿈을 위한 투자일지도 모른다.

많은 젊은이들과 멘토링을 할 때마다 일단 목표가 생기면 나머지는 일사천리로 이루어지는 것을 숱하게 경험했다. 유독 내 멘티들이 운이 좋았던 걸까? 그렇지 않을 것이다. 꿈은 언제나 가장 강력한 동기 부여가 되어주기 때문이다. 아무나 가질 수 없는 실패의 기회를 놓치지 않은, 스무 살의 기업인이었던 내 멘티들에게 진심으로 존경의 박수를 보내고 싶다.

지금도 가끔씩 '사장님, 점심값이 없어요'라고 한 멘티의 말이 생각난다. 그럴 때면 아무도 듣지 않을 혼잣말로 이렇게 대답하며 미소를 짓곤 한다.

"지금은 좀 굶지 뭐. 그리고 돈 많이 벌자. 배 터지게 먹게."

꿈을 만져본 적이
있는가

"저 교환 학생으로 미국에 가고 싶은데, 어떻게 해야 할지
모르겠어요."

"뭘 고민해! 가고 싶으면 가면 되지!"

"그런데 학점이 부족하고 토플 시험은 본 적도 없어요."

"학점이 모자라면 성적을 올리면 되고, 토플은 개열심히 공부
해서 필요한 점수를 만들면 되지!"

"네?"

"네 마음이 미국에서 공부하고 싶다고 외치고 있잖아. 그럼 날
밤을 새워서 코피가 터지더라도 한번 해봐야 하지 않겠어?"

"그렇긴 한데요…"

"거기까지. 해보지도 않고 고민만 하는 건 난 반대야. 일단 해보자. 파이팅!"

직접 보고 느끼는 것의 힘

2014년 10월 말, 모교인 울산대학교에서 '기술로 꿈을 꾸다'란 강연을 했을 때의 일이다. 300여 명의 공대생들 앞에서 2시간 동안 목이 터져라 미래 사회와 꿈에 대해 이야기했다. 강연이 끝나고 노트북을 정리하는데 다소곳한 얼굴의 남학생이 옆에 와 섰다. 그러고는 자신 없는 듯한 조용한 목소리로 저렇게 얘기하는 것이 아닌가.

그동안 학생들이 해외 교환 학생이나 유학 등을 고민할 때면 무조건 도전하라고 강조하고 또 강조해왔다. 지난 30년간 다국적 기업에서 근무하며 보고 느낀 것들이 많기 때문이다. 내가 밀어붙인 탓인지 외국행을 고민하던 멘티들은 지금 대부분 해외에서 공부를 하거나 취업해서 일을 하고 있다. 6개월 후, 그 학생에게서 전화가 왔다.

"사장님, 저 미국 사우스다코타 주립대학교South Dakota State University에 교환 학생으로 가게 됐어요!"

"헐~~ 대박. 잘했다, 정말. 축하한다!"

"감사해요, 용기주셔서."

다소 무모하게 보일 수도 있는 일에 도전해 원하던 목표를 성취한 친구의 이야기 앞에서 나는 계속 '헐~~'만 반복했다. 기쁘고 감사했다. 무엇보다 보람이 있었다. 모교 후배여서 더 그랬을지도.

들어보니 그 친구가 처음에 걱정했던 것처럼 쉽지 않은 일이었다. 3.21이던 학점을 3.5 이상으로 끌어올리기 위해 밤을 새워가며 공부했고, 겨울 방학 때는 서울에 올라와 생활하며 강남의 영어 학원에서 토플을 공부했다고 했다. 그렇게 교환 학생을 가야겠다고 마음먹은 지 5개월 만에 필요한 조건을 모두 충족해낸 것이다. 기특한 마음이 들어 2016년 2월 미국 출장길에 이 친구에게 연락해서 만날 약속을 잡았다.

"내가 곧 실리콘밸리로 출장을 가니까 여기로 온나!"

특별한 선물을 주고 싶어서 일부러 일정에 관해 어떤 자세한 얘기도 하지 않았다. 만나서도 별다른 말을 하지 않고 차를 몰아 실리콘밸리 곳곳에 있는 애플, 페이스북, 구글 등 세계 최고 IT 기업의 본사에 데리고 갔다. 직접 보고 느끼라고. 견학을 마친 후에는 소주 한잔과 함께 미국에서의 생활에 대해 물었다.

"너 한식 먹고 싶지? 보쌈에 소주 한잔 딱, 하자. 어때?"

"네!! 좋아요! 미국에 와서는 한식을 거의 못 먹었어요. 너무 비싸더라고요."

"짜식. 그래, 오늘 어땠어?"

"진짜 흥분됐어요. 그리고 뭔가 뭉클한 기분이었어요. 사장님이 왜 아무 말씀도 안 하셨던 건지 알 것 같아요."

눈앞에 놓인 공은 일단 차고 보자

함께 호텔로 돌아와서는 한국에서 준비해온 《세계미래보고서 2045》를 그 친구에게 건넸다.

"이거 읽고 자. 도움 많이 될 거야."

그러고 나서 나는 시차 때문에 바로 곯아떨어졌다. 그런데 그 친구는 정말 책을 다 읽고 새벽에서야 잠이 들었다고 했다. 생각지 못했던 실리콘밸리 견학에 대한 두근거림, 책에서 읽은 미래에 대한 기대와 두려움 등 여러 감정이 뒤섞여 밤을 꼴딱 샜다고. 어쩌면 내 코 고는 소리에 잠을 못 잔 거였을지도⋯

다음날은 엔비디아 본사 곳곳을 견학시켜준 후에 커피를 마시며 교환 학생 이후에 대한 이야기를 나눴다.

"여기가 GPU 컴퓨팅의 새 역사를 쓴 본고장이야."

"머릿속으로 그려보기만 했던 세상이 제 눈앞에 있다는 게 믿기지 않아요!"

"멋진 곳이지? 실리콘밸리에서 일해보고 싶지 않아?"

"일하고 싶죠!"

"그럼 또 도전해보는 게 어때? 음~ 나도 이게 가능할지 잘 모르겠는데, 아무튼 열심히 공부해서 미국인 지도교수님을 감동시켜 봐. 그리고 4학년까지 2년 연속 교환 학생으로 공부할 수 있도록 부탁드려 보는 거지. 너의 꿈도 말씀드리고."

"네? 그게 될까요?"

"처음 미국 교환 학생 준비할 때 어땠지?"

"어… 약간 맨땅에 헤딩하는 기분이었죠. 안 될지도 모를 일에 시간과 돈을 투자한다는 게 망설여지기도 했어요."

"지금도 그때만큼 망설여져?"

"아주 아니라고는 말 못하지만, 사실 그때보다는 '해볼까?' 싶은 마음이 조금 더 크긴 해요. 그때는 공이 어디 있는지조차 모르겠는 기분이었는데, 지금은 공을 어디로 차야 할지 정도는 알 것 같거든요. 물론 수비수들이랑 골키퍼를 뚫을 수 있을지는 확신이 안 서지만요."

"음~ 그건 나도 확신할 수 없지만, 열심히 해서 지도교수님을 감동시키면 가능할 수도 있지 않을까? 부탁드려 봐."

"그래도 될까요?"

"그럼! 공도 있겠다, 차야 하는 방향도 알겠다, 뭐가 문제야?"

아직도 그 친구와 샌프란시스코 공항에서 헤어지며 나눈 진한 포옹이 생생하게 기억난다. 감사하다며 엉엉 우는 바람에 나도 함께 눈물을 흘리고 말았다. 지성이면 감천이라고, 몇 달 후 그 친구는 지도교수에게 교환 학생 1년 연장 승인을 받아냈다. 내가 한 일이라곤 어떤 기회가 올지 모르니 '에이 까이꺼!' 하며 부딪쳐보라고 말한 것뿐이었다. 이 친구뿐만이 아니다. 다른 멘티들에게도 내가 해주는 건 그들의 이야기를 들어주고, 도전에 대한 격려와 용기를 북돋아주는 게 다였다. 그런데 놀랍게도, 그러고 나면 멘티들의 삶에 큰 변화가 일어나곤 했다. 진짜 거짓말처럼.

이 친구는 졸업 후에 LA에서 네트워크 비즈니스를 하는 회사에 취직했고, 1년 정도 일했을 때 회사가 좋은 피드백을 주며 정부에 H1B 비자를 신청해주기도 했다. 그런데 운이 안 따랐는지 정권이 바뀌면서 비자 발급이 어려워지는 바람에 한국에 돌아와 미국 글로벌 유통회사의 한국 지사에 취직했다. 지금은 그곳에서 본인의 전공을 살려 최고기술책임자(CIO) 밑에서 네트워크 및 데이터 업무를 하고 있다.

청년들과 이야기를 나누다 보면 그들이 바라보고 있는 시야가 좁은 것에 놀랄 때가 많다. 어쩌면 정보가 부족해서, 또 정보를 어떻게 찾고 수용해야 할지 몰라서 그럴 수도 있다고 생각한다. 만약 이 친구가 교환 학생으로 미국에 가고 싶다는 꿈을 생각만 하다 말았으면 어떻게 됐을까? 여전히 공의 행방을 찾는 단계에 머물러 있을지도 모른다.

꿈이라는 공에는 실체가 없다. 그래서 더 첫발을 내딛기가 망

섞여진다. 하지만 작든 크든 한 걸음을 내딛기만 한다면 안개에 가려져 있던 것들의 윤곽이 조금씩 그 모습을 드러내기 시작할 것이다. 하고 싶은 게 생겼는가? 그렇다면 망설일 시간에 눈 딱 감고 행동으로 옮겨보길 바란다. 바라는 것에서 그치는 것은 꿈이 아니다.

행복이란 경쟁력

"아빠, 드릴 말씀이 있어요. 저… 댄서가 되고 싶어요."

순간 할 말을 잃었다. 대학 입시 준비로 한창 바쁜 여름 방학을 보내고 있는 고2 아들 녀석에게서 들으리라고는 생각지도 못한 말이었다. 마음의 준비 없이 맞닥뜨린 상황에 머릿속을 맴도는 말은 하나였다.

'이건 아닌데. 이건 진짜 아닌데…'

번지수를 잘못 찾은 용기

며칠 전 압구정동에서 강의를 했다. 300명의 젊은이들이 모인 그 자리에서 나는 여느 때와 같이 꿈에 대해 열변을 토했다. 청중 속에 있던 아들이 내 얘기에 용기를 얻을 줄은 꿈에도 생각하지 못한 채. 정말이지, '헐~'이었다. 생각할 시간이 필요했다. 솔직히 엄청난 충격에 머리가 멍해져서 아무 생각도 할 수 없는 상태였다. 일단 이 녀석과 대면하는 자리를 피하고 싶었다.

"아빠도 생각할 시간이 필요하니 일주일 뒤에 다시 얘기하자."

"네, 알겠어요."

그런데 생각하면 할수록 괘씸하단 생각이 들고 왠지 모를 배신감에 속이 부글부글 끓었다. 내심 아들이 전자공학과나 컴퓨터공학과에 진학해 졸업 후엔 제 아빠인 나처럼 IT나 인공지능 분야로 진출하길 바랐었다. 그런데 댄스? 댄스라니. 웬 빌어먹을 댄스란 말인가?

아내와 딸을 불러 앉혀 놓고 무슨 일이 있어도 아들 녀석의 마음을 바꿔놓아야 한다고 으름장을 놨다. 아내와 딸은 둘째와 많은 얘기를 나누며 나와 아들의 사이를 중재하려 애썼다. 하지만 우리 둘의 입장이 확고해도 너무 확고했다.

약속했던 일주일이 흘렀다. 다시 둘째와 식탁에 마주 앉았다. 자식 이기는 부모 없다고, 이 녀석이 정말 애절하게 매달리면 마지못하는 척 들어줘야 하는 건가 싶은 마음이 들기도 했다. 그런데 대뜸 아들 녀석이 먼저 이렇게 말하는 것이 아닌가.

"아빠, 많이 생각해봤는데, 진짜 제대로 댄스를 해보고 싶어요."

아니, 소맷자락을 붙잡고 매달려도 허락을 해줄까 말까 한 판에 먼저 선전포고를 하다니. 다시 괘씸지수가 급상승하면서 심장이 쿵쿵 뛰었다. 나도 모르게 거름망을 거치지 않은 말이 튀어나왔다.

"넌 너 하고 싶은 대로만 하려고 하니? 아빠는 이제 더 이상 너 지원 안 할래. 나가!"

창고에서 캐리어를 꺼내 아들 앞에 가져다놨다. 그러고는 서둘러 그 자리를 피해 안방으로 들어가 화를 삭였다. 얼마나 시간이 지났을까. 아들이 안방에 들어와 넙죽 큰절을 했다.

"아빠, 속 썩여서 죄송합니다. 열심히 해보겠습니다. 그리고 전 가출이 아니고 출가를 하는 거니 꼭 성공해서 돌아오겠습니다. 그때까지 안녕히 계세요."

아들은 그렇게 집을 나갔다. 나중에 들은 얘기지만, 아들이 예상한 최악의 시나리오 중 하나가 나한테 쫓겨나는 것이었다고 한다. 그래서 이미 잠시 머물 친구 집을 물색해놨었다고… 잠시 후 아내가 아들이 침대 위에 놓고 간 편지를 들고 들어왔다. 왜 아들을 쫓아냈느냐는 핀잔과 함께. 아들이 남기고 간 편지의 내용은 이렇다.

엄마 아빠께.

이 편지가 마지막 편지가 될지, 새로운 제가 되어 쓰는 첫 편지가 될지는 저도 아직 잘 모르겠습니다. 하지만 한 가지는 약속드릴게요. 정말 열심히 할 겁니다. 꼭 성공해서 돌아올게요. 그때까지 몸 건강히 잘 계시기를 바랍니다. 남부끄럽지 않은 사람이 되어 오겠습니다. 그동안 감사하고 죄송했습니다. 많이 존경합니다. 안녕히 계세요.

2014년 8월 31일, 아들 올림

첫째한테도 둘째가 걱정된다며 핀잔 아닌 핀잔을 잔뜩 들었다. 솔직히 나라고 걱정이 안 됐겠는가. 요즘 세상이 얼마나 흉흉한데. 한편으로는 '예술가의 길이 얼마나 힘든데 하필 춤이야, 춤이. 제풀에 지쳐 들어오겠지 뭐.' 싶기도 하면서 많은 생각들이 뒤죽박죽 엉키고 있었다.

아들은 고등학교 입학 후에 우연히 댄스 동아리에 들어가게 됐고, 그만 댄스의 세계에 푹 빠져버렸다고 했다. 혼날까 봐 나와 아내에겐 말도 못하고 틈날 때마다 댄스 연습실에 갔으며 2학년이 되면서는 동아리 부장이 됐다고. 또 인근 학교들을 다니며 공연을 하면서 학생들 사이에 이름이 꽤 알려졌다고도 했다. 그런데 정말 신기한 것은 1학년 때부터 방과 후엔 저녁 6시부터 10시까지 매일같이 학원을 다녔는데 어떻게 댄스 연습을 했냐는 거다. 당시 아들이 다니던 학원은 학생의 입실과 퇴실을 일일이 확인해 학부모에게 매번 문자를 보내줬는데…

이틀 정도 고민한 후에 이왕 이렇게 된 거 아들도 나도 진지한 고민의 시간을 갖는 게 좋겠다는 판단이 섰다. 아내에게 아들과의 연락을 유지하면서 주 단위로 최저 생활비인 37,800원만 보내줄 것을 부탁했다. 한 끼에 컵라면과 삼각김밥 한 개를 기준으로 책정한 금액이었다.

스스로 생각하고 혼자 일어서는 힘

많은 젊은이, 아니 더 솔직한 표현으로는 남의 자식들에게는 네가 좋아하고 이루고 싶은 꿈을 찾아 그것에 도전하라는 격려와 응원을 보내놓고, 정작 내 자식의 꿈은 응원하지 못하는 이율배반적인 모습이라니! 이 사건으로 아들과 떨어져 지내는 시간을 통해 지금껏 나는 꿈이라는 허울 좋은 말을 이론적으로만 떠들어댔던 것은 아닌가 싶어 나를 뒤돌아보게 됐다. 그렇게 4주가 지났다. 아내와 나는 아들이 신세를 졌던 친구 집에 찾아가 아이를 데려왔다.

"아들, 집 나가보니 어때."

"와, 저 다시는 집 안 나갈 거예요. 가족과 함께하는 집이 얼마나 소중한 건지 뼈저리게 느꼈어요. 엄마 밥도 진짜 그리웠고요."

"그래, 댄스는 계속 할 거고?"

"네, 아빠. 쉬운 결정은 아니시겠지만, 제 꿈을 응원해주셨으면 좋겠어요."

"좋아. 그런데 85%만 허락이야."

순간 아들의 얼굴에 긴장이 감돌았다. 아들은 자신의 아빠가 협상의 대가라는 걸 알고 있었기에 또 무슨 말로 자신의 꿈에 제동을 걸지 걱정이 됐던 거다.

"아들! 네가 추려는 춤은 외국에서 들어온 장르잖아. 그러니 네가 정말 프로가 되려면 영어가 중요해. 영어 공부, 특히 영어 말 공부는 계속 열심히 한다고 아빠랑 약속하자."

'비보잉, 힙합, 팝핀, 크럼프' 등 요즘 유행하는 장르의 춤 대부분이 미국에서 들어왔다는 걸 염두에 두고 건넨 말이었다. 세상은 인터넷 인프라를 바탕으로 하나가 됐다. 지금은 MCN의 시대가 아니던가! 어디에 있든 무엇을 하든 세상에 나를 보여줄 수 있는 방법이 다양해졌다. 자신의 노력과 실력만 뒷받침된다면 뭐든할 수 있는 세상이 된 지 오래다. 지난 2015년 영국의 세계적인 팝가수 아델의 'Hello'를 부른 영상을 유튜브에 올려 주목받은 이예진 양의 사례가 대표적이다. 한국의 고등학교 3학년인 이예진 양이 올린 이 영상은 국내외에서 폭발적인 인기를 얻으며 게시 보름 만에 조회수 1,300만을 돌파했고, 미국 NBC 〈엘렌 드제

너러스 쇼〉에까지 초대를 받아 화제가 된 적이 있다. 이렇듯 어디서 어떤 기회가 올지 알 수 없다. 내가 준비돼 있다면 기회는 도약의 발판으로 다가오지만 그렇지 않으면 그것이 기회인지조차 모르고 놓쳐버리게 된다.

2학년 2학기가 시작되자마자 아들은 입시 학원을 때려치우고 꿈에 그리던 댄스 학원에 다니면서 하루에 10시간, 12시간씩 연습을 하기 시작했다. 매일 온몸을 사용해 춤을 추니 얼마나 힘들겠는가. 하루는 새벽 2시가 넘은 시각에 집에 들어온 아들을 보고 물었다.

"아들, 힘들지?"

"네, 저 힘들어 죽겠어요. 그런데 있죠, 아빠. 저⋯ 지금 너무 행복해요. 감사합니다."

고등학교 졸업 후 아들은 서울의 한 대학교에 있는 실용무용학과에 진학했고, 2019년 4월에는 제대하자마자 아르바이트를 시작해 뉴욕으로 건너갔다. 댄스 전문 아카데미에서 수학하고 뮤지컬 배우인 누나에게 노래를 배워 여름에는 미국과 유럽에서 길거리 버스킹에 도전하기도 했다.

고등학교와 대학교에서 '기술로 꿈을 꾸다'라는 강연을 할 때면 항상 아들의 이야기를 한다. 지난 6년간 했으니 꽤 많은 학생들이 이 일화를 들었을 것이다. 이 이야기의 말미에는 여러분이

하고 싶은 일이 있으면 반드시 도전해보길 바란다는 격려의 말을 덧붙인다. 그러면 강연이 끝나고 참석한 학생 중 5% 정도에게서 꼭 연락이 온다. 그런데 놀라운 점은 '꿈이 있는데 어떻게 도전하면 좋을까요?'가 아니라 '제가 무엇을 좋아하는지 잘 모르겠는데 어떻게 하면 좋을까요?'라는 질문이 더 많다는 것이다. 후자가 전체 질문의 70% 정도를 차지하는 듯하다. 이런 학생들과는 주말에 전화 약속을 따로 잡아 한두 시간씩 멘토링을 진행하곤 했다.

"대표님, 전 제가 무엇을 좋아하는지 모르겠어요."

"음, 그렇구나. 나도 맨 처음엔 내가 뭘 좋아하는지 몰랐어. 그래서 곰곰이 생각했지. 내가 무엇을 좋아하고 또 무엇을 하고 싶은지. 내가 어떤 사람이 되고 싶은지도. 이렇게 생각하고 또 생각해서 내가 좋아하는 걸 찾아내기까지는 꼬박 한 달이 걸렸어."

"한 달이나요?"

"너무 길다고 생각했지? 그래도 어쩌겠어. 내가 좋아하고 하고 싶은 게 뭔지 생각해 본 적이 없었는데. 단번에 떠오르는 것도 이상하지. 분명 너도 그런 걸 테니, 조바심 내지 말고 천천히 생각해 봐. 꼭!"

지금까지 수만 명의 학생들을 대상으로 강연을 하고 따로 만나면서 그들의 이야기를 들어왔다. 본인의 의지보다는 부모와 학교의 강요와 규칙이 항상 더 앞서 있었기 때문에 그대로 따라갈 수밖에 없었는지도 모른다. 어쩌면 한 번도 자신의 의지대로, 본인이 원하는 대로 한 적이 없어서 아예 할 줄 모르는 것인지도. 시키는 대로만 잘하면 최소한 잔소리는 안 들으니 피곤함을 덜기 위해 타인이 제시하는 삶에 익숙해졌던 것일지도 모르겠다. 하지만 우리에겐 모두가 같은 방향을 향해 가라고 등 떠미는 주입식 교육이 아니라 자립심을 길러주는 교육이 필요하다. 따라가는 것에만 익숙해지게 만들어선 안 된다. 아이들은 스스로 생각하고 혼자 일어나는 법을 알아야 한다. 생각보다 어려운 일이 아니다. 그들의 이야기를 들어주기만 하면 된다. 우리의 자녀가, 우리의 학생이, 우리의 미래가 하는 말을 들어주는 거다. 무엇을 좋아하고 원하는지.

나는 지금도 종종 둘째의 '행복해요'란 말을 곱씹는다. 그러고는 그 생각의 되새김질을 젊은이들에게 이렇게 돌려주고 있다. 자신의 꿈을 이루기 위해 땀을 흘리는 것이 진정한 행복이라고. 그런 행복한 순간들이 모여 나만의 경쟁력이 된다고. 지면을 빌려 아들에게 전하고 싶은 말이 있다.

"아들, 너 멋지다. 댄스도 잘하고 잘 커나가서."

당신의 인생에는
몇 개의 나라가 있는가

하루는 갓 신입 사원이 된 멘티에게 전화가 왔다. 그 친구
는 한숨을 쉬며 대뜸 이렇게 말했다.

"하. 사장님, 저 미치겠어요."

"무슨 일 있어?"

"늘 말씀하셨던 것처럼 영어 말공부 좀 진작 해둘걸 그랬어요.
진짜 후회돼요."

"헐~ 갑자기 무슨 말이고?"

"저 게임 회사에 게임 개발 엔지니어로 취직했잖아요."

"그랬지."

"누가 봐도 영어랑 별 상관없는 직군이지 않나요?"

"정말 그렇게 생각했던 거야?"

"네?"

멘티는 게임 개발자가 되고 싶어서 게임 개발학과에서 4년 동안 열심히 소프트웨어 코딩을 공부했다. 아마 전공 공부에 매진하느라 영어 공부에는 상대적으로 힘을 덜 쏟았을 것이다. 그래도 나는 이 친구가 훌륭하다고 생각한다. 대학 입학 전에 자신의 꿈을 찾았고 노력 끝에 졸업과 동시에 모바일 게임 회사에 취직했으니 말이다.

얘기를 더 들어보니 사정은 이랬다. 멘티가 회사에 들어가고 얼마 되지 않았을 때 회사가 인도네시아 클라이언트에게 게임을 판매하게 됐다. 그러면서 게임의 일부를 클라이언트가 원하는 버전으로 변경해줘야 했는데, 이 업무를 멘티가 소속된 팀에서 하게 된 것이다. 그렇게 몇 달에 걸친 인도네시아 클라이언트와의 업무 커뮤니케이션이 시작됐다.

'맙소사. 영어라니. 영어 바보인 내가 영어 업무라니!'

당시 그 친구의 심정이 딱 저랬다고 한다. 영어로 의사소통하는 것에 대한 준비가 하나도 안 되어 있었기에 그날부터 극심한 스트레스가 시작됐다. 이메일을 주고받는 것은 그나마 나았다. 얼굴도 보이지 않는 전화로 대화를 할 때면 온몸에 땀이 삐질삐질 나면서 멘붕에 빠지는 나날의 연속이었다고. 이거야말로 웃기고 슬픈, 웃픈 이야기이지 않은가.

앞서 소개했던 친구는 퇴근 후에 지친 몸을 이끌고 영어 회화 학원에 다니고 있다. 사실 슬픈 일이다. 우리는 초등학생 때부터 대학을 졸업하기까지 10년 이상 영어를 공부하는데 정작 이를 실무에 써먹을 수 없어 사회에 나간 후에 다시 영어 공부를 시작한다. 사회라는 정글에서 살아남기 위해. 가끔 강남역 근처에 가면 영어 학원에서 이른 아침과 늦은 저녁 시간에 영어를 배우기 위해 동서분주하는 직장인들의 모습에 생각이 많아지곤 한다.

영어라는 언어

"여러분, 영어는 '말'이에요."

다소 잔소리로 들릴 수도 있지만, 나는 학생들을 만날 때마다 영어 말공부를 열심히 해두라고 강조하고 또 강조한다. 영어 공부 말고 '영어 말공부'. 영어는 언어다. 언어의 사전적 정의는 다음과 같다. '생각, 느낌 따위를 나타내거나 전달하는 데에 쓰는 음성, 문자 따위의 수단.' 게다가 영어는 전 세계 대부분의 나라에서 통하는 언어다.

이제는 지구 전체가 하나의 단일 시장이라고 해도 과언이 아니다. 기술의 발전, 특히 인공지능 기술을 중심으로 발전하는 세상은 지금까지보다 더 빠르게 국가 간 경계를 지워나갈 것이다. 지금은 어디에 있든지 개인의 작업물을 인터넷에 올려 세계의 사람들과 공유할 수 있다. 지구 반대편에 있는 사람이 개인 작업물을 올린 SNS 게시물에 '좋아요'를 누르고 '협업'을 제안한다.

또한 대한민국 경제는 수출 드라이브 정책을 지향하고 있으며 다른 나라와 교류하지 않는 기업은 정말이지 드물다. 이는 기업의 크기와는 상관이 없다. 현재 내가 운영 중인 드림앤퓨쳐랩스에 입주해 있는 스타트업들의 70%도 해외 비즈니스를 진행하고 있다. 사업 시작과 동시에 처음부터 미국으로 진출한 케이스도 두 번이나 있었다. 그 둘은 아예 법인을 뉴욕과 실리콘밸리에 세웠다. 의도한 것도 아닌데 기업의 SNS를 보고 다른 나라에서 사업 관련 문의가 오는 경우도 부지기수다.

30년 동안 이어진 내 다국적 IT 기업 경력의 시작은 영어 말공부였다고 해도 과언이 아니다. 영어 커뮤니케이션에 능숙해지면 자연스럽게 보고 사고하는 시야가 한국을 넘어 세계로 확장된다. 시야의 확장은 자신의 능력을 펼쳐 보일 그라운드가 넓어진다는 것을 의미하기도 한다. 이는 기회가 많아짐을 뜻하는 것이기도 하고.

흔히 어떤 제품이 유통되는 범위에 대해 설명할 때 '시장'이라는 단어를 쓴다. 각자가 가진 시야의 크기에 따라 그 '시장'이 내포하는 의미가 달라질 것이다. 바라는 기회를 만드는 것도, 그 기회가 왔을 때 놓치지 않는 것도 모두 나에게 달렸다. 세계의 큰 시장에 있는 많은 기회들을 놓치지 않기를 바란다.

진짜가 되기를 주저하지 않을 것

신입 사원 면접을 위해 이력서를 받으면 토익 950, 토플 110점과 같이 고득점의 지원자가 종종 눈에 띈다. 대체로 나는 바로 영어 면접을 시작한다. 운이 도와준 찍기 실력인지, 내가 정말 원하는 진짜 영어 말 실력인지 확인하기 위해서다.

"Mr. XX, You do very good job. I'd like to talk with you in English now. Are you OK?"

"Yes…"

"OK. Good. Pls let me know what you mainly have worked in previous company and what you contribute in this company if you join."

"Uhm…"

여기까지 말하고 몇 마디 대화를 나누면 이 지원자의 영어 말 실력을 알 수 있다. 물론 영어가 그 지원자의 전체 실력을 대변하는 것은 절대 아니다. 하지만 조직의 수장인 나에게는 영어 말 또한 지원자에게 기대하는 중요한 역량 중 하나였다. 특히 영업팀과 마케팅팀에 지원한 것이라면 더더욱. 지난 경험에 의하면, 면접에서 반 이상은 기대 이하의 영어 '말' 실력을 보였다. 분명 영어 시험 성적은 상위 5%인데, 영어 회화 실력은 그에 못 미치는 수준이니 난감할 따름이다.

드라마 대사도 좋고 기사나 소설의 문장이어도 좋다. 많이 소리 내서 말해보길 추천한다. 하루에 하나씩 주제를 정해서 자신의 생각을 표현해보는 연습을 하는 것도 좋은 방법이다. 정말 필요하다고 생각되면 시간과 장소를 가리지 말고 제스처를 더해 연습해보자. 남들이 또라이냐는 듯한 눈빛으로 쳐다봐도 신경 쓰지 말자. 영어로 떠들어 대려는 자신감이 영어 말공부에 있어 최고의 방법이니까. 이런 말도 있지 않은가. 영어를 잘 하려면 얼굴이 두꺼워야 한다고. 그리고 꼭 기회를 만들어 여러 나라에 직접 가보길 권한다. 이왕이면 자신의 꿈을 더 풍성하게 해줄 수 있는 곳을 찾아서. 당장 그럴 돈이 없다고 말할 참인가? 그럼 아르바이트를 하고 조금씩 여행 적금을 부어서라도 떠나보길. 영어 말은 세계화의 출발이고, 아는 만큼 보인다는 말은 거짓이 아니다. 자신의 세계를 넓히는 일에 주저하지 않길 바란다.

건조한 세상에
감성 덧칠하기

'안녕하세요. 아트디렉터이자 작가로 활동하고 있는 신단
비입니다. 멘토링도 하시고, 멋진 일을 하고 계신 것 같아 친구
요청 드렸어요. 앞으로 좋은 교류를 했으면 좋겠습니다.'

'아, 그렇군요. 저도 방금 페이스북에서 단비 씨가 어떤 일을 하
시는지 봤어요. 기술과 예술의 융합은 점점 더 중요해지고 있어
요. 언제든 연락주세요. 많은 얘기 나눠봅시다.'

2015년 4월 어느 날의 일이었다. 나는 평소에도 예술에 관심이
많았다. 특히 당시는 대한민국의 젊은 화가들을 후원하기 위한
재능 기부 단체인 '한국화가협동조합'을 결성하던 때였다. 젊은
예술가들과 미래의 기술이 융합된 모던 아트에 대해 얘기를 나누

고, 거기서 영감을 받아 또 다른 좋은 작품이 나온다면 얼마나 멋지겠는가. 이렇게 23살의 젊은 아트디렉터 신단비 씨, 그의 연인이자 예술가인 이석 씨와의 인연이 시작됐다. 이 인연은 지금까지도 이어져 내 아내와 딸도 함께 만나는 특별한 사이가 됐다. 단비 씨는 내 딸보다 한 살이 어리니 나는 딸이 하나 더 생긴 셈이다.(이렇게 따지면 내 멘티인 자식은 도대체 몇 명일까. 정말 셀 수도 없이 많다)

세상에 행복을 주는 꿈

나중에 알게 된 사실인데 단비 씨는 대학교에 합격했음에도 자신의 꿈을 위해 진학하지 않고 바로 예술의 세계로 뛰어들었다고 했다. 대학교에 갈 실력이 안 되어서가 아니라 필요를 느끼지 못해 자신의 꿈에 더 몰두할 수 있는 길을 선택한 것이다. 난 일찍이 이 커플의 남다른 예술 세계를 알아챘다. 10~20년 뒤에는 세계 모더니즘계에 한 획을 긋는 대표 작가들이 될 거라고 믿었다. 이런 나의 예상은 단비 씨를 만나고 얼마 안 있다 적중했다. 그와 페이스북 메시지를 처음 주고받은 후 3개월이 지난, 그해 7월의 일이었다. 다시 메시지 하나가 도착했다.

'대표님, 저 9월에 미국 뉴욕에 가서 1년을 목표로 공부도 하면

서 전시와 브랜딩 일을 해보려고요.'

'와! 젊을 때 이런 꿈에 도전하는 건 인생 최고의 아이디어라고 생각합니다. 잘 결정했어요. 응원할게요. 참, 가기 전에 영어 말공부 많이 하고 가삼.'

얼마 후 다시 메시지가 왔다.

'대표님, 뉴욕에 도착해서 짐을 푸느라 바빠서 이제야 연락을 드려요.'

'와 축하! 뉴욕 입성!'

'볼 게 너무 많네요. 열심히 보고 배우고 있어요. 며칠 전에는 한국 작가들을 만나서 제 작품을 보여드렸더니 너무 좋다면서 여러 곳에서 전시를 할 수 있을 것 같다고도 하셨어요.'

'암튼 파이팅하고, 본인의 도전에 자부심을 가지세요! 그리고 많은 눈물 흘리고 오세요. 성취의 눈물, 감격의 눈물, 고통의 눈물, 도전의 눈물, 그리움의 눈물… 그 눈물들이 단비 씨를 더 훌륭한 예술가로 거듭나게 해줄 거예요.'

나는 진심으로 단비 씨가 뉴욕에서 시작한 새로운 도전에 큰 응원을 보냈다. 놀랍게도 이 가난한 예술가는 딱 3개월 치의 생활비를 들고 아는 사람 하나 없는 뉴욕으로 건너갔으며, 브랜드 디자인 작업 등으로 틈틈이 생활비를 벌어 도전을 이어갔다. 그해의 겨울이 채 되기 전에 다시 그에게서 연락이 왔다.

'대표님, 어제오늘 너무 마음이 싱숭생숭하네요. 무엇이 옳고 그른지의 문제는 차치하고라도, 사람들이 편을 갈라 싸우는 게 마음이 아파요. 이석 씨와 제가 어떻게 해야 이 문제들을 해결할 수 있을까 이런저런 생각을 해봤어요. 결국은 행복해지려고 사는 것이니까, 우리가 어떻게 하는 것이 많은 이들에게 행복을 안겨 줄 수 있는 길일까 하는 것들 말이에요.'

바로 이 메시지에서 언급된 '행복'은 단비 씨와 이석 씨의 'Half&Half' 프로젝트가 시작되는 계기가 됐고, 이는 세계가 주목하는 작품이 됐다. 'Half&Half' 프로젝트는 14시간의 시차를 둔 뉴욕과 서울에 떨어져 있는 연인의 사랑과 애달픈 그리움을 시간과 공간을 초월하는 형식으로 표현함으로써 사랑의 본질을 꿰뚫어보게 하는 작품들로 구성돼 있다. 극적인 연출을 위해 각각 뉴욕과 서울에서 같은 시간에 같은 성질의 대상을 촬영하는 방식으로 작업을 진행했다. 각자 먹었던 음식, 서울과 뉴욕의 택시, 63빌딩과 엠파이어스테이트빌딩 등 소재도 다양했다. 작업을 할 때는 오직 전화기 너머의 목소리에만 의지해 사진의 구도를 맞췄다고 했다.

난 이 프로젝트에 속한 작품 중 〈Meet〉을 가장 좋아한다. 시공간을 초월한 연인의 그리움을 정말 잘 표현하고 있기 때문이다. 〈Meet〉을 작업할 때는 원하는 장면을 연출하기 위해 뉴욕 브루클린 다리와 덕수궁의 사진을 무려 4,000여 장이나 찍었다는 후일담을 전해들었다.

'길을 걷다가 그대를 마주합니다. 우리는 같은 시간 다른 공간에서 같은 마음으로 서로를 바라봅니다. 그대가 보고 싶고 그대를 만났습니다.'

_신단비이석 포트폴리오 〈Meet〉 중에서

두 아티스트는 자신들이 작업한 총 12개의 콜라주 작품과 1개의 영상 작품을 SNS에 올렸다. 〈Meet〉은 2015 서울 뉴욕 포토 페스티벌에서의 수상으로 서서히 세상에 알려지기 시작했고, 미국의 CNN, 영국의 BBC, 한국의 SBS, 독일, 프랑스, 일본 등 세계 100개국 이상의 매체에서 이 작품을 소개했다. 인터뷰 요청도 물밀 듯 들어왔음은 물론이다. 더욱 놀라운 것은 오스트리아 중학교 교과서에 이 작품이 실리게 됐다는 것이다.

두 젊은 예술가가 자신들의 꿈에 대한 절실함과 사랑의 그리움을 사진으로 표현했고, 이를 알아본 세상은 이들에게 박수와 칭찬을 보냈다. 참 신기하지 않은가? 기술의 발전으로 개인의 노력과 결과물을 SNS라는 창구를 통해 보여주게 된 이러한 세상이 말이다. 언제든 세상에 자신을 알릴 수 있고 세상 또한 그것을 바로 알아볼 수 있게 됐다. 즉 가장 중요한 것은 자신의 꿈에 대한 노력과 도전이라는 것을 알 수 있다.

새로운 미래를 여는 기술과 예술

이 젊은 예술가 커플의 꿈은 예술학교를 만드는 것이라고 한다.
꼭 이뤄졌으면 좋겠다. 그 어떤 조건과 제약도 없이 예술을 좋아
하고 사랑하는 마음을 가진 젊은이들이 모여 마음껏 배우며 작품
활동을 할 수 있는 공간은 상상만으로도 멋지지 않은가. 그곳에서
행복해할 학생들의 모습이 벌써 눈에 선하다. 나는 이들이 만들려
는 예술학교에 관심이 많다. 가능하다면 기술과 예술의 융합이란 과
목으로 함께하고 싶다. 기술 강연도 하고 둘의 융합에 대한 브레인
스토밍도 밤새도록 하고 싶다. 기술과 예술의 캡스톤 디자인 프로그
램capstone design program*을 만들어 도움을 주고 싶다.

예술의 미래, 기술의 미래는 어떻게 융합되어 나아갈까? 미래
예술의 중요한 장르 중 하나는 AI 아트다. 인공지능 아트는 두 가
지로 분류될 수 있다. 인공지능 기술이 직접 작품을 제작하는 분
야와 인공지능 기술을 이용해 사람이 작품을 만드는 분야. 나는
후자인 'AI 휴먼 아트'에 관심이 많다. 기술과 작가 각각의 예술
적인 관점과 작업량의 균형을 어떻게 맞추느냐에 따라 새로운 예
술 세계가 창출될 것이다.

---

* 창의적 종합 설계 능력을 갖추기 위한 프로그램으로 현장에서 직접 부딪치며 겪
  는 문제들을 해결해나가며 기획부터 제작까지 팀 단위로 이뤄지는 팀워크 활동

미래는 인공지능 기술의 발전과 확산으로 우리의 삶이 편리해지는 동시에 단순해질 것으로 예상된다. 모든 것이 디지털화 되어 주어진 규칙대로, 인간이 짜놓은 프로그램 대로만 움직일 것이다. 인간의 숫자인 0부터 9는 언젠가는 컴퓨터 언어인 1과 0으로 바뀔지도 모른다. 이는 'YES'와 'NO'를 의미한다. 예술 또한 여기서 예외일 수 없다. 상상해보라, 인공지능 로봇 화가, 인공지능 로봇 작곡가, 인공지능 로봇 연주자, 인공지능 로봇 배우, 인공지능 로봇 성악가… 이 기계들은 인공지능 알고리즘 소프트웨어로 짜여진 작업들을 더 정교하고 세밀하게, 더 완벽하게 해낼 것이다. 원래 의도한 그대로.

하지만 기술이 아무리 발달해도 인간에게는 감성이 필요하다. 인공지능 기술의 발달은 우리 삶을 더 건조하게 만들 것임에 틀림없다. 그렇기에 미래에는 반디지털화, 즉 아날로그로의 회귀가 필요하게 될 것이라고 생각한다. 감성을 보존하고 공급하는, 가장 아날로그적인 작업이 필수적으로 필요하게 되지 않을까. 미래 직업 중 인간에게 감성을 불어넣어주는 가장 아날로그적인 직업이 각광을 받을 거란 예측이 나오는 것은 이러한 이유에서일 것이다. 이는 내가 기술을 이용해 작가가 예술적 감수성을 직접 표현한 작품을 만드는 분야인 AI 휴먼 아트를 눈여겨보고 있는 이유이기도 하다. 나는 이 젊은 예술가 커플이 내 멘티인 게 자랑스럽다. 이들과 함께 펼쳐 나갈 미래 때문에.

원하는 미래가 될
오늘의 나비효과를 만들어라

'얘들아, 실리콘밸리에서 용다방 반상회를 할까 하는데, 다들 올래?'

사람들이 종종 '용다방 반상회'가 무엇인지 묻곤 한다. 멘티들을 위한 페이스북 그룹을 만들면서 내 이름의 가운데 글자인 '용'을 따서 '용다방'이란 명칭을 붙였는데, 이 친구들과 만나는 모임을 '반상회'로 부르게 되면서 '용다방 반상회'가 탄생했다.

2016년 겨울에는 미국에서 유학 중인 멘티들에게 약속이나 한 듯이 고민 상담 연락이 오기 시작했다. 향수병에 걸린 친구도 있었고 학과와 진로 문제로 고민을 하는 친구도 있었다. 전화나 메시지로 이야기를 나누다 보니 만나서 자세한 얘기를 듣고 코칭을 해줄 수 없는 상황에 답답한 마음이 들기도 했다. 그러다 문득, 이런 생각이 들었다.

'잠깐, 2월에 방학하지 않나? 그럼 그때 다들 모일 수 있지 않을까? 이왕 만날 거면 장소는 실리콘밸리가 좋겠는데…'

그렇게 되면 캘리포니아에 있는 몇몇 멘티들은 쉽게 올 수 있겠지만 미국 중부 지방이나 캐나다에 있는 친구들은 오기 어려울 수도 있겠단 생각에 고민이 됐다. 하지만 그들과 '미래'를 이야기하기에 실리콘밸리만 한 곳이 없다고 판단해 장소를 확정했다. 출장 일정을 조율해 2017년 2월 4~6일로 멘토링 캠프인 용다방 반상회의 일정을 정했다.

장소와 일정을 공유하니 각각 UC버클리 대학교, 사우스다코타 대학교, 매캘러스터 대학, 워털루 대학교에서 유학 중인 4명의 학생과 캘리포니아 주립대학교 플러튼 캠퍼스에 교환 학생으로 가있는 성신여대 학생 1명, 미국에서 한 달간 푸드 트럭 비즈니스 운영 프로젝트를 진행한 한양대학교 학생 1명까지 총 6명이 참여의사를 표했다.

실리콘밸리의 팰로앨토Palo Alto에 적당한 독채 숙소를 예약하고 모두가 탈 수 있는 크기의 밴도 알아본 후 일정을 정리해 메일로 공지를 했다.

〈용다방 반상회 in Silicon Valley〉

날짜 : 2017년 2월 4일~6일

- 4일(금) 저녁 11까지 숙소에 도착

- 6일(일) 아침 9시에 해산

준비물 : 각자 필요한 물품, 꿈, 고민, 하고 싶은 말 등

이렇게 계획에도 없던 용다방 반상회가 한국도 아닌 미국 실리콘밸리에서 2박 3일의 일정으로 열리게 됐다. 내가 생각해도 신기할 따름이다. 멘티들과 얘기를 나누다 순간순간 느끼고 생각나는 대로 행동에 옮길 뿐인데, 지나고 보면 그 작업들이 너무 의미 있는 일이어서 오히려 내가 더 감사할 때가 많다. 자금만 받쳐주면 더 많은 멘티들과 만나 이런 경험을 공유하고 싶다. 이 일은 내가 힘닿는 데까지 하고 싶다. 꼭 해야 할 일이라고 생각한다.

실리콘밸리 용다방 반상회

2017년 2월 4일 점심때쯤 샌프란시스코 공항에 도착했고, 예약해 둔 차를 찾아 바로 숙소로 갔다. 체크인 후 준비위원 역할을 해주기로 한 멘티들을 픽업하러 가는 길에는 마음이 설레기도 했다.

'모두들 건강하겠지?'

선발대로 합류한 멘티들을 만나는 순간엔 온몸에 찌릿찌릿 전율이 돋을 정도로 벅찬 감동이 밀려왔다.

"애들아! 잘 지냈지?"

"네, 그럼요. 대표님도 잘 지내셨어요?"

"그럼, 나도 잘 지냈지. 반가워 애들아. 잘 왔다."

코끝이 찡해질 정도로 큰 기쁨이 밀려와서 아이들의 등을 토닥이며 반갑단 말만 되풀이했다. 정말 반가웠다. 한국에서 만났던 친구들을 미국에서 다시 만나니 그 시간과 물리적 간극만큼 감동이 더해진 듯했다. 다들 한국 음식을 먹고 싶어 할 것 같아서 미국 출장 때면 꼭 들르는 곰탕집에 데려갔다. 미국에서 맛있는 설렁탕을 먹는 건 정말 쉽지 않은 일인데, 이곳의 음식은 서울에서 먹던 것만큼이나 맛있었고 특히 배추김치, 깍두기, 파김치, 오이김치로 구성된 김치 4종 세트는 그야말로 예술이었다. 그러니 애들이 난리가 날 수밖에.

설렁탕에 김치를 얹어 허겁지겁 먹는 모습을 보니 내 자식을 보는 것처럼 흐뭇했다. 아니, 내 아이들이 맞다. 실제로도 멘티들 또래의 딸과 아들을 둔 아빠이기에 항상 멘티들 역시 내 자식들이라고 생각해왔다. 전공 얘기, 교수님 얘기, 친구들 얘기, 인종차별로 서러웠던 얘기 등등. 끊임없이 쏟아져 나오는 수다 보따리로 뿌듯했던 저녁을 마무리하고 한인 슈퍼마켓에 들러 늦게 도착하는 친구들에게 줄 저녁거리를 사들고 숙소로 돌아왔다. 밤

11시쯤 되자 다들 모여 대망의 '실리콘밸리 용다방 반상회'를 시작하게 됐다. 나를 매개로 모인 여섯 명의 멘티들은 초면의 어색함도 잠시, 마치 오랜만에 만난 사이처럼 금방 화기애애하게 수다꽃을 피워냈다.

그동안 멘티들에게 기회가 되면 미국으로 유학 갈 것을 적극적으로 권해왔다. 더 큰 땅을 밟고 서서 그만큼 더 커진 꿈을 꾸길 바라는 마음에서였다. 또 졸업 후에 미국의 글로벌 기업에서 일하는 것이 개인에게 얼마나 큰 기회가 될지 잘 알기 때문이기도 했다. 이견 없이 실리콘밸리는 현재 세계 기술 발전의 중심이다. 애플, 아마존, 페이스북, 구글, 테슬라 등 IT업계의 리더격인 회사들이 모두 모여 있다. 상상해보라. 그런 환경 한가운데 서 있는 자신의 모습을. 백문이불여일견이라고, 자신이 그리는 꿈에 도전해나가는 데 필요한 환경을 직접 마주하는 것만큼 강력한 동기부여도 없기에 이 워크숍은 내게 그리고 여섯 명의 멘티들에게도 남다른 의미로 다가왔으리라.

미리 만난 우리의 미래

'용다방 반상회 in Silicon Valley'의 핵심은 둘째 날이었다. 서둘러 아침을 먹고 숙소에서 가장 가까운 구글 본사로 차를 몰았다.

가는 길에 구글의 탄생과 공동 창업자 래리 페이지, 세르게이 브린에 대해 이야기하고 현재 세계에서 구글이 지닌 위상과 구글 X 프로젝트, 미래를 향한 전략 등을 설명했다.

건물 앞에 도착해 그 유명한 구글 로고 컬러로 채색된 자전거를 타고 본사 안으로 들어가는데 학생과 학부모처럼 보이는 사람들로 이미 인산인해를 이루고 있었다. 미국에서 수천여 명의 사람이 모여 있는 모습은 좀처럼 보기 힘든 광경인데, 알고 보니 이날은 캘리포니아주에 있는 중·고등학생들을 대상으로 구글 수학 경시대회가 열리는 날이었다. 구글은 미래 인재 양성을 위한 동기 부여 프로그램을 운영하고 있으며 약 3~4천 명의 학생이 참여하는 이 대회의 상위권 수상자에게는 대학 졸업 후 구글에 입사할 수 있는 기회가 주어진다고 한다. 사실 이 대회에 참석하는 것만으로도 학생들이 큰 자부심을 갖는다고 하니 정말 스마트한 브랜딩 전략이 아닐 수 없다. 구글 입장에서는 될성부른 떡잎을 미리 알아보고 그 잠재력을 더 끌어내 최고의 인재를 얻을 수 있는 기회이기도 할 것이다. 우리나라 대기업에서도 벤치마킹할 만한 프로그램이지 않을까. 멘티들은 이 광경을 보며 어떤 생각을 하고 있는지 궁금했다.

"얘들아, 다들 구글에 온 소감이 어때? 공부 마치고 구글에 취직하는 걸 목표로 도전해봐. 오늘도 왔는데 나중에 또 오지 말란 법도 없지!"

내 말에 아이들은 웃었지만 나는 그 웃음 뒤에 도전 의식이 싹 트는 걸 눈치챘다. 자전거를 타고 구글 캠퍼스를 누비는 것만으 로도 멘티들에게는 많은 동기 부여가 됐으리란 걸 나는 경험으로 알고 있었다. 이어서 애플과 테슬라 사옥을 방문한 후에 HP, 구 글, 엔비디아 등 실리콘밸리의 기술 혁신을 이끈 IT 기업의 수많 은 CEO, CTO를 배출한 스탠퍼드 대학교로 향했다. 스탠퍼드가 오늘날 실리콘밸리의 탄생에 지대한 역할을 했다고 해도 과언이 아닐 테다. 그래서 진심을 담아 아이들에게 이야기했다.

"애들아, 학부 졸업 후에 계속 공부를 할 계획이 생기면 꼭 스 탠퍼드에 진학했으면 좋겠다. 꼭."

금강산도 식후경이니 아이들이 좋아하는 인앤아웃에서 치즈버 거 세트를 사들고 다 함께 엔비디아 본사로 향했다. 엔비디아 캠 퍼스 내의 잔디밭에서 햄버거를 먹으며 오늘의 견학 소감을 나눌 때는 다들 졸업 후에 실리콘밸리에서 새로운 도전을 해보고 싶다 고 말했다. 빙고. 작전 대성공이었다.

"그래, 열심히 해서 꼭 여기 온나."

그래, 잘하고 있다

회의실로 자리를 옮겨 오늘 방문했던 회사를 중심으로 인공지능과 기술에 관한 각 회사의 전략 등을 설명했다. 인공지능 기술 구현에 중추적 역할을 한 엔비디아의 GPU 컴퓨팅에 대해서도 자세히 이야기했는데, 컴퓨터공학을 전공하는 멘티들에게는 CUDA(Compute Unified Device Architecture)까지 설명을 덧붙였다. 이젠 내가 준비해온 이야기를 끝내고 아이들이 들고 온 이야기를 들을 차례였다. 이번 반상회 시작 전에 학교와 전공 등 간단한 정보와 하고 싶은 말, 꿈, 혹은 고민에 대한 발표를 준비해 달라고 부탁했던 터였다.

"공부도 공부지만 아는 사람 하나 없는 낯선 곳에서 버텨낸 하루하루가 보람차면서도 외롭고 힘들었거든요. 그런데 오늘 이렇게 함께 어울리는 동안은 너무 행복했어요."

오프닝 발표를 맡은 멘티는 말을 끝내기가 무섭게 눈물을 터뜨렸고 결국 모두 울음바다가 됐다. 무슨 말이 더 필요하겠는가. 다 같이 겪고 있고 앞으로도 계속 겪어나가야 할 길이기에 눈물을 참을 수 없었던 것이다. 나도 '고생했다'란 말 대신 함께 눈물을 흘렸다. 분위기가 진정된 후에 준비해온 발표를 이어갔다.

"지난 1월 한 달간 뉴욕에서 푸드 트럭으로 비즈니스 경진대회에 참여했어요. 각 팀이 직접 메뉴를 선정하는 건 물론이고 요리까지 한 후에 뉴욕의 길거리에서 실제 비즈니스를 했죠. 많은 것을 배웠습니다."

한양대학교에서 1학년을 마치고 겨울 방학 때 이 프로그램에 참가한 멘티는 현재 스타트업에 입사해 마케팅 팀장으로 일하며 학업을 병행하고 있다.

"대표님이 파이썬 수업을 들어보라고 하셔서 공부를 시작했는데 하다 보니 재미있더라고요. 그래서 컴퓨터 사이언스로 진로를 바꿨어요."

버클리 대학교 경영학과에 입학했던 이 멘티는 2학년 때 컴퓨터 사이언스로 전공을 바꿔 올해 애플에 취직했다. 2020년 4월부터 실리콘밸리 팰로앨토에 있는 애플 본사에서 근무 중이다.

"전 컴퓨터 사이언스가 너무 재미있었어요. 특히 1학년 2학기 때 들은 파이썬과 뇌신경망 과목이 너무 재미있어서 이쪽으로 계속 공부하고 있어요."

이 친구에게는 이 분야가 앞으로 유망하다고 강추했었다. 멘티는 계속 이쪽으로 공부를 이어나가더니 졸업도 전에 아마존 인공지능팀에 합격했다. 2020년 8월부터 실리콘밸리에 있는 아마존에서 근무할 예정이다.

"비행기를 타고 장장 7시간을 날아서 이곳에 왔어요. 캐나다에서 혼자 지내느라 좀 외로웠는데 오늘 좋은 동생들이 많이 생긴 느낌이라 좋았어요. 그리고 엔비디아, 구글, 애플 본사를 돌아보면서 꼭 오고 싶다는 결심도 했고요."

이 멘티는 결국 시애틀에 있는 아마존 본사에 취직해 2019년부터 근무하고 있다. 다른 두 친구는 교환 학생을 마치고 한국에 돌아와 지금은 모두 미국계 회사의 한국 지사에 취직해 일을 하고 있다. 이런 벅찬 순간들이 또 있을까. 마치 나비효과처럼, 우리의 소소했던 실리콘밸리 투어가 일으킨 긍정적인 파급효과의 결과가 이렇게 나타났으니 조금은 뿌듯해해도 되지 않을까.

저녁을 먹으면서 맥주 한 잔으로 우정을 위한 건배사를 외치고는 숙소에 돌아왔다. 이번 만남에서 얻은 결실을 오래도록 간직하길 바라는 마음으로 모두에게 같은 다이어리를 선물하며 어려운 시기에 힘이 되어줄 'Dream Notebook'을 만들자고 제안했다. 첫 번째 페이지에는 각자가 느낀 오늘의 감정을 함께 간직할 수 있도록 돌아가며 롤링페이퍼를 적었다.

헤어지는 날 아침, 샌프란시스코 공항에 서 있는 아이들이 유난히 조용했다. 한 사람 한 사람 포옹을 나누는 것으로 헤어짐의 아쉬움을 달랬다.

"너희들의 꿈, 꼭 이루길 바란다. 아프지 말고. 언제든지 연락하고. 함께 부딪쳐보자!"

나는 지금도 종종 이 친구들과 함께 작성한 꿈 노트를 열어보며 스스로에게 격려를 보내곤 한다. 잘하고 있다고.

Dream Notebook 첫 페이지

사장님,

고등학교 때 로봇 동아리에서의 만남을 계기로 라크로스 부상을 입었을 때도 신경을 많이 써주셔서 감사합니다. 지금에 와서 생각해보면, 고등학교 졸업 후 초대해주셔서 참석한 용다방 반상회에서 들은 딥러닝 강연은 저의 인생을 바꾸어놓는 시간이었습니다. 좋은 인연이 되어주셔서 감사합니다.

내년 2월 4일에는 엔비디아에서 보낸 오늘을 떠올리게 될 것 같아요. 나, 꿈 또라이, mind over brain, mixed reality 등의 키워드가 연이어 생각나며 그날이 제 인생의 터닝포인트가 됐던 시간이라고 정의내리게 될 듯합니다. 많은 것을 보고 느끼고 배우게 해주셔서 감사합니다. 올해도 힘내서 공부하겠습니다. 사장님과 치맥하는 그날을 기약하며.

_Very much ddorai JJ올림

Hello!

이번 워크숍에 참석할 수 있어서 너무 행복했습니다! 매번 사장님의 강의와 포스팅들을 보며 많은 것을 배웁니다. 저는 특히 오늘 미래를 볼 수 있어서 너무 뜻깊었습니다. 앞으로도 저와 수많은 학생들을 위해서 노력해주시면 감사하겠습니다. 한 명의 팬으로써 이 글을 올립니다.

_Nicholas Lee(이정재 올림)

TO. 사장님

사장님!! 어쩌다 드린 연락이 인연이 되고, 이런 좋은 자리에도 참석하게 되어 영광입니다. 오늘 여러 유명한 IT 기업에도 방문하고 엔비디아 본사에서 강연도 듣고, 제가 직접 만든 PPT로 발표도 하고… 저녁 식사 자리에서도 말씀드렸지만 저 자신에 대해 많은 걸 생각해보고 알아가는 시간이었어요. 발표 중간에 왜 갑자기 눈물이 났는지는 아직까지도 미스터리지만… ㅠㅠ

이번 교환 학생 프로그램은 전공 공부뿐 아니라 여러 경험을 통해 성숙해지는 시간이었던 것 같아요.(저만 그렇게 생각하는 건지는 모르겠지만ㅎㅎ) 아직까지도 많이, 아주 많이 내성적이지만 그래도 여기 와서 사귄 친구들의 말에 의하면 처음 봤을 때보다 자신감 있는 모습이 됐다고 하더라고요. 성격도 더 밝아진 것 같다고들 하고요. 남은 교환 학생 생활 정말 알차고 보람 있게 지내다 돌아갈 테니, 한국에서 또 봬요!

그때도 제가 연락드리면 꼭 받아주셔야 해요! ㅎㅎ 작년에 처음 연락드릴 때만 해도 이렇게 지속되는 인연이 될 줄은 상상도 못 했습니다. ㅎㅎ 앞으로도 이 인연 쭉 long long 하길 기원하며, 사장님도 저도 모두 파이팅입니다!

_혜선 올림

사장님,

처음 사장님을 뵀을 땐 항상 제가 꿈꿔왔던 모든 것을 이미 이루신 히어로 같은 분이라 어렵기만 했는데 이젠 아빠처럼 편하고, 또 믿고 의지할 수 있는 소중한 인연이 됐네요. 오늘은 새로운 분야에 눈을 뜨고 또 스스로 반성하며 앞으로를 계획해볼 수 있는 시간이었어요. 미래를 기대하며 꿈꿀 수 있게 도와주셔서 감사합니다. 저희에게 사장님은 멘토 그 이상의 감사한 존재예요. 초대해주셔서 감사합니다. 많이 배우고 갑니다. 멋있어요~ 사장님을 알게 된 그 자체로 영광이에요. Thank you.

_막내딸, Sunbin 올림

사장님,

페이스북 메신저 보낸 것을 계기로 이렇게 좋은 인연을 맺게 될 줄은 몰랐습니다. 제 책상에 사진 2장이 있는데 하나는 겨울 방학 때 훈련을 수료한 동생의 군부대 앞에서 가족들과 찍은 사진이고 하나는 사장님과 애플 캠퍼스 앞에서 찍은 사진입니다. 사장님은 마치 제게 두 번째 아버지 같은 느낌이에요. 오늘도 엔비디아 본사에서 멘토링을 해주실 때, 시차와 출장 일정으로 피곤하실 텐데도 정말 진심을 다해 이야기해주시는 게 느껴졌습니다. 정말 항상 너무 감사드리고 저도 진심을 다해 노력하겠습니다. 정말 감사합니다.

_성혁 올림

안녕하세요, 사장님.

우선 이번 캠프를 기획해주시고 참가할 수 있게 해주셔서 대단히 감사드립니다. 오랜 방황, 깊은 고민, 그리고 들고 온 결핍을 이번 캠프를 통해 해소할 수 있어 너무 기쁩니다. 겨우 20여 년을 살았을 뿐이지만, 되돌아보면 감정을 억누르며 지낸 시간이 많았던 것 같습니다. 무언가에 재미를 느껴 밤을 새던 기억이 고등학교 진학 이후에는 없었거든요. 스스로 되돌아볼 기회가 되었습니다. 정말 하고 싶은 일이 뭔지 찾는 게 중요하다는 것은 알지만 그것이 앞으로 유망한 분야인지, 나에게 잘 맞는지, 준비하는 데 얼마만큼의 시간이 들 것인지 등을 너무 깊게 고민하고 간만 보면서 지난 한 해를 보냈던 것 같아요.

특히 1학년 2학기는 심한 절망과 우울의 시간이었는데 이번 캠프를 통해 '마음이 통하는 것'을 찾는 게 가장 중요하다는 걸 다시금 깨달았습니다. 이런 기회와 경험이 앞으로의 제 삶에 큰 힘이 될 것 같습니다. 정말 진심으로 감사드립니다. 앞으로 저에 대해 제대로 인식하고 마음을 먼저 살피며 하고 싶은 것에 진심을 다해 Very Much DDorai처럼 도전하는 지원이가 되겠습니다. 다시 한 번 진심으로 감사드립니다.

_지원 ;)

잠시 멈추고,
지금 이대로 괜찮은지
자신에게 물을 것

"아빠, 저 드디어 무대에 올라가요. 조그만 무대이지만요."

"그래, 수고했다. 잘했다, 내 딸. 정말 잘했다. 장하다."

2019년 5월 초의 일이었다. 오히려 큰딸은 담담하게 얘기했지만 나는 북받쳐오르는 마음을 추스르느라 애를 써야 했다.

일생에 한 번은 무모해져라

"있잖아, 아빠가 많이 생각해봤는데… 지금 여기서 이렇게 조교하면서 오디션 보러 다니는 것도 좋지만 아예 브로드웨이가 있는 뉴욕이나 뮤지컬이 발달한 런던으로 가서 도전해보는 건 어때?"

"네?"

갑작스런 나의 제안에 큰딸은 눈만 껌뻑이다 말을 이었다.

"어… 한 번도 생각해보지 않은 일이라 잘 모르겠어요."

이날의 대화는 여기까지였다. 몇 달이 지난 뒤에 딸아이가 나를 찾아왔다.

"아빠, 저 브로드웨이에 가서 배우의 꿈에 도전하고 싶어요."

딸의 브로드웨이 입성기는 이렇게 시작됐다. 사실 나는 내심 런던으로 가길 바랐다. 런던은 시내에 40여 개가 넘는 오페라·뮤지컬 전용 극장이 있고, 주말뿐 아니라 평일에도 80% 이상의 객석이 채워질 정도로 예술이 살아 넘치는 곳이기 때문이다. 그런 곳이라면 도전의 기회도 더 많을 것이라는 생각이었다. 그런데 딸아이는 브로드웨이의 창의적의고 자유로운 예술세계가 마음에 들었던 듯했다.

"잘 생각했다. 그럼 이제부터 어디에서 어떤 공부를 시작할 건지 알아봐."

한동안 여기저기 열심히 알아보러 다니던 딸은 춤의 기본부터 제대로 공부하기로 마음 먹고 뉴욕의 한 발레 아카데미에 지원했다. 그러고는 2016년 여름, 미국 뉴욕에 첫발을 내딛었다. 내가 세계를 향해 도전해보라고 제안한 후 불과 7개월 만의 일이었다.

딸이 뮤지컬을 배우러 미국에 유학을 가 있다고 하면 주변의 많은 사람들은 아예 학창 시절을 그곳에서 보냈거나 미국에 일가 친척이 있을 거라고 생각하는 듯했다. 하지만 전혀 그렇지 않다. 딸은 그 전까지 미국에 한 번도 가 본 적이 없고, 아는 사람 하나 없었다. 영어도 거의 초보적인 회화 정도만 가능한 수준이었다. 아내조차 너무 무모한 것 아니냐며 걱정할 정도였다. 정말이지 영화에서 극적인 장면을 위해 사용할 법한 설정과도 같은 상황이었다. 하지만 난 이 도전이 딸아이의 인생에서 가장 소중한 경험이자 큰 자양분이 될 거라고 확신했다. 공항에서 딸의 도전에 박수를 보내며 돌아서는 마음은 생각보다 덤덤하지 못했다. 그동안 많은 멘티들이 유학을 갈 때마다 찾아와서 작별의 시간을 가졌었기에 괜찮을 줄 알았는데, 친자식을 보내는 것은 또 다른 일이었다. 2016년 1월, 딸은 세계를 향한 도전의 시작이 될 미국행 비행기에 드디어 몸을 실었다.

"딸! 너를 위한 도전이야. 네 자신의 꿈을 위한… 열심히 해봐. 아프지 말고."

"아빠, 감사해요. 저 열심히 해볼게요. 건강히, 그리고 안녕히 계세요."

딸이 유학을 가고 1년 동안은 거의 매달 실리콘밸리의 엔비디아 본사로 출장을 갔다. 출장길에 뉴욕에 들러 필요한 것들을 챙겨줄 수도 있었지만 일부러 발길을 전혀 하지 않았다. 홀로서기에 도움이 되지 않을 것 같아서였다. 다소 힘들더라도 최대한 빨리 부모 밑에서 지내던 생활에서 벗어나 정신적으로도 경제적으로 독립할 수 있게 하고 싶었다. 생활비도 최소한으로만 지원해줬는데, 뉴욕의 물가를 아는 사람들은 내가 딸에게 준 생활비 금액을 듣고는 '말도 안 돼! 그걸 한 달 치 생활비로 주셨다고요?' 하며 깜짝 놀라곤 했다. 대략 한 달에 필요한 금액의 절반 정도만 지원해준 셈이었다. 하지만 대학까지 졸업한 아이를 전적으로 커버해주는 건 본인에게도 좋지 않은 방향이었을 거라고 생각한다. 이때뿐 아니라 나는 아이들을 키우며 이유 없이는 용돈을 주지 않았다. 그래서 아들의 친구들은 우스갯소리로 이런 말을 하기도 했다고 한다.

"너네 아빠 진짜 엔비디아 사장 맞아? 무슨 엔비디아 사장 아들이 이렇게 맨날 돈이 없어?"

항상 빠듯하게 느껴질 정도의 용돈을 정기적으로 주고 추가로 필요한 금액에 대해서는 이유와 목적을 근거로 나를 설득하게 했다. 돈을 쓰는 법, 돈의 소중함을 알려주고 싶어서였다. 이런 나의 철학 때문에 딸아이의 뉴욕 생활의 출발은 쉽지 않았을 것이다. 나는 그걸 빤히 알면서도 모른 체했던 거고. 그런데 딸의 난관을 모른 척하는 것보다 힘들었던 건 걱정하는 아내를 안심시키는 일이었다.

"아니, 딸을 미국에 보내놓고 나는 걱정이 돼서 잠도 편히 못 자는데, 가보지도 못하게 하고 생활비도 쥐꼬리만큼 주고. 당신

아빠 맞아?"

"여보, 당신 마음 이해해. 걱정되는 거 당연하고. 그런데 이번만큼은 내가 하자는 대로 해줬으면 좋겠어. 대학까지 졸업한 성인이고, 또 자기가 뭘 위해 애쓰고 있는지 정확히 아는 아이잖아. 그동안 우리 품 안에서만 자라서 경제적인 것을 비롯해 나약한 부분이 있는 것도 사실이고. 이번엔 스스로 경험하면서 자립할 수 있게 조금만 지켜보면서 기다리자. 그리고 당신이 더 잘 알잖아, 배우의 길이 얼마나 힘든지."

그동안 부모를 잘 만난 덕에 넉넉한 생활을 하면서 하고 싶은 공부를 하는 친구들과 생활비는 물론이고 대학 학비까지 아르바이트를 해서 스스로 충당하는 친구들을 모두 만나봤다. 나는 아버지의 사업 실패로 대학을 졸업하자마자 경제적 가장의 역할을 해야 했다. 하지만 상황에 좌절하지 않았다. 꿈이 있었고 노력할 의지도 있었다. 내가 경험하고 봐온 모든 것의 총합을 통해 도출해낸 결론은 다음과 같다.

'청년의 시기에는 꿈을 향한 열망을 갖는 게 물질적 풍요보다 더 중요하다.'

내가 멘토링을 계속하는 것도 이러한 이유 때문이고.

나의 그라운드를 찾아 마음껏 뛰어놀 것

딸이 미국에 간 지 1년이 지났을 때, 혹시라도 향수병으로 고생할까 봐 방학을 이용해 한국에 들어오게 했다. 그러고는 한 달간 가족과 함께 지내다 미국으로 돌아가는 아이에게 조금은 모진 소리를 했다.

"딸, 푹 쉬었어?"

"네, 역시 집이 최고네요."

"그렇지? 그런데 학생 비자 얼마나 남았더라?"

"어… 1년 지났으니까 4년 남았죠."

"그럼 이제 남은 4년 동안 한국에는 오지 마. 거기서 뿌리를 내려봐. 한국에는 그 후에 와도 충분할 것 같아."

"네?"

딸은 하고 싶은 말이 있지만 이를 입 밖으로 내뱉지 못하는 듯한 얼굴을 해보였다. 나는 그런 아이의 눈을 피해버렸다. 걱정이 전혀 되지 않았다면 거짓말일 테다. 하지만 내겐 딸에 대한 믿음이 더 컸다. 발레 아카데미에서 1년 코스를 마친 딸은 연기 학교에 입학했다. 하루는 통화를 하는데 아이가 이렇게 말했다.

"아빠, 너무 감사해요. 공부도 공부지만 전 세계의 수많은 친구들을 만날 수 있어서 너무 좋아요. 모두 배우의 꿈을 가지고 온 친구들이어서 열정들이 대단해요. 다른 나라의 아이돌 스타도 있어요! 진짜 실력 빵빵한 친구들이 수두룩하다니까요!"

학교에서 가장 친한 친구가 그리스에서 배우로 활동하는 유명한 아이돌 스타라고 했다. 그 친구는 뉴욕에서 6개월 정도 공부한 후 그리스로 돌아갔고, 딸아이는 방학 때 그리스로 여행을 가서 친구의 드라마 촬영장을 방문하는 등 관계를 이어나갔다. 같은 꿈을 가진 이들과의 네트워크와 정서적 교류가 무척 중요하다는 걸 알기에 그리스 친구와 딸의 우정을 응원했다.

시간이 지날수록 딸이 뉴욕 생활에 적응하며 자신의 길을 개척해나가는 모습이 보이기 시작했다. 배우 생활에 도움이 된다며 틈틈이 했던 요가에 재미를 붙여 아예 자격증을 취득하고는 신이 난 목소리로 전화를 해 이제 밥 먹고살 루트가 하나 더 생겼다며 너스레를 떨기도 했다. 필라테스 자격증까지 따려고 준비 중이란 소식도 전해왔다. 예전과 다른 실행력과 빠른 결정 속도에 깜짝 놀랐다. 생각만 많고 망설이기만 하던 딸아이의 모습은 온데간데 없이 사라졌다.

딸의 무대 소식을 들은 건 미국에서의 생활을 시작하고 3년의 시간이 흐른 뒤였다. 작은 무대였지만 이것이 기반이 되어 앞으로 더 큰 무대에 올라갈 수 있을 것이라 기대한다. 아니, 사실 그러지 못할 수도 있다. 하지만 중요한 건 무대의 크기가 아니다. 딸은 이미 도전하면 작든 크든 결과를 손에 쥘 수 있다는 성취의 경험을 했다. 도전이 필요한 이유를 스스로 체득했기에 앞으로 언제든 망설이지 않고 하고 싶은 또는 해야 하는 일에 도전할 수 있을 것이라고 생각한다. 망설이면 아무 일도 일어나지 않지만 도전하면 작든 크든, 만족스럽든 만족스럽지 않든 간에 어떤 '결과'를 손에 쥘 수 있다. 이러한 성장을 지켜보던 나는 이제 가족이 다 같이 만날 때가 되었다고 생각했다.

'딸, 인천공항이다. 아빠 지금 비행기 탄다. 약속 장소에서 보자, 오버.'

'네, 아빠. 저도 곧 버스 타고 밀라노 공항으로 갈게요.'

'딸, 밀라노 공항에 착륙했다. 터미널에서 보자, 오버.'

지난해 여름, 나와 아내와 아들은 인천에서, 딸은 뉴욕에서 출발해 이탈리아 밀라노 말펜사 공항에서 접선하는 계획을 세웠다. 딸의 첫 무대와 아들의 군 제대를 축하하는 의미로 가족 여행을 하고 싶었고, 딸에게 학생 비자가 남은 4년간 한국에 오지 말라고 했던 말이 여전히 유효했기 때문이기도 했다. 덕분에 꼭 007 작전을 찍는 것처럼 유머러스하게 가족 상봉을 했다.

가족 여행은 즐거움과 놀라움의 연속이었다. 특히 방문하는 도시에서마다 딸과 아들이 함께 버스킹을 했던 순간들이 가장 인상적이었다. 작은 블루투스 스피커에서 흘러나오는 음악을 반주 삼아 두 남매가 버스킹하는 모습을 보고 있자니 부러운 마음이 들기도 했다. 자신들의 꿈을 마음껏 발산하는 것이 부러웠고 가족이 함께 어울리는 장면이 아름다웠다. 나중에야 안 사실인데, 아들이 제대 후 잠시 미국에 큰딸과 함께 있으면서 이미 뉴욕 지하철에서 버스킹을 한 경험이 있다고 했다. 담력과 자신감도 키우고 자신들의 재능도 자랑하고 싶어서 했던 도전이었다고. 자신감 넘치는 당당한 모습이 정말 보기 좋았다.

지금 딸은 미국 케이블 방송인 VOA(Voice of America)의 프로그램 중 시골 체험단 리포터로 발탁돼 미국 곳곳을 다니며 자신의 끼를 마음껏 발산 중이다. 예전과 달라진 아이들의 모습에 감사했다.

실패와 성공에 연연하지 않고 하고 싶은 일에 도전해 어떤 결과든 손에 쥐어보는 경험이 중요하다. 이를 위해선 언제나 자신을 지지해주고, 길이 막혔을 때 경청으로 길을 찾게 도와줄 이들로 구성된 정서적 그라운드가 필요하다. 내 딸의 경우는 일차적으로 가족이 그런 역할을 해줬지만, 가족에게 이런 역할을 기대하기 어려운 경우라면 멘토, 친구 등 다양한 경로로 자신만의 그라운드를 구축해보면 좋겠다. 그랬을 때 비로소 자신과의 깊은 대화를 시작하며 스스로 나아가는 원동력을 얻게 될 것이다.

착한 아이라는
함정

몇 년 전의 일이다. 당시 근무하던 회사의 행사장에 나와 있었는데 한 여학생이 차분한 얼굴로 머뭇거리며 다가왔다.

"안녕하세요, 사장님. 저 고민이 있는데요…"

용기를 내서 내게 말을 건 학생의 얼굴빛이 어두웠다. 정말 심각한 고민이 있는 듯해 조용히 따로 이야기할 일정을 잡았다. 다시 만난 학생의 얼굴은 여전히 어두웠다.

"그래, 무슨 고민이죠?"

"공부가 재미 없어요. 그래서 학교에 다니기도 싫고요."

"음… 공부가 재미 없으면 다른 재미있는 걸 찾으면 되고, 학교에 다니기 싫으면 어차피 내 돈 내고 다니는 거니까 그만 둬도 되지 않나요?"

"저도 그러고 싶어요. 그런데 그랬다간 엄마한테…"

순간 흐려지는 학생의 말꼬리에 담긴 의미를 눈치챌 수 있었다. 이 학생은 소위 서울에 있는 명문대의 경영학과에 재학 중이었다. 초등학생 때부터 전교 상위권을 놓치지 않을 정도로 공부를 잘했다. 덕분에 이 학생에게는 많은 선택지가 주어졌지만 정작 자신이 원하는 것을 고민하고 선택할 수 있는 시간은 주어지지 않았다. 대학 진학을 앞둔 학생의 진로는 엄마와 선생님에 의해 명문대 경영학과로 정해졌다. 대학에 와서까지 자신이 하고 싶었던 공부가 아니라 남이 시키는 공부를 하고 있으니 재미가 없을 수밖에.

우리에게 잠시 정답이었던 것들

그동안 멘토링을 하면서 이런 학생들을 많이 봐왔다. 학생들의 속마음을 자세히 들여다보지 않은 부모들은 '그게 무슨 배부른 소리야!' 하고 호통을 칠지도 모르겠다. 그런데 '배부른 소리'란 무엇일까? 부모들은 자식에게 어떤 의미로 그런 말을 하는 것일까? 그 속에 담긴 뜻처럼 '공부 잘해서 명문대의 취직 잘 되는 과'에 다니는 게 정말 최고의 인생으로 가는 정답인 걸까?

현재 대한민국의 교육은 철저하게 입시 영재를 만드는 데 그 방향이 맞춰져 있다고 해도 과언이 아니다. 아이들의 꿈은 뒷전이 된 지 오래고, 아이들의 정서를 위한 교육은 입시 주요 과목인 영어와 수학에 빼앗겨버렸다. 입시 영재 양육에 열광하는 현주소의 최고 수혜자는 누구일까? 단정짓기 조심스러운 부분이 있지만 부모와 학교, 사교육 시장이지 않을까 하는 생각이 든다. 정작 이 이야기의 주체가 되어야 할 학생들은 수혜의 범주에 속해지 있지 않다.

'우리 학교는 올해 명문대에 이만큼이나 합격시켰어요. 그야말로 명문고등학교죠.'

'우리 아이는 명문대에 입학했어요.'

이런 말을 들을 때마다 고개를 갸웃하게 되는 이유다.

'우리 아이의 꿈을 위한 전공과 이를 잘 뒷받침해줄 수 있는 대학을 선택했어요.'

그 어느 누구도 이런 말은 하지 않는 듯하다. 오히려 꿈을 좇아 대학에 입학했어도 부모가 정한 기준에 못 미치는 학교라면 창피해하며 말하기 꺼려하는 모습을 보이기도 한다.

대한민국이 OECD 국가 중 자살률 1위라는 얘기는 익히 들어온 사실*이다. 전체 자살률이 줄어드는 추세를 보이고 있다고 해서 안심하기는 이르다. 오히려 자살 위험 청소년의 수는 점점 늘어나고 있기 때문이다. 2019년 발표된 교육부의 '학생정서행동

특성검사 결과 및 조치현황' 분석 결과[**], 2018년 자살 위험 학생은 23,324명으로 2015년보다 약 270% 증가한 수치를 보였다고 한다. 심리 상담을 하고 치료를 받은 학생의 수도 약 17만 명에 달했다. 자칫 잘못하면 2만 명 이상의 아이들이 자살할 수도 있다는 결과를 보며 놀랐던 기억이 난다. 곧이어 든 걱정은 많은 부모와 학교 관계자들이 '우리 아이들은 해당사항이 없다'는 생각을 하고 있을지도 모른다는 것이었다.

'우리 아이는 얼마나 착한데요. 그럴 리가 없어요.'

어쩌면 가장 위험한 결론. 대체 착하다는 말의 의미는 또 무엇이란 말인가.

할 수 없는 것이 아닌, 할 수 있는 것에 집중하라

"음. 그럼 학생은 뭘 하고 싶었어요?"

"전 중학교 때부터 게임을 좋아했어요."

---

[*]   "[사망통계] 한국, OECD 국가 중 자살률 1위… 하루 37.5명꼴", 뉴시스, 2019년 9월 24일(http://www.newsis.com/view/?id=NISX20190924_0000778375&cID=10401&pID=10400)

[**] "자살위험 학생 수 2만명 초과! 학생들 정신건강 관리 시급", 일요신문, 2019년 9월 30일(http://www.ilyoseoul.co.kr/news/articleView.html?idxno=337840)

"그랬구나. 그런데 공부도 잘했으면서 왜 관련 학과로 진학하지 않았어요? 충분히 가능한 선택지였을 텐데요."

"저도 정말 그러고 싶었는데 지금의 학과에 지원할 수밖에 없었어요."

"지금도 게임 좋아해요?"

"그럼요!"

"그럼 앞으로의 꿈은 뭐예요?"

"사실은 게임 개발자나 게임 기획자가 되고 싶어요."

"지금부터 꿈을 위한 공부를 시작해봐요. 당장 다음 학기부터 컴퓨터 공학을 복수전공할 수 있는지 확인해보는 건 어때요? 조금 버거울 수도 있겠지만, 경영학 공부도 계속 같이 하면 좋을 것 같아요."

그리고 얼마 후 그 학생에게 다시 연락이 왔다.

"책임지세요, 사장님! 저 이번 학기에 자그마치 32학점을 들어야 해요!"

"헐, 내가 그걸 왜?ㅋㅋㅋㅋ"

정말 기쁘고 감사했다. 할 수만 있으면 책임져주고 싶었다. 아니, 솔직히 책임질 수 있었다. 이렇게 꿈을 향해 내딛는 첫 걸음이 가져올 긍정적인 결과를 이미 많은 경험을 통해 봐왔으니까. 이 친구는 종종 두 학문을 복수전공하면서 하루에 게임을 8시간씩 하기도 한다며 밝은 목소리로 소식을 전해왔다. 전국 게임 대회의 본선에도 진출하며 발군의 실력을 갖춘 프로 게이머로 활동하기도 했다. 게임 프로그래밍 학원에 다니고 각종 게임 관련 업체 프로그램에도 적극적으로 참여하는 등 잠을 줄여가며 꿈을 향해 도전하는 모습을 응원하는 마음으로 지켜봤다. 4학년 2학기에는 졸업을 하기도 전에 취업난을 뚫고 업계의 가장 유명한 회사 3곳에 동시 합격했다. 본격적으로 자신의 꿈을 꾸기 시작한 지 약 2년 6개월 만의 일이었다.

어떻게 이런 일이 가능했을까? 혹시 '무슨 말 할지 뻔하네'라고 생각했는가? 맞다. 그런데 정말 그게 정답이다. 본인이 하고 싶어 하는 공부를 했기 때문에 성취할 수 있었던 일이다. 하고 싶은 일을 할 때의 집중도와 결과의 질에 대해서는 굳이 첨언할 필요가 없을 것이다. 인사담당자의 입장에서는 스스로 방향과 목표를 설정하고 이를 위해 노력해온 이 학생이 기업의 미래 비전을 함께 할 인재로 보였을 테다. 어쩌면 이것이야말로 기업에서 이제 막 사회에 첫발을 내딛는 신입 사원들에게 기대하는 인재상일지도.

몇 년 전, 한 취업 포털 사이트에서 기업 인사담당자를 대상으로 '신입 지원자의 잉여 스펙'에 관한 조사를 진행했다.[*] 응답자의 63%가 잉여 스펙으로 여기는 항목이 있다고 답했고, 잉여 스펙을 보유한 지원자의 비율은 회사별 평균 30%로 나타났다. 응답자의 약 75%가 잉여 스펙의 판단 기준으로 '직무와의 연관성'을 꼽았고, 일부(25.6%)는 해당하는 지원자에게 감점을 준 적이 있

다고 답했다. 복수응답 결과 인사담당자들이 꼽은 잉여 스펙에는
석·박사 학위, 회계사를 비롯한 고급 자격증, 공인 어학 성적 등
스펙 경쟁의 핵심으로 손꼽히는 항목들이 고루 포함돼 있었다.

대학 입시 영재에 이어 취업 입시 영재 현상이 벌어지고 있다.
부모와 사회의 기준에 맞춰 자신의 인생을 투자해 성취한 것들이
정작 필요한 데에서는 '잉여 자본'으로 여겨지고 있다는 것을 안
청춘들의 마음은 어떨까. 기업 입장에서도 그렇게 모두가 같은
스펙을 준비해오니 원하는 인재를 고르는 데 어려움이 있어 이런
피드백을 한 것일 테다.

사실 자신이 원하지 않는 학과에 진학해서 기업이 잉여 스펙이
라고 부르는 것들을 모두 갖춘 상태에서도 취업은 할 수 있다. 문
제는 그 다음이다. 한 구인구직 플랫폼의 발표에 따르면 최근 1년
간 평균 퇴사율은 약 20%에 달했다.[**] 퇴사율이 가장 높은 연차
는 '1년 이하(48.6%)'였다. 응답자의 약 50%는 이직을 위해 퇴사
를 한다고 답했다. 하지만 1년 차는 기업에서 경력으로 인정하지
않는 경우가 많아 퇴사 후 원하는 직장으로의 이직을 준비하는

· "잉여 스펙 1위 '석·박사 학위'", 경향비즈, 2015년 12월 7일(http://biz.khan.co.kr/
  khan_art_view.html?artid=201512071423291&code=920507)
·· "취업난 아우성에도, 1년 평균 퇴사율 20% 달해", 노컷뉴스, 2019년 7월 30일
  (https://www.nocutnews.co.kr/news/5190551)

마음이 편치만은 않을 것으로 생각된다.

'꿈!'

이런 말을 하면 유치하게 들릴지도 모르겠다. 하지만 나는 꿈이라는 단어가 결코 가볍게 다뤄져서는 안 된다는 것을 오랜 경험을 통해 깨달았다. 그 친구가 사회생활을 시작하고 몇 년 후, 엔비디아에 재직할 때 진행하던 'DREAM TALK' 무대에 초청해서 도전을 주제로 스피치를 부탁했다. 무대에 오른 친구는 흔들림 없는 얼굴로 청중에게 자신의 이야기를 전했다.

"저는 중학교 때부터 게임을 좋아해서 '게임 개발자'라는 꿈을 갖고 있었어요. 정말 '가지고만' 있었죠. 그런데 대학생 때 이용덕 사장님을 만난 후로는 그 꿈을 이루기 위해 정말 많이 노력했어요. 제가 꿈을 향해 가는 과정에서 느낀 게 있습니다. 정말 뜻밖의 시기에 예상치 못한 방법으로 찾아오는 기회들이 있다는 거예요. 그걸 알고 나니 하루도 허투루 보낼 수가 없겠더라고요. 매일, 가장 알맞은 방법으로 최선을 다해야만 기회를 놓치지 않을 수 있어요. 저는 여자이고 프로그래밍이 제1의 전공도 아니었어요. 좋은 조건이 아니었죠. 하지만 지금은 게임 개발자로 일하고 있습니다. 여러분도 자신이 가진 악조건이 아닌, 목표를 위해 해야 하는 것 또 할 수 있는 것에 더 초점을 맞추시길 바랍니다. 그렇게 한다면 기회는 여러분을 지나치지 않을 거예요."

휴학을 위한
스펙 쌓기?

오랫동안 대학생들의 멘토링을 해오면서 휴학에 대해서는 항상 의문이 들었다. 경제적인 이유나 건강 등의 문제도 있겠지만 대부분은 취업 준비를 위해 휴학을 하는 것으로 알고 있다. 내가 그동안 가장 많이 봐온 루트는 이렇다.

우선 휴학을 하고 아르바이트를 한다. 그렇게 번 돈으로 어학원을 다니고 조금 더 여건이 괜찮은 경우엔 6개월 정도 캐나다나 필리핀 등으로 어학연수를 떠난다. 해외에 가서 돈도 벌고 영어도 배우자는 목표로 워킹홀리데이를 가기도 하고, 일부 학생들은 견문을 넓힌다는 명목하에 1~2달 동안 해외여행을 하기도 한다. 혹은 봉사활동을 하는 학생도 있다. 물론 다 좋은 일이다. 하지만 목표했던 것을 제대로 진행하지 못한 채 시간만 낭비하는 경우가 생긴다면 낭패가 아닐 수 없다. 실제로 학생들이 여러 계획을 세워 휴학을 했는데 생각대로 되지 않고 오히려 시간만 낭비했다고 말하는 경우를 많이 봤다. 다시 묻고 싶다.

"도대체 왜 휴학을 하는 거죠?"

감흥 없는 자기소개서

지금도 휴학을 고민하는 학생이 있다면 그러지 말라고 말리고 싶다. 만약 취업을 위한 스펙 쌓기용 휴학이라면 더더욱. 물론 내 생각이 정답은 아니다. 휴학을 해서라도 취업에 도움이 되는 각종 자격증이나 공인 어학 능력 시험을 준비하려는 마음은 알겠지만 자칫 잘못하면 짧게는 6개월, 길게는 2년이란 시간을 통째로 허비할 수 있기 때문이다.

한 취업 포털 사이트에서 기업 인사담당자를 대상으로 '신입 지원자의 잉여 스펙'에 대한 조사를 진행한 결과', '석·박사 학위 (53.4%)'를 잉여 스펙 1위로 꼽았다. 취업난이 심화되면서 학구열을 채우기 위한 대학원 진학이 아니라 취업을 미루기 위한 방편으로 이를 선택하는 경우가 늘어났기 때문일 테다. 나 역시 은퇴 전 회사에서 직원 면접을 볼 때 석사 학위에 대해 특별한 가산점을 주진 않았다. 누군가 농담으로 요즘은 석사의 '석'이 '돌 석石' 자라고 했던 웃픈 기억이 난다. 슬프지만 이것이 현실이다. '회계사 등 고급 자격증, 창업 등의 사회활동, 해외에서의 경험' 등도 언급됐는데, 같은 활동을 한 지원자의 수가 많아 더는 특별한 스펙으로 다뤄지지 않는 것들이다. 많은 면접관들이 이구동성으로 하는 말이 있다.

"면접 보러 온 지원자들이 쌍둥이인가 싶은 착각이 들 정도로 모두 비슷해요. 외모, 스타일, 태도, 말투 등등… 질문에 대한 대답에도 별다른 차이가 없고, 자기소개서도 비슷비슷해요."

몇 년 전, 게임 업계 최고의 회사인 N사의 인사담당자가 입사 지원자들에게 전한 팁** 은 오늘날에도 여전히 유효하다. 담당자의 말을 요약하면 다음과 같다.

"많은 지원자들이 지원 이유 및 포부를 적을 때 '해당 업계 1위인 귀사에서 꿈을 펼치고 싶습니다'라고 적는데 사실 이런 문장은 별 감흥을 주지 못해요. 자기소개서는 분량보다 임팩트가 중요합니다. 자신이 이 회사에서 무엇을 할 수 있을 것인지에 대한

• "잉여 스펙 1위 '석·박사 학위'", 경향비즈, 2015년 12월 7일(http://biz.khan.co.kr/khan_art_view.html?artid=201512071423291&code=920507)
•• "넥슨 인사담당자에게 듣는 입사 노하우는", ZDNet Korea, 2017년 10월 6일 (https://www.zdnet.co.kr/view/?no=20171002193825)

임팩트 말입니다. 저희 회사가 왜 좋은지에 대해서도 개인의 주관적인 해석이 있어야 하고, 이를 바탕으로 어떤 일을 하고 싶은지에 대한 설명도 논리적으로 연결되어야 합니다. 또한 자신이 무엇을 좋아하고 잘하는지 정확하게 인지하고 있는 지원자를 찾고 있습니다. 지원자의 선호도와 회사의 부서가 원하는 인재 매칭을 최대한 최적화하기 위해서입니다."

많은 부분 동감하는 말이다. 특히 '자신이 어떤 일을 좋아하고 잘하는지' 아는 것은 중요하다. 업무 능력이 좋더라도 자신과 맞지 않는 부서이거나 잘하는 일과 상반된 일을 한다면 효율은 떨어지기 때문이다. 그런데 정말 면접을 보다 보면 일부 지원자들은 이에 대해 잘 모른다고 말한다. 그러고는 씩씩한 태도로 이렇게 대답한다.

"저는 무엇이든 다 열심히 잘할 수 있습니다! 시켜만 주신다면 최선을 다하겠습니다!"

탈락이다. 면접에서도, 자기소개서에서도 이런 말은 탈락의 지름길이다. 스펙 쌓기보다 중요한 것은 '꿈'을 찾는 것이 아닐까. 나는 항상 젊은이들에게 이렇게 말한다. 당신이 무엇을 좋아하고 잘하는지 생각하고 또 생각해서 목표를 정하고 그 후에는 뒤도 돌아보지 말고 실행에 옮겨보라고. 그런 식으로 방향을 설정해 휴학 없이 줄기차게 4년을 내리 달린 사람들에게 취업 시장은 좀 더 호의적이다. 앞서 인용한 N사 인사담당자의 의견도 이와 같지 않았는가.

지난 학기에는 이화여자대학교에서 '캡스톤 디자인'을 지도했다. 수업이 진행될수록 이 작업을 '주도적'으로 하는 학생들과 그렇지 않은 학생들의 격차가 확연히 벌어졌다. 누가 잘했고 못했고의 이야기가 아니다. 누가 열심히 했는지 게으름을 부렸는지의 문제도 아니다. '꿈'을 가지고 이 작업에 참여했는지의 여부가 결과를 달라지게 했다.

또한 이화여대 경영대학의 '비즈니스 플랜 경진대회', 창업 보육센터 입주 기업과 소프트웨어협회, 수산그룹과 함께한 '전국 SW 창업 경진대회' 등 300개가 넘는 참가 팀의 스타트업 사업계획서를 심사할 때도 마찬가지였다. 면접을 진행하기도 전에 서류에서부터 구분해 알 수 있었다. 정확한 꿈이 있는 지원자와 그렇지 않은 지원자를 말이다.

여러분은 어떤가? 오늘도 취업난과 관련한 기사를 보며 불안한 마음에 휴학을 먼저 떠올리고 있지는 않은가? 휴학을 꼭 해야겠다면 순서를 조금 바꿔보는 걸 제안한다. 하고 싶은 일을 찾아 방향을 설정하는 것을 우선에 두고, 이를 향해 달려가는 길에 휴학이 꼭 필요하다면 해도 좋다. 하지만 알맹이 없는 휴학은 막연했던 불안을 현실로 만들 뿐이다.

꿈의 영재를 위한
용기 있는 선택

우연한 기회로 멘토링을 했던 몇몇 학생의 어머니들을 만났다. 작은 회의실에 둘러 앉은 7명의 어머니들은 아이들에 대한 고민을 털어놓으셨다. 내가 정답은 아니지만 많은 학생들과의 경험에서 얻은 생각을 조심스럽게 꺼내났다. 1시간이 넘게 이어진 이 자리에서 나는 마지막으로 용기를 내서 이렇게 말했다.

"어머님들, 아이들을 믿어주세요. 생각하시는 것보다 훨씬 더 자기 인생에 진지한 친구들이에요. 하고 싶은 게 있다고 말하면 걱정 대신 격려해주세요. 그러다 아이들이 지친 얼굴을 해 보일 때는 따뜻하게 안아주면서 사랑한다고 말해주세요. 저도 그 역할을 완벽하게 해내고 있진 못해요. 그러니까 저희 같이 노력해요.

어머니, 파이팅!"

　세상에서 가장 조심해야 할 일 중 하나가 '남의 자식 일에 참견하기'라는 우스갯소리가 있다. 자기 자식 키우기에도 바쁜데 남의 집 일에 감 놔라 배 놔라 하는 것은 말이 안 되는 일이기도 하다. 그런데 대뜸 처음 만난 어머니들에게 아이들을 믿으라는 둥 걱정하지 말라는 둥 그런 소리를 했다. 어머님들에게는 내 얘기가 남의 일이라 쉽게 하는 말처럼 들렸을지도 모르겠다. 심지어 대학 입시를 앞둔 고등학생 아이가 있는 어머니들한테 그랬으니… 하지만 그 자리에 있던 어머니들은 감사하게도 내 이야기에 귀를 기울여주셨다. 그러고는 헤어지며 이렇게 말씀하셨다.

　"사장님, 우리 아이들 예쁘게 봐주셔서 감사해요. 기념으로 사진 같이 찍어요! 페북 친추 해도 괜찮죠?"

스스로 동기를 찾아나서는 아이들

하루는 자신을 어느 고등학교의 로봇 동아리 팀장이라고 소개하는 학생의 메일을 받았다. 본인들이 개발 중인 로봇에 관한 상세한 소개와 함께 후원을 요청하는 내용이었다. 일목요연하고 논리적으로 프로젝트를 설명하는 본새가 남달랐다. 매년 미국에서 열리는 FTC(First Tech Challenge) 로봇대회 출전도 준비하고 있다는 말에 후원을 결정했다.

놀랐던 것은 이 친구들이 국제과 학생이며 프로그래밍 수업이나 전문가의 코칭을 받은 적이 없고, 본인들이 인터넷을 찾거나 여기저기 물어가면서 로봇을 제작하고 있다는 점이었다. 심지어 동아리원 중에는 문과인 학생들도 있었다. 해당 분야에 특성화된 학교가 아니었기에 모든 작업은 수업이 끝난 후에 이뤄졌다. 내 둘째 아이와 비슷한 또래들이라 더 마음이 가기도 해서 틈이 나는 대로 응원의 메시지를 보내곤 했다.

"사장님, 혹시 저희가 엔비디아에 견학을 가도 될까요?"

동아리 회장이 팀원들의 동기 부여를 위해 내게 회사 견학과 멘토링을 부탁하는 전화를 해왔고, 흔쾌히 토요일 오후로 약속을 잡았다. 나는 오랫동안 여러 강연 등을 통해 학생들을 만나왔다. 강연의 말미에는 항상 페이스북 계정을 알려주며 더 도움이 필요하거나 궁금한 것이 있으면 메신저로 연락하라는 말을 덧붙였다. 그렇게 적극적으로 먼저 연락을 해온 친구들과는 메신저로 대화를 나누고 더 심도 있는 멘토링이 필요한 경우에는 일정이 비는 주말 저녁에 약속을 잡아 통화를 했다. 만나서 이야기를 나눠야 할 만큼 힘든 고민을 지닌 친구들은 따로 만나 격려를 전했다.

호기심으로 반짝이는 아이들의 눈을 마주하는 것만큼 즐거운 일도 없다. 앞으로 도래할 새로운 기술의 시대를 이야기해주면 아이들은 흐트러지지 않는 집중력을 보이곤 했다. 이런 친구들을 위해 '기술로 꿈을 꾸다'라는 강연 프로그램을 준비하기 시작했다. 강의에서는 현재의 기술이 미래엔 어떤 식으로 발전할지, 실리콘밸리에서는 이미 어떤 변화가 일어나고 있는지 등을 보여줬다. 지금 자신이 꾸는 꿈이 미래와 어떻게 매치될 것인지 보여주고 이를 실행해나갈 동기를 부여하기 위해서였다. 회사에 방문한 로봇 동아리 학생들에게도 2시간 동안 이 강연을 진행하고 30분 동안 질의응답 시간을 가졌다. 그러다 그중 한 친구가 엄마와 통화하는 소리를 듣게 됐다.

"엄마, 조금만 기다려주세요. 거의 끝나가요."

알고 보니, 학생들의 어머니가 근처 카페에서 견학이 끝나면 함께 가려고 기다리는 중이었다. 2시간 이상을 기다리신 어머니들에게 죄송한 마음이 들어서 아이들을 햄버거 가게로 보내고 어머니들을 회의실로 모셨다. 그렇게 어머니들을 대상으로 소수 정예 강연이 시작됐다. 학부모와 학생이 함께 청중으로 참여하는 큰 규모의 강연을 해본 적이 있긴 했지만 소수의 학부모들과의 자리는 처음이어서 조금 긴장이 되기도 했다.

어머니 파이팅!

"어머님들, 앞으로 10년, 20년, 30년 이후의 기술은 이렇게 바뀔 것으로 예상합니다. 그리고 이러한 기술의 변화를 이끄는 중심에는 '인공지능'이라는 요소가 있습니다. 이제는 모든 분야가 인공지능 기술과 융합될 거예요. 문과인지 이과인지는 중요하지 않아요. 우리 아이들은 기술에 대한 이해와 지식을 습득해야 합니다."

"그렇군요. 안 그래도 저희가 자라온 시대와는 변화의 속도가 확연히 달라서 아이들의 진로를 정하는 데 고민이 많았어요."

"음… 어머님들이 아이들의 미래를 생각해서 명문대에 보내려 애쓰시고, 미래의 유망 직종 관련 학과로 진로를 정해주시는 사례를 많이 봐왔어요."

"애들이 덜 고생스럽게 살았으면 좋겠거든요."

"저도 세 아이의 아빠이기에 그 마음, 충분히 이해합니다. 그런데 전문적인 지식 없이 언론이나 주변의 이야기만 듣고 판단을 내리기에는 위험부담이 너무 커요."

"그럼 어쩌면 좋죠? 제가 평생 따라다니면서 진로 고민을 같이 해줄 수는 없는 걸요."

"맞습니다, 어머님. 그러니 변하는 것에 초점을 맞추지 마시고 변하지 않는 것에 초점을 맞춰보세요."

"변하지 않는 거요? 그런 게 있나요?"

"그럼요. 아이들 본인이 하고 싶은 거요. 아이들과 눈을 맞추고 무엇을 좋아하는지, 무엇이 하고 싶은지 물어봐 주세요. 그리고 아이들의 꿈을 이해해 주세요."

"그런데 그것도 위험하지 않나요? 애들이 뭘 얼마나 알겠어요."

"어머니, 방금도 말씀드렸지만 지금 최신 정보라고 접하는 것들은 내일이 되면 결국 낡은 정보가 될 거예요. 하지만 아이들이 정말 하고 싶어서 하는 공부는 언제나 현재의 것일 테고요."

"흐음…"

"저희 세대의 입장에서 당장은 아이들의 꿈이 시시해 보일 수도 있어요. 하지만 그들에게는 정말 진지한 꿈인 거예요. 우리가 이해를 못하는 게 당연하죠. 세대가 다른 걸요. 숨가쁘게 변하는 세상 속에서 지금 아이들 안에 있는 열망은 어떤 상황에서도 흔들리지 않을 수 있는 인생의 등대가 되어 줄 거예요."

"그런데 일단 남들 다 하는 공부는 해야 하지 않을까요?"

"하고 싶은 공부를 먼저 하게 해주세요. 그걸 하다가 남들 다 하는 공부도 필요하다고 느끼면 아마 어머님들이 잔소리하지 않아도 스스로 찾아서 하게 될 거예요. 그것도 신나서!"

"사실 이해가 안 되는 것은 아니에요. 그런데 그렇게 해주기가 쉽지 않네요."

"알죠, 어머니. 그런데 같이 아이들을 키우는 입장에서, 또 제가 지금까지 많은 학생들을 멘토링해오면서 경험한 걸 토대로 말씀드리는 거예요. 그리고 지금 우리 학생들은 본인들이 하고 싶은 걸 더 제대로 하기 위해서 강연에서 한 번 본 게 전부인 저에게 먼저 연락을 해왔어요. 이 정도의 적극성이라면 한번 믿어볼 만

하지 않나요?"

"그런데 그랬다가 이도저도 안 되면 어떡하죠?"

"생각해보세요, 지금 우리 주변에 성공한 사람들이 어땠는지를 요. 어떤 사람들이 성공을 했던가요?"

그때 나를 찾아왔던 로봇 동아리 학생들 대부분이 지금은 미국 아이비리그에서 유학 중이다. 아직도 몇몇 학생은 나와 꾸준히 연락을 하며 멘토링을 유지하고 있다. 이 학생들이 대회에 참가하기 위해 로봇 개발에 매달릴 때는 학교 수업 외에 개인적인 공부는 거의 하지 못했다. 만약 그런 학생들에게 '하라는 공부는 안하고 웬 로봇이야!' 하고 호통을 치며 꿈을 가로막았다면 지금 이들은 어떤 삶을 살고 있을까?

이 친구들은 로봇을 연구하며 하드웨어의 메커니즘과 소프트웨어, 코딩을 알게 됐다. 이뿐이 아니다. 동아리 활동을 통해 팀워크와 리더십을 배우고 좌절과 실패도 경험했다. 그리고 이런 경험을 바탕으로 본인이 하고 싶은 전공을 선택해 유학을 떠났다. 국가나 기업에서 주는 4년 전액 장학금으로 공부를 하고 있는 이들도 있다. 어머니들에게 인사를 드리고 싶다.

"어머님들, 감사합니다. 덕분에 이 똑똑한 아이들이 입시 영재가 아니라 꿈의 영재로 성장했네요. 아이들의 더 큰 미래를 위해서 계속 파이팅 하시죠!"

3장

도전을 대하는 태도
: 드림앤퓨쳐랩스

WHERE WOULD I BE IN

FIVE

YEARS

김포 공항 금밥의 재료는
실행력

"Help me! Help me!"

"이봐 학생, 지금 뭐 하는 거야! 이 외국인이 뭐라고 하는 건지는 잘 모르겠는데 일단 같이 경찰서로 가야겠어."

"네? 경찰서요? 전 이 사람을 도와준 건데요!"

"도와줬다고? 그런데 이 사람은 왜 무서워하는 얼굴로 '헬프 미!' 하면서 학생을 가리키는 거지? 뭔가 이상하잖아. 서에 가서 조사할 테니 거기서 말하자고."

난생처음 경찰차에 실려 경찰서에 도착했다. TV나 영화에서나 보던 일이 실제로 일어나니 기가막힐 노릇이었다. 공항 좌석 버스에서 한국 돈이 없어서 버스비를 못 내고 있기에 차비를 내주고, 예약했다는 호텔을 찾아주느라 내 목적지도 아닌 곳에 내려서 트렁크까지 끌어줬을 뿐이었다. 그런데 신고라니. 지금 누굴 사기꾼으로 몰아가는 거야!

그런데 그 외국인은 실제로 나를 사기꾼으로 오해했단다. 차비를 내준 것까지는 고마움의 영역이었다. 그런데 계속 말을 걸며 한국에는 왜 왔는지, 어디까지 가는지 묻고 길을 찾아주겠다고 버스에서 내려서 트렁크까지 끌어주니 슬슬 의심이 됐다고. 마침 경찰이 보였고 두려운 마음에 그만 나를 경찰에 넘겨버린 것이었다.

나는 그날 경찰서에서 한참 동안 이 일을 설명하고 해명해야 했다. 영어로 의사소통이 가능한 경찰이 없어 애를 먹었지만 차근차근 하나씩 설명한 덕분에 큰 문제없이 잘 마무리할 수 있었다. 그 외국인 여성에게 'Sorry'라는 말도 받아냈지만 찝찝한 기분은 쉽게 가시지 않았다. 경찰서를 나와 집으로 돌아오는 길엔 황당하기도 하고 웃기기도 해서 웃음이 났다.

나는 이다음에 무엇이 될까?

대학교 1학년, 아무것도 모르는 철부지였지만 꿈은 많던 시절이었다. 입학 후 가장 먼저 한 일은 연극 동아리에 가입하는 것이었다. 연극에 관심을 갖게 된 건 고등학교 2학년 때였다. 우연히 한 대학교의 연극영화과 학생들이 무대에 올린 〈춘희La Traviata〉를 보게 된 것이 계기가 됐다. 그 이후에는 연극을 좋아하는 친구와 함께 숱하게 동숭동을 들락날락했다. 이랬던 것이 대학생이 된 이후에도 이어져 1학년 내내 한 일이라고는 수업 참석과 연극 동아리 활동뿐이었다. 그 정도로 연극을 좋아했다.

그런데 그해의 늦가을에 하나의 전환점이 될 만한 사건이 발생했다. 사실 이건 지금에서야 할 수 있는 말이고 그 당시에는 아주 조그마한 '계기' 정도였다. 그날도 연극 연습을 끝내고 동기들과 쉼 없이 술잔을 기울였다. 그때 내가 자취를 하던 집은 논과 밭을 지나야 하는 후미진 곳에 있었다. 너무 많이 마신 술 때문에 머리가 깨질 듯 아팠다. 힘이 들어 논두렁에 철퍼덕 걸터앉아 담배에 불을 붙이고 달을 쳐다봤다. 지금도 선명하게 기억날 정도로 달이 참 밝은 밤이었다. 반쯤 감긴 몽롱한 눈으로 빛나던 달을 신기하게 쳐다보고 있는데 몇 가지 질문이 머릿속을 스쳤다.

'어? 나 지금 뭐 하고 있는 거지?'

'어? 나는 뭐가 될까?'

'어? 나는 어떻게 살아야 하지?'

이런 생각들이 떠오르자 갑자기 마음이 답답해졌다. 막연한 미래에 대한 두려움에 착잡한 기분이 들기도 했다. 그렇게 한 달 동안 '미래'라는 지독한 열병을 앓았다. 지금 생각해도 신기할 정도다. 왜 그랬을까?

그런 상태로 한 달을 보내고 나자, 나는 꿈을 정할 수 있었다. 고등학생 때 원했던 대로 전자공학을 전공하고 있으니, 졸업 후엔 전자 회사의 해외 영업부에 입사해 인터내셔널 비즈니스맨이 되기로. 왠지 엔지니어는 적성에 잘 맞지 않을 것 같아 내린 결정이었다. 구체적인 건 없었다. 그저 세계를 누비며 전자 제품을 판매하는 해외 영업맨이란 꿈을 꾸기로 결심했을 뿐이었다. 그런데 거짓말같이, 대학교 1학년 11월에 막연히 세운 그 꿈이 나를 지금의 길로 이끌어 30년이 넘는 세월 동안 그 길을 걸어오고 있다.

영어 공부하러 갑니다, 김포 공항으로

'인터내셔널 비즈니스맨'이란 목표를 세워놓고 보니 이를 달성하기 위한 내 역량은 턱없이 부족했다. 막막한 기분이 들었다. '헐, 이거 내가 너무 터무니없는 계획을 세운 거 아냐?' 하는 후회가 밀려오기도 했지만 그런 마음은 빨리 털어내고 무엇을 준비해야 할지 고민했다. 우선 영어를 잘해야 외국에서도 일을 할 수 있을 테니 영어 공부부터 시작하기로 했다.

1학년 겨울 방학이 시작되자마자 영어 회화 학원을 알아봤다. 종로2가에 있는 파고다 어학원에 등록하고 영어 공부에 매진했다.(40여 년 가까이 지난 지금도 종로2가에 내가 다녔던 학원이 있다는 건 좀 신기하다) 그런데 학원에서의 공부는 별로 재미가 없었다. 등록한 회화반의 선생님은 재미교포였는데 발음이 영 이상했고 수업 방식도 지루했다. 외국인과 대화하며 실력을 쌓고 싶다는 갈증이 나날이 커졌다. 지금이야 원어민 강사의 수업을 듣는 게 어려운 일은 아니지만 1983년 당시만 해도 원어민 강사를 찾아보기란 쉽지 않은 일이었다. 그러던 중에 TV의 2번 채널에서 방영해주는 AFKN(American Force Korean Network) 미군 방송을 접했다. 틈만 나면 그 채널에서 영화, 뉴스, 드라마 등을 접하며 더듬더듬 영어 공부를 해나갔다. 그러다 하루는 화면에 김포 국제공항이 비춰졌고 많은 외국인이 분주하게 움직이는 장면을 보게 됐다. 나는 자리에서 벌떡 일어나며 외쳤다.

"유레카! 저거다! 가자!"

정말 그 주 토요일에 김포 공항으로 향했다. 왜 그랬을까? 지금 생각해도 궁금하다. 정말 외국인과 영어로 한마디라도 나누기 위해서였을까? 그때 내가 살던 곳은 서울 도봉동이었다. 김포 공항에 가려면 지하철과 버스를 갈아타야 했고 편도로만 두 시간이 걸렸다. 그렇게 도봉동에서 김포 공항을 왕복하는 주말 여행이 시작됐다. 공항에는 정말 외국인이 있었고, 나는 힘들지만 용기를 내 그들에게 말을 걸었다.

"하이. 아이 에, 에엠 그, 글랫드 미츄. 마, 마이넴 이즈 요, 용덕. 애, 앤쥬?"

하하하. 당신이 그곳에 있던 외국인이었다면 기절초풍할 일이지 않겠는가. 난데없이 나타난 사람이 교과서에서 외운 듯한 영어로 책을 읽듯이 들이대니 얼마나 황당했겠는가. 아예 거들떠보지도 않고 지나치는 사람도 있었고, 뭐라고 말대꾸를 해주는데 내가 알아듣지 못하니 바로 가버리는 사람도 있었다. 그렇게 꿈꿔왔던 영어 회화 실력 쌓기는커녕 처참히 실패하는 건 아닌가 싶기도 했는데 간혹 긴 대화로 이어지는 행운이 포기하려는 마음을 내던지게 했다.

대화를 받아주는 외국인이 있는 날엔 신이 나서 더욱 열심히 이 사람 저 사람에게 들이댔다. 몇 번 다니다 보니 요령도 생기기 시작했다. 1층 입국장은 도착 후 다음 행선지로 가기 바쁜 구역이므로 말을 받아주는 사람이 거의 없었고 2층의 출국장에는 비행기를 기다리는 사람들이 많아서 말을 걸면 비교적 잘 받아주는 편이었다. 특히 내 꿈이었던 와이셔츠 차림의 비즈니스맨들이 대화를 잘 받아줬다. 감이 잡히자 처음 말을 걸 때 사용할 대사도 따로 준비했다.

"Hi, my name is Yong Duk. Nice to meet you. My dream is international businessman, so I am studying in English now. I'd like to talk with you in a minute, if you don't mind."

이렇게 말한 후에 "Please~" 하고 간절한 눈빛으로 쳐다보면 열에 아홉은 대화를 이어나가줬다. 이렇게 시작한 외국인과의 대화 시도는 나의 뻔뻔지수를 상승시키며 용기와 자신감을 심어줬다. 집과 공항을 오가는 대중교통 안에서는 4시간 내내 그날 잘 표현하지 못했던 부분을 체크하고 영작을 해서 외우고 또 외웠다. 저녁 9시가 넘어서야 집에 도착하면 배가 무척 고팠다. 걷고 또 걷다 보니 온몸에서 땀 냄새가 진동을 해서 어머니께 핀잔을 듣기도 했다.

하지만 영어 공부를 위해 온종일 공항을 돌아다녔다는 얘길 들은 어머니는 소풍 때나 먹을 수 있던 김밥을 매주 주말마다 노란 양은 도시락에 싸주셨다. 참 맛있는 김밥이었다. 공항에서 바쁘게 왔다 갔다 하다 배가 고프면 비상구 계단 앞에 털퍼덕 주저앉아 김밥을 먹었다. 이상하게 그 김밥을 먹을 때면 만감이 교차했다. 이게 뭐하는 짓인가 싶은 생각이 들기도 했고, 김밥을 싸주신 어머니의 마음이 감사해 코끝이 찡하기도 했다.

어떻게 보면 무모한 행동이었다. 주말만 되면 다 큰 청년이 아침 9시부터 6시까지 무성 영화 시대의 찰리 채플린처럼 우스꽝스러운 걸음걸이로 외국인을 찾아 이리 쪼르르르르 저리 쪼르르르르 다녔다고 생각해보시라. 대학교 1학년 겨울 방학부터 시작된 김포 공항 영어 여행은 2학년 여름 방학과 겨울 방학까지 계속 이어졌다. 그러는 동안 많은 외국인 친구들을 사귀었고, 영어를 완벽하게 하지는 못해도 외국인들에게 자신감 있게 말을 걸수 있을 만큼은 실력이 늘었다.

37년이 지난 지금, 그때 일을 떠올리면 그저 나 자신에게 고마운 마음이다. 그때의 도전은 이후 세상을 살아가는 데 정신적인 스승 역할을 해줬다. 공항에서 좌충우돌로 부딪치면서 영어를 배우면 얼마나 배웠겠는가. 하지만 이는 젊은 시절 꿈을 향한 첫 도전이었고 덕분에 실행력과 자신감을 키울 수 있었다. 특히 20년 동안 전문 경영인으로 일하면서 용기가 필요한 순간에 '김포 공항 김밥'은 항상 좋은 격려가 됐다.

'그래, 그때 그렇게까지 했는데 까짓 거, 지금 이 문제는 문제도 아니야. 정면 돌파해보자. 행동으로 보여주자고.'

누군가 내게 인생 최고의 순간을 물으면 나는 단연코 '김포 공항 김밥'이라고 말할 것이다. 거기에는 내 젊음의 순수함과 꿈에 대한 도전이 모두 담겨 있기 때문이다. 지금은 이 추억을 김포 공항 '금'밥이라고 부른다. 내 인생에 진짜 '금' 이상의 가치를 만들어줬으니까.

김.포.공.항.금.밥.

내 인생의 첫 도전이자 가르침이었다.

55세!
스타트업 도전기

"내가 스타트업을 하다니. 헐!"

엔비디아를 그만두고 드림앤퓨쳐랩스를 시작했을 때만 해도 내가 스타트업을 하게 되리라곤 꿈에도 생각하지 못했다. 미국 반도체 회사의 전문 경영인으로 20년간 일해왔지만 자금 운영에 대한 경험은 전무했기에 내 개인 회사는 꿈도 꾸지 않았다. 그런데 스타트업을 하게 되다니… 심지어 그 이유가 멘토링 재능 기부 사업인 드림앤퓨쳐랩스 때문이라는 것도 아이러니다. 참 내.

실사구시의 마음으로

드림앤퓨처랩스를 운영하려면 자금을 마련해야 했다. 직원이 필요하기도 했지만 다양한 양질의 교육 프로그램을 제공해주기 위해서였다. 특히 소프트웨어 같은 전문적인 클래스를 운영하려면 외부 강사를 초청해야 했기에 강의료 같은 비용이 필요했다. 우선은 사비로 해결하고 있었지만 장기적인 자금 후원처를 찾아야 했다. 그래서 고민 끝에 2019년 3월부터 사회적 기업인 '㈜바로 AI(www.baroai.com)'라는 스타트업을 시작하게 됐다.

시작 전 사업 아이템에 대해서도 고민이 많았다. 엔비디아에서 인공지능 분야 전문 경영인으로 일했으니 인공지능 기술을 개발하는 회사를 창업하기로 결정하고는 CTO로 영입할 전문가를 찾기 시작했다. 평소 눈여겨봐 왔던 우리나라 인공지능 석학 중 한 명인 포항공대 최승진 교수를 만나 사업 이야기를 나누고 CTO로 함께 해달라고 제안했다. 조심스럽긴 했지만 엔비디아에 있을 때 인연을 맺어 벌써 6년을 알고 지낸 데다 나이도 같아 조금은 편안하게 제안할 수 있었다. 지금은 인공지능이 모든 분야에 적용되고 있는 시점이기에 최 교수의 탁월한 학문적 지식에 전문 경영인으로서의 내 경험이 더해진다면 사회에 큰 도움을 줄 수 있을 것이라는 말로 그를 설득했다. 쉽지는 않았다. 최 교수의 마음을 얻는 데는 장장 8개월이란 시간이 걸렸고, 2019년 11월에야

마침내 정식으로 바로AI의 CTO로 합류했다. 한 번은 나도 모르게 이런 말이 툭 튀어나왔다.

"우리 같이 대한민국의 인공지능 산업을 위해 실사구시實事求是해봅시다!"

너무 거창한가 싶기도 했는데, 이 말은 그가 내 손을 잡는 결정적 계기가 됐다. 최승진 교수는 머신러닝 분야에서 대한민국 최고의 석학이다. 특히 세계 인공지능 3대 석학 중 한 사람인 제프리 힌튼Jeffrey Hinton 교수가 언급했을 정도로 유명한 논문의 공동 저자이기도 하다. 우리는 디지털 트랜스포메이션과 4차 산업혁명에서 가장 중요한 원천 기술인 인공지능 알고리즘을 개발해 우리나라의 제조업, 특히 스마트 팩토리 구축의 한 축을 담당하는 것을 목표로 잡았다.

회사를 설립하고 가장 먼저 시작한 것은 에지 컴퓨팅edge computing*과 프라이빗 클라우드private cloud**였다. 노력 끝에 GPU 병렬 컴퓨팅 워크스테이션 서버를 만들었고 이 서버는 지금 대학과 기업의 인공지능 연구소에 사용되고 있다. 이 서버를 통해 인공지능

---

* 중앙 클라우드 서버가 아닌 이용자의 단말기 주변edge이나 단말기 자체에서 데이터를 처리하는 기술. 데이터 양이 많고 실시간 처리가 필요한 자율주행 자동차, 스마트 공장, 사물인터넷 등에서 활용될 전망이다.
** 폐쇄형 클라우드로 기업이 직접 클라우드 환경을 구축해야 한다. 기업이 원하는 환경을 자유롭게 구축할 수 있고 데이터 외부 유출 우려가 적다는 장점이 있다.

개발자용 프라이빗 클라우드 시스템을 국내 벤처 회사인 아토리 서치와 공동 개발했다. 현재 이 시스템은 대학과 기업의 인공지능 연구소, 교육센터, 데이터센터 등에서 사용되고 있다.

사업을 하다 보면 항상 아쉬움이 생기는 듯하다. 더 잘할 수 있을 것 같아 시도했는데 생각했던 결과에 미치지 못할 때도 많았다. 최선을 다했다고 생각했는데도 늘 돌아서면 아쉬운 부분이 생각났다. 그동안 기업의 전문 경영인으로 스타트업 CEO 자리에 있는 멘티들을 코칭하고 자문해주다가 내가 직접 스타트업을 경영해보니 그들의 마음을 더 잘 이해할 수 있었다. 또 내가 전문 경영인의 식견에만 기대서 했던 원론적인 조언들이 혹여 상처가 되진 않았을까 걱정이 되기도 했다. 그만큼 실제 경험한 스타트업은 전혀 다른 세상이었다. 혹시 예전 나의 말이 상처로 남았다면 이 지면을 빌려 사과의 마음을 전하고 싶다.

스타트업의 하루하루는 말 그대로 '전쟁'이었다. 사람과 프로젝트, 자금과 시간이 항상 부족한 상태에서 모든 일이 급박하게 돌아갔다. '지난 20년 동안 전문 경영인의 자리에서 했던 경험은 영화에 나오는 화려한 기업인의 역할 플레이에 지나지 않았구나' 싶은 생각이 들 정도였다.

매일 오후 4~5시쯤 드림앤퓨처랩스 업무를 끝내고 바로AI로 출근해 저녁 10~11시까지 일하는 생활이 계속됐다. 2019년 3월부터는 하루도 10시 전에 퇴근해본 적이 없다. 처음에는 사무실을 효창공원쪽에 얻었는데, 강남에 있는 드림앤퓨처랩스 사무실을 왔다 갔다 하려니 이동 거리가 만만치 않았다. 그래서 바로AI의 사무실을 아예 드림앤퓨처랩스 바로 뒷건물로 옮겼다. 덕분에 동선의 효율은 높아졌는데, 아낀 이동 시간만큼 일을 더 하게 되는 웃픈 상황이 발생했다.

사업의 가치를 높이는 게 우선이다

기본적으로 엔지니어링 프로젝트를 시작하다 보니 사업 초기부터 경비가 많이 들어갔다. 처음 8개월 동안은 안정된 수익 없이 경비 지출이 지속되어서 자금적인 부분에 스트레스를 많이 받았다. 다른 스타트업들처럼 기술보증기금을 찾아가 대출 상담을 몇 차례 받기도 했는데, 사업 초기에는 2~3억 원의 보증 대출을 받기도 쉽지 않다는 현실만 깨달았다. 매년 수천억 원의 매출을 올렸던 지난 시절과의 극명한 차이에 격세지감을 느끼기도 했다. 엔젤투자를 고민하기도 했지만 투자란 결국 남의 돈이기에 최대한 내 힘으로 버텨보기로 마음먹었다. 전 직원에게 '올해 내 흑자 전환'을 목표로 하는 비전을 제시하고 거의 매일 밤 늦게까지 함께 고군분투했다.

최근 스타트업 대표들과 투자에 관해 많은 얘기를 나눴다. 흔히 시중에 창업을 지원하는 자금이 많이 풀려 있다고들 한다. 그런 돈을 못 받으면 바보라고 할 정도로. 스타트업을 시작하는 사람들 대부분이 자연스럽게 다양한 제도를 활용해 지원을 받으려고 생각한다. 그런데 문제는 사업의 성장보다는 당장의 자금 문제 해결을 위해 지원금을 준다는 곳만 쫓아다니는 회사들이 있다는 데 있다.

투자에만 의존하려는 생각은 위험하다. 투자는 결국 남의 돈이고, 이는 곧 '빚'이란 얘기이기도 하다. 투자자는 자신이 투자한 돈에 대한 대가를 기대한다. 투자받은 돈은 눈에 보이지 않는 족쇄로 작용한다. 모든 투자를 부정적으로 바라보라는 것은 아니다. 미래에 실현 가능한 비전을 담보로 제시하고 받는 투자라면 괜찮다. 하지만 회사의 가능성을 확신하지 못한 채 운영 자금 연명 목적으로만 투자를 받는다면 고스란히 빚으로 남을 확률이 높다.

기업의 경영학원론적 정의는 '이윤의 획득을 추구하는 생산 경제의 조직 단위'다. 어떤 순간에도 기업은 매출을 내고 이익을 남겨야 한다. 투자를 받더라도 그 돈을 어떻게 쓸지 궁리하기에 앞서 자신들의 사업 아이템으로 어떻게 매출을 올리고 자금의 흐름을 만들지를 고민해야 한다. 그렇게 생존해야 한다.

직원도 몇 안 되는 스타트업이 투자를 받기 위해 IR(Investor Relations)을 만들어 VC(Venture Capital)들에 보내느라 두세 달 동안 업무를 전폐한 채 시간을 허비하고 다닌다. 원하는 결과가 나오지 않으면 어쩔 수 없이 더 낮은 수준의 투자 금액과 피 같은 주식으로 퉁치기도 한다. 이런 식이면 코앞의 일은 막을 수 있을지 몰라도, 얼마 가지 못해 또 자금이 고갈되고 말 것이다.

"'몸값 뛸 때까지 버티겠다'… VC 뭉칫돈 거부하는 스타트업 CEO들'", 이는 최근 한 온라인 신문 기사의 헤드라인을 장식한 문구다. 이 기사의 결론은 필요 이상의 투자를 받는 것은 회사의 지분만 뺏기는 셈이라 나중에 사업이 성공한 후에는 후회할 일만 생긴다는 것이었다. 백 번 맞는 얘기다. 스타트업을 계획 중이거나 이제 막 시작한 사람이라면 먼저 자신의 사업 아이템에 집중하기 바란다. 그리고 성장 가능성을 체크해보길. 고객의 지갑을 열어야 돈이 내 주머니에 들어온다. 고객의 지갑을 열기란 얼마나 어려울 일이던가? 얼마나 많은 기업들이 고객의 지갑을 열기 위해 고군분투하는지 아는가? 만약 여러분의 아이템에서 별다른 경쟁력이 보이지 않고 차별화 포인트를 잡아낼 수 없다면 다른 아이템을 구상하거나 사업을 접어야 한다.

지난해 11월, 인공지능 분야에 대한 투자와 개발을 위한 노력은 넘치는데 고급 인력의 부족이 심각한 상황이라는 기사를 봤

• "'몸값 뛸 때까지 버티겠다'…VC 뭉칫돈 거부하는 스타트업 CEO들", 한국일보, 2020년 2월 2일(https://www.hankyung.com/it/article/202002023577j)

다. 실제 피부로 느끼고 있는 중대한 문제이기도 해서 다소 힘들더라도 인공지능 전문 인력 양성에 도움을 보태기로 결정했다. 최승진 교수가 CTO로 있기에 가능한 일이었다. 스마트 팩토리 사업이 우리 본연의 목표였지만, 2020년 1월 30일부터 인공지능 클래스 운영을 시작했다. 머신러닝과 딥러닝 중급자 과정을 각각 개설해 딱 24명으로 한 클래스를 구성해서 집중적으로 고급 인력 양성 교육을 해나가고 있다.

내가 운영하는 스타트업에는 설립 1년도 채 되지 않아 'Cloud 사업부, AI Academy 사업부, AI Inference 사업부', 3개의 사업부가 만들어졌다. 이렇게 되기까지 밤낮으로 함께해준 직원들에게 고마운 마음을 표시하기 위해 4박 5일 세부 여행을 준비했다가 코로나19 때문에 잠시 미뤄둔 상황이다. 대신 스페셜 세리머니로 직원들에게 인센티브 스톡옵션을 지급했다. 당장은 자금이 부족해 많은 보상을 해주기는 어렵지만 주식으로 회사가 성장한 후에 더 큰 보상이 이뤄질 수 있도록 이 인센티브 프로그램은 계속 진행하려 한다. 바이러스가 잠잠해지면 여행도 다시 추진할 예정이다.

누가 내게 '왜 사업을 시작했어요?'라고 물으면 바로 이렇게 대답할 것이다.

"'이익'이라는 가치를 만들어 우선 직원들에게 돌려주고 R&D에 투자한 후에는 드림앤퓨쳐랩스에 기부할 겁니다."

그리고 이어서 '앞으로 또 새로운 사업의 기회가 생긴다면 다시 도전하실 건가요?' 하고 묻는다면 그 대답 역시 준비돼 있다.

"아니요. 절대, 네버, 안 할 겁니다. 사실 개인의 입장에서 보면 스타트업을 시작하고 나서 잃은 게 너무 많습니다. 그런데 해야 할 가치가 있는 일이라면 또 모르겠네요. 재능 기부 프로그램인 '드림앤퓨처랩스'를 지속하려는 좋은 마음으로 시작한 스타트업인데도 막상 해보니 생각보다 많이 힘든 게 사실입니다."

이렇게 애매한 대답에 질문을 한 상대는 조금 갸우뚱할지도 모르겠다. 그렇다면 이 말을 덧붙여 빙빙 돌려 말하려던 가장 솔직한 마음을 꺼내놓을 수도 있겠다.

"제가 스타트업을 시작한 게 55살이었거든요. 55살! 솔직히 스타트업을 하기에는 벅찬 나이인 게 사실입니다. 그런데 막상 해보니 또 해볼 만한 나이이기도 하더군요. 여기서 단 한 가지 관건은 체력이었습니다. 체력이 뒷받침된다면 스타트업, 해볼 만합니다. 자, 이제 꿈을 위한 운동을 시작하시죠!"

가슴을 뛰게 하는 길을 걸어라

안개가 뿌옇게 낀 경춘도로는 사람의 마음을 착잡하게 만드는 매력이 있다. 운전대를 잡고 그 길을 달리며 어제오늘 무슨 일이 있었는지 생각했다. 조금씩 스물스물 피어올라오던 내면의 소리가 이제는 결정을 내려야 할 때라고 잔소리를 하고 있었다. 안개가 걷히며 꾸물꾸물한 강자락이 차창 너머 시야에 들어왔다. 사극의 전쟁 장면에서나 들릴 법한 북소리가 쿵, 쿵, 가슴 속에서 요동치는 듯도 했다.

'이제 결정을 내릴 때가 됐구나. 좋아. 더 나이 먹기 전에 한번 해보자.'

2018년 6월 3일 일요일, 가평에서 스타트업 대표들과 워크샵을 마치고 서울로 올라오는 경춘도로 위에서 나는 새로운 꿈의 항해를 시작하기로 결심했다.

"여보, 미안한데 나 이제 엔비디아 사장 그만둘까 봐."

"응? 그게 무슨 말이야! 아니, 왜에?"

"지난 30년간 열심히 일했잖아, 나."

"그랬지."

"그러니까 앞으로 30년은 가슴 떨리는 일 하면서 살고 싶어."

"가슴 떨리는 일? 뭐에 가슴이 떨리는데?"

"지금 하고 있는 젊은이들을 위한 재능 기부 일들…"

"헐~! 이게 무슨 소리야. 그래, 언제부터?"

"내일 사표 내려고."

아내 입장에서는 기가 막히는 일이었을 테다. 워크샵으로 이틀간 집을 비우고 돌아와서는 앞으로 백수가 돼 젊은이들을 도와주는 재능 기부 일을 본격적으로 하겠다는 소리나 하다니. 내가 생각해도 어처구니가 없었다. 더는 듣지도 않고 반대해도 할 말이 없을 것 같았다. 하지만 아내는 내 결정에 대한 어떤 판단도 하지 않고 잠시 생각할 시간을 달라고 했다. 아내의 침묵이 길어지니 괜한 일을 벌이는 것은 아닌가 하는 생각이 들면서 마음이 복잡해지기 시작했다. 마침내 아내가 입을 열었다.

"여보, 당신은 그럴 자격이 있어. 난 당신이 그 일도 잘해낼 거라고 믿어."

"고마워, 여보!"

"그렇다고 우리 식구들 굶기는 건 아니겠지?"

"옛~~썰! 당근이지!"

미래를 생각하는 습관, 용다방 반상회의 시작

2017년 가을, 멘티들이 운영하던 스타트업 중 세 곳이 문을 닫게 됐다. 한 곳은 개발 능력 부족이 원인이었고 또 한 곳은 그렇지 않아도 몇 없는 직원들이 나가서 따로 회사를 차리는 일이 생겨 회사의 운영이 불가능해졌다. 그리고 가장 마음 아팠던 케이스는 어른들의 사기에 휘말려 문을 닫게 된 것이었다. 정리하자면 각각 능력 부족, 인사 관리 부족, 경험 부족으로 생긴 문제였다.

많은 사람들에게 스타트업을 운영하는 데 가장 필요한 것이 무엇이냐고 물으면 대부분이 '자금'이라고 답한다. 물론 중요하다. 하지만 그 못지 않게 중요한 것이 '경영'이다. 회사를 시작하는 젊은이들에게는 열정과 통통 튀는 아이디어, 밤을 새워도 끄떡 없는 체력이 있다. 하지만 절대적으로 부족한 경영 경험 탓에 겪을 수밖에 없는 실수와 착오로 많은 시간과 돈을 허비하기도 한다. 이러한 문제들을 해소하고 싶어도 논의할 곳이 없어 벙어리 냉가슴 앓듯이 끙끙 앓기 일쑤다. 그러면서도 꿋꿋하게, 또 때론 아슬

아슬하게 어려움을 헤쳐 나가는 모습을 보면 신기하고 대단하기만 하다. 이런 모습들을 자주 접하다 보니 자연스럽게 그들의 경영상 어려움을 함께 나누고 자문을 해줄 수 있는 멘토가 되어줘야겠다는 생각을 갖게 됐고, 이것이 '드림앤퓨처랩스' 설립의 동기가 됐다.

가장 먼저 시작한 것은 주변 멘티들이 운영하는 스타트업이 함께할 수 있는 커뮤니티를 구성해 대화의 장을 마련하는 일이었다. 그래서 2018년 1월의 어느 토요일, 약 20개 회사의 젊은이 35명과 함께 첫 '용다방 반상회'를 열었다. 그 자리에서는 각자의 회사를 소개하며 진행하는 사업에 대해 브리핑한 뒤 어려운 점과 해결 방안 등을 이야기했다. 6시간이 눈 깜짝할 사이에 지나갔고 저녁 늦게야 식당에 가서 삼겹살에 소주잔을 기울이며 동병상련의 우정을 나눴다.

내가 그들에게 '수고했어'라는 말과 함께 건네는 소주 한 잔에는 이곳에 '우리'로 함께하는 기쁨과 잘 됐으면 싶은 마음, '잘 될 거야'라는 응원의 마음이 모두 섞여 있었다. 몇 번은 짠한 마음에 눈물이 핑 돌기도 했다. 그런데 이날 다들 흥에 겨워 회포를 풀다 보니 35명이서 먹은 삼겹살이 100인분에 맥주와 소주까지 더하면… (이놈들, 얼른 돈 많이 벌어서 갚아!)

그해 6월에는 30개 이상의 스타트업 대표와 몇 분의 멘토들을 초대해 '2028년을 상상하라'라는 주제로 가평에서 1박 2일의 두 번째 '용다방 반상회'를 진행했다. 혹시 2028년을 생각해봤는가? 지금 당장 먹고살기에도 바빠서 정신을 못 차리겠는데 웬 2028년이냐고 물을 수 있다. 하지만 난 그들에게 미래를 생각하는 시간을, 미래에 대해 생각하는 습관을 만들어주고 싶었다. 한 발 앞선 아이디어로 미래의 소비자들을 만족시키려면 현재의 트렌드를 보는 눈이 있어야 한다.

그날 반상회에서는 현재 비즈니스와 기술 트렌드에 대해 강연한 후에 10년 앞을 내다보며 '변화'에 대한 브레인스토밍을 진행했다. 참여자들을 세 팀으로 나눠 2028년을 목표로 사업 아이템을 정하고 모의 사업 계획을 발표하는 경진대회도 열었다. 인공지능, 푸드테크, 자율주행, 증강현실, 가상현실, 블록체인, 반려견 플랫폼, 호텔 플랫폼, 패션 디자이너, 예술가 등 서로 다른 산업 분야의 전문가들이 모여 토론하는 사업 아이템 브레인스토밍 미팅은 내가 언제나 바라왔던 아이디어의 장이었다. 2028년의 사업 계획 발표가 끝난 후에는 밤을 새워가며 미래에 대한 이야기를 나눴다. 우리의 인생에서 이렇게 진취적으로 미래를 이야기할 기회는 얼마나 있었는가?

진심을 다하다 보니 다다른 입구

'나는 왜 이렇게 젊은이들과 함께하는 멘토링에 많은 시간과 돈과 정성을 쏟고 있는 걸까?'

때때로 이런 의문이 들기도 한다. 그런데 답은 언제나 같다. 그냥 마음이 가서 하다 보니 여기까지 왔다. 처음부터 거창하게 계획을 세우고 실행에 옮긴 것은 아니었다. 한 일간지 기자가 인터뷰 자리에서 이런 말을 했다.

"대표님, 그냥 하다 보니 여기까지 왔다고 하지 마시고 좀 더 멋있게 표현 좀 해주세요."

나는 손사래를 쳤다. 정말 이 일은 직접 온몸으로 부딪치며 해나가야 하는 것이기 때문이다. 어떤 계획을 세워서 진행한 것이 아니고, 그저 아이들의 고충을 하나하나 듣고 함께 고민하며 풀어나갔기에 가능했던 일이다. 여기에는 어떤 형식도 룰도 없다. 젊은이들의 이야기를 때로는 아빠의 얼굴로, 때로는 인생 선배의 얼굴로, 또 때로는 기업 CEO의 얼굴로 들어주고 솔직한 이야기를 나눴다. 그게 다였다. 진심을 다해 어떤 조건도 달지 않고, 대가도 바라지 않아야만 할 수 있는 일이고, 그래야만 하는 일이었다.

2018년 6월 4일 월요일, 출근하자마자 사표를 내리라 마음먹었는데 쉽게 발걸음이 떨어지지 않았다. 60세에 은퇴해 멘토링 사업을 시작하기보단, 한창 때인 지금 시작해야 제대로 기반을 잡을 수 있을 거란 생각에서 한 단호한 결심이었는데도 회사에 오니 마음이 요동쳤다. 장장 30년의 세월이었으니 쉬운 게 더 이상한 일이었을지도 모르겠다. 엔비디아 지사장 13년이라는 경력과 인공지능으로 최전성기를 누리고 있는 회사를 포기해야 한다는 게 아쉽게 느껴지기도 했다. 더구나 고액의 연봉을 뒤로 하고 백수로 돈 한 푼 안 생기는 멘토링 일을 시작한다는 것은 보통 또라이가 아니고서는 할 수 없는 일임에 틀림 없다. 결국 그날로부터 사표를 내기까지는 한 달의 시간이 더 걸렸다.

그때를 떠올리면 지금도 아내에게 고마운 마음이 가장 먼저 든다. 아내는 내가 지금의 드림앤퓨처랩스를 시작할 수 있도록 곁에서 가장 적극적으로 도와준 동료이기도 하다. 처음 회사를 그만두겠다고 말한 날 생각을 마친 아내가 했던 말은 여전히 생생한 목소리로 떠오른다.

"여보, 당신은 그럴 자격이 있어. 지난 30년을 그렇게 열심히 살아왔으니 앞으로 30년은 당신이 하고 싶은, 가슴 떨리는 일을 하도록 해. 난 믿어. 당신은 그 일도 잘 해낼거야."

덕분에 나는 지금, 가슴 떨리는 일을 하고 있다.

뜻을 함께할 조력자를 만나라

드디어 상사에게 전화해 회사를 그만두겠다고 말했다. 예상은 했지만 상사는 일단 사표를 보류하고 조만간 만나서 얘기하자고 했다. 기분이 조금 찜찜했다. 정확하게 얘기하고 빠르게 마무리짓고 싶었는데…

그렇다고 상사와 만나는 날까지 아무것도 하지 않고 무작정 기다릴 수는 없었다. 일단 그동안 생각해왔던 재능 기부 사업을 시작하기 위한 준비에 돌입했다. 중학생부터 직장인까지 함께 어울리며 클래스도 열고 멘토링도 진행할 공간이 필요했다. 어쩌면 몇몇 스타트업에 사무 공간을 내어주고 필요하면 코칭도 해줄 수 있을 것이다.

공간의 이름도 필요했다. 어떤 이름이 좋을지 생각하느라 얼마나 고생했는지 모른다. 가족들에게도 좋은 아이디어가 있으면 얘기해달라고 부탁했다. 젊은이들의 꿈을 위한 멘토링을 하고 있으니 '꿈'이라는 단어가 들어갔으면 좋겠다는 생각을 해보기도 했는데, 그 단어가 들어가니 조금 유치해지는 느낌이 있어서 이를 '드림dream'으로 바꿔 고민을 이어나갔다. 그러던 어느 날 아침, 아내에게서 메시지가 왔다.

'여보, 드림앤퓨처랩스Dream N Future Labs 어때? 꿈과 미래를 위한 연구소, 바로 당신이 하려는 거잖아!'

'빙고!'

이렇게 '드림앤퓨처랩스'는 아내의 반짝이는 아이디어로 탄생했다. 당시에도 듣자마자 마음에 쏙 들었지만, 지금에 와 다시 생각해봐도 정말 잘 지은 이름이다. 꿈과 미래를 위한 연구소라는 이름을 시작으로 무더운 여름의 도전을 하나씩 쌓아나가기 시작했다. 사명을 지은 후엔 적극적으로 공간 물색에 돌입했다. 그런데 지성이면 감천이라고 했던가. 내게 큰 행운이 찾아왔다.

미래를 준비하는 기업들

2016년 봄, 이세돌 9단과 알파고의 바둑 대국은 세상을 발칵 뒤집어놓을 만한 사건이었다. 인간과 인공지능의 대결은 많은 사람들의 이목을 끌었고 특히 인공지능의 대국 상대가 이세돌 9단이었던 만큼 세계의 시선은 한국에 쏠렸다. 당시 구글 딥마인드의 알파고는 엔비디아의 GPU 기술을 활용해 만든 인공지능 소프트웨어였기에 나를 비롯한 회사 직원들은 이 세기의 대결을 더욱 관심 있게 지켜봤다.

대국 시작 전, 어쩌면 알파고가 전승을 거둘지도 모르겠다고 생각했다. 알파고가 가진 빅데이터 때문이었다. 알파고는 세계의 9단들이 둔 16만 개의 기보를 학습한 상태였다. 그리고 그 데이터를 기반으로 알파고끼리 바둑을 두어 추가로 파생된 기보가 3천만 개였다. 알파고는 이를 바탕으로 이세돌 9단과 대결을 하는 것이었다.

첫 번째 대국이 시작됐다. 이세돌 9단은 정석을 무시하고 듣지도 보지도 못했던 방식으로 바둑을 두는 알파고에 당황했으리라. 전혀 예측할 수 없는 알파고의 행보에 그는 속수무책으로 첫 번째 판을 내주었다. 두 번째 대국도 마찬가지였다. 그런데 세 번째 대국에서 나는 이세돌 9단의 천재성을 보며 감탄을 금치 못했다. 그는 알파고와 같은 형식으로 바둑을 두지 않으면 이길 수 없을 거란 판단을 내렸던 건지도 모르겠다. 내가 보기에 그는 꼭 알파고처럼 앞의 대국을 토대로 새로운 지식을 창출해내고 있는 듯했다. 세 번째 대국에서는 이세돌 9단에 대응하는 알파고의 속도가 현저히 느려졌다. 그만큼 알파고도 생각지 못했던 수로 응수했던 것이다. 드디어 네 번째 대국이 진행되기 시작했고 그는 78수로 승기를 잡았다.

이 빅 매치가 끝난 후에 엔비디아는 일약 스타덤에 올랐다. 나 역시 엔비디아 코리아의 대표로서 바쁜 날들을 보내야 했다. 정부와 기업을 막론하고 많은 곳에서 GPU 컴퓨팅에 대해 알고 싶다며 만나자는 연락이 쏟아졌고, 언론에서도 취재 요청이 물밀 듯 몰려왔다.

그러던 차에 한국공학한림원에서 '실리콘밸리에서 바라본 AI & Future Technology'라는 강연을 하게 됐다. 평소 언론으로만 접했던 대한민국 톱 레벨의 그룹 회장·부회장들 앞에서 강연을 하려니 긴장이 되기도 했지만 인공지능 회사의 전문 경영인의 책임감으로 강단에 올랐다. 강연의 마지막에는 구글의 공동 창업자인 래리 페이지의 말을 인용했다.

"기업의 실패는 미래를 준비하지 못했기 때문입니다."

구글이 '구글 X 프로젝트'에 투자하는 것은 미래를 준비하기 위함이다. 우리가 내일, 조금 멀리는 1년 정도의 일을 생각하고 있을 때 그들은 10년 뒤, 20년 뒤, 30년 뒤, 50년 뒤를 준비하고 있었던 것이다. 2013년 미국의 시사 주간지 〈타임TIME〉의 커버에 'Can Google solve Death?'라는 헤드라인이 등장한 적이 있다. 세계 최대의 IT, AI 기업인 구글은 이미 그때 인간의 '영생'을 연구하는 진시황 프로젝트를 준비하고 있었다. 나는 이렇게 덧붙였다.

"구글은 인간의 가장 최종적이고 강렬한 열망인 '영생'을 인지했고 그것을 위한 개발을 이미 시작했습니다. 이 프로젝트의 결과는 아무도 모릅니다. 하지만 그들은 이미 그것을 시작했고, 엄청난 노력과 투자를 하고 있습니다. 미래의 선두에 서기 위해서."

후배들을 위한 두 기업인의 합심

강연이 끝나고 많은 분들과 인사를 나눴다. 수산그룹의 정석현 회장님을 만난 것도 그때였다.

"오늘 강연 정말 인상적이었습니다. 언제 시간 되면 한번 따로 뵙고 싶습니다."

정 회장님은 너무나 훌륭한 경재계의 대선배님이셨고, 인품이나 경영에 대한 철학도 어디 하나 빠지는 데가 없는 분이셨다. 그후로 종종 회장님을 뵙고 기술의 미래 등에 대해 이야기를 나누며 개인적인 친분을 쌓아나갔고, 회사에 가서 직원들을 대상으로 강연을 해드리기도 했다. 그러다 드림앤퓨처랩스 사무실을 구하러 다닐 때도 우연히 연락이 닿아 담소를 나누게 됐다.

"참, 회장님. 저 엔비디아 사장직을 그만두려 합니다."

"예? 아니 왜요? 그 잘나가는 회사를?"

"더 나이 먹기 전에 그동안 꿈꿔왔던 멘토링 재능 기부 사업을 시작하려고요. 그래서 지금 사무실도 알아보는 중입니다."

그런 대화를 나누고 일주일이 지난 어느 날, 회장님께 전화가 왔다.

"이 대표님, 마침 올해 10월에 저희가 새 사옥으로 입주를 합니다. 드림앤퓨처랩스의 비전에 저도 도움을 드리고 싶습니다. 사옥의 한 층을 무상으로 임대해드릴 테니 미래의 주역인 젊은이들을 위해 뜻깊게 사용해주세요."

드림앤퓨처랩스는 이렇게 두 기업인의 순수한 마음에서 시작됐다. 그렇다, 마음! 요즘 세상에서는 만나기 쉽지 않은 일이다. 그래서 지금도 드림앤퓨처랩스에 입주할 스타트업을 선정할 때 나와 멘토-멘티 관계를 유지해온 CEO나 CTO가 있는 회사를 우선으로 검토하고 있다. 신뢰와 열정을 선발의 기준으로 삼는 것이다.

내가 생각해도 나는 정말 복받은 사람이다. 그리고 뜻이 있는 곳에 길이 있다고 이렇게 경재계의 대선배님께서 기꺼이 후원을 해주신 덕분에 수월하게 하고자 하는 일을 시작할 수 있었다. 하지만 물질적인 후원보다 더 큰 의미는 '용기'를 디해 주신 것이다. 사실 시작을 앞두고 한편으로는 막막하고 겁이 나기도 했다.

'내가 무슨 박애주의자도 아닌데 남들이 안 가는 길을 가겠다고 회사까지 때려치우고 이 난리를 치고 있는 건지…'

이런 생각이 들어 마음이 곤두박질 칠 때도 있었는데 내 뜻에 공감하고 기꺼이 동참해주신 선배님 덕분에 큰 용기와 자신감을 갖게 됐다. 선배님의 이러한 지지는 항상 초심을 잃지 않으려 노력하는 원동력이 되어주고 있다. 다시 한 번 진심으로 감사의 말씀을 드리고 싶다.

"회장님, 감사합니다. 회장님 멋져요!"

보이지 않던 것이
보이기까지

드림앤퓨처랩스의 사무실 문제가 해결되자 이후의 과정들은 놀랍도록 빠른 속도로 진행되기 시작했다. 우선 이름은 정해졌으니 로고가 필요했다. 로고는 드림앤퓨처랩스의 의미와 정체성을 담아내는 것이기에 무엇보다 중요한 작업이었다. 어떻게 만들면 좋을지 며칠을 고민하다 전문가의 영역이란 결론을 내리고, 멘티로 인연을 맺은 모던 아티스트인 신단비 씨에게 연락을 했다.

"단비 씨, 나 드디어 사표 내고 젊은이들을 위한 재능 기부 일을 시작하게 됐어요!"

"와, 대표님, 진짜요? 역시! 축하드려요!"

"이름은 드림앤퓨처랩스라고 지었어요. 그래서 이제 로고가 필요한데… 단비 씨한테 이 작업을 부탁하고 싶어서 연락했어요."

"저야 좋죠! 그런데 제가 해도 되는 건가요?"

"물론! 난 꼭 단비 씨에게 맡기고 싶어요. 내가 젊은이들과 함께 해온 이 일을 가장 잘 이해하는 사람이잖아요."

"그렇게 봐주셔서 감사해요. 저랑 대표님도 몇 년간 멘티와 멘토 관계를 유지하고 있잖아요."

"맞아요. 그래서 더욱 더 단비 씨가 맡아서 해줬으면 좋겠어요."

참으로 감사한 일이다. 오랫동안 멘토링을 해온 결과이기도 하겠지만 처음으로 젊은이들과 멘티들을 위해서 시작하는 일의 디자인 작업에 내 멘티가 동참해주다니. 그렇다, 드림앤퓨처랩스는 바로 이렇게 함께하는 것이다. 드림앤퓨처랩스를 계획하며 중심에 둔 가치가 '자신의 일을 하려는 모든 젊은이들이 이곳에서 함께하며 서로가 서로의 도움이 되는 네트워크를 형성하는 것'이었기 때문이다.

몇 개의 삼각형이 보이는가?

로고를 부탁하고 한 달이 지난 어느 날, 단비 씨가 전화해 다급한 목소리로 물었다.

"대표님, 카니자의 삼각형 아세요?"

"카니자? 그게 뭐지?"

"빨리 구글에 검색해보세요. 삼각형이 몇 개 보이세요?"

"2개··· 어? 잠깐만."

순간 온몸에 소름이 쫙 돋았다. 아래의 이미지를 보자. 몇 개의 삼각형이 보이는가?

〈카니자의 삼각형kanizsa triangle〉

이렇게 물으면 사람들은 저마다 다른 답을 내놓곤 한다. 대개 2개에서 8개의 삼각형이 있다고 말하는데, 실제로 이 이미지에 삼각형은 하나도 없다. 우리는 기존의 패러다임에 의해 삼각형이 있다고 생각하는 것뿐이고, 이는 시각적 환상에 불과하다. 그런데 관점을 바꾸면 이것은 '눈에 보이지 않고, 실재하지도 않는 것을 발견'해내는 일이기도 하다. 틀에 박힌 통념을 벗어나 삼각형 밖의 새로운 세상에 도전하고 창의력을 키우는 것, 이것이 바로 내가 드림앤퓨처랩스를 통해 추구하고자 하는 것이었다. 어쨌든, 멘티의 기발한 아이디어로 다음과 같은 로고가 탄생했다.

〈드림앤퓨처랩스 로고〉

곧 만날 미래를 준비하는 일

'대표님, 로고가 멋있어요!' '로고가 예쁘네요.' 종종 이런 소리를 듣는다. 나는 그때마다 우스갯소리로 팩맨 게임을 워낙 좋아해서 팩맨 세 개로 만들었다고 말하기도 한다. 사실 그 농담에도 의미를 좀 붙여봤다. 팩맨 하나는 드림(스타트업의 꿈)이고 하나는 퓨처(젊은이들의 미래), 마지막 하나는 랩(멘토 이용덕)을 상징한다고. 팩맨은 나와 스타트업, 젊은이들의 연결 고리를 만들어주는 영험한 존재다. 하하.

드림앤퓨처랩스에서는 기술의 발전에 발맞춰 나아가는 꿈을 지원하려 한다. IT 분야의 꿈만 지원하겠다는 것이 아니다. 곧 모든 분야에서 기술을 떼어놓고는 생각할 수 없는 사회가 도래한다. 우리 모두는 이런 미래를 인지하고 준비해야 한다. 이에 미래의 인재들이 꿈을 설계하고 실행하는 데 든든한 버팀목이 되어주기 위해 연구, 개발, 교육에 온 힘을 다할 예정이다. 꿈을 꾸는 이들이 홀로 역경을 헤쳐 나가기보다는 함께 모여 에너지를 나누고, 또 다른 기회를 창출하기를 바라는 마음이다.

그렇다면 드림앤퓨처랩스는 인큐베이터나 엑셀러레이터냐는 질문을 받기도 한다. 둘 다 아니다. 자금 지원이나 투자를 하지 않기 때문이다. 이곳은 앙트레프레너십 아카데미, 즉 기업인을 양성하는 사관학교다. 또한 멘토링을 통해 젊은이들 안에 잠재되어 있던 무한의 상상력을 발현시키는 창의력 학교이기도 하다.

젊은이들만 올 수 있는 곳도 아니다. 드림앤퓨처랩스에는 나이 제한이 없다. 현재 중학교 1학년부터 왕년에 명성 꽤나 날렸던 은퇴한 CEO까지 다양한 연령대의 사람들이 북클럽 등의 활동을 함께 하고 있다. 요즘엔 30~40대의 기업인들이 많이 찾아와서 기술과 경영에 대해 이야기를 나누고, 이 재능 기부 사업에 대해서도 관심을 보이고 있다. 이렇듯 드림앤퓨처랩스는 기술의 발전과 함께 나아가는 모든 이들의 꿈을 지원하는 열린 공간이다. 하지만 교육 비용은 받지 않는다. 이곳의 설립 기반이 두 기업인의 다음 세대에 대한 사랑과 인재 양육에 대한 비전에 있으므로.

"헐, 그럼 운영 비용은 어떻게 충당하세요?"

"이렇게 멋진 일에 쓰려고 그동안 열심히 살아온 것 같습니다."

난 지금 백수다. 그런데 그냥 백수는 아니고 세상에서 가장 멋있고 화려한 백수다. 수많은 젊은 멘티들과 함께하고 있기에 누구보다 큰 잠재력과 파워를 가진 백수다. 계속해서 이 백수 생활을 영위하고 싶다. 아니, 그렇게 할 거다, 죽을 때까지. 그러려면 더 많은 젊은이들과 현장에서 함께 해야 한다. 쉬운 일은 아니겠지만 사실 엄청 자신 있다. 가장 신나고 재미있는 일이니까. 홀로 역경을 헤쳐 나가느라 고군분투했던 모든 이들이 우리 드림앤퓨처랩스를 통해서 함께했을 때 창출되는 새로운 시너지를 경험할수 있길 바란다.

**뜻이 있는 곳에
진짜 길이 있다**

　드림앤퓨처랩스의 내부 공간은 크게 두 개로 나눴다. 입주한 스타트업 회사들이 일할 공간과 드림앤퓨처랩스를 찾은 이들이 공부, 프로젝트, 토론 등을 자유롭게 진행할 공간. 두 공간은 투명 통유리로 구분했는데, 서로가 서로의 모습을 보며 동기 부여를 받고 시너지를 낼 수 있게 하려는 의도였다.

　스타트업 사무실 내부에는 총 46개의 자리를 칸막이 없이 오픈 형태로 마련해 '드림앤퓨처랩스'로 하나된 공동체 의식을 느끼며 일할 수 있도록 했다. 서로 다른 스타트업에 속해 있어도 큰 틀에서는 이 사무실에 있는 모두가 서로의 동료가 되어주는 것이다. 내부 인테리어 공사가 끝나는 날, 막연히 머릿속으로만 그려왔던 꿈이 현실로 완성된 모습을 보자 이루 말할 수 없는 기쁨이 몰려왔다. 한편으로는 막중한 책임감이 느껴지기도 했다.

가장 중요한 건 신뢰

이제 드림앤퓨처랩스 1기로 입주할 스타트업 선별 작업을 시작할 차례였다. 우선 가장 기본적으로 이 재능 기부 프로그램의 가치를 함께 나눌 수 있는 조건은 '신뢰'라고 생각했기에 최소 1년 이상 나와 멘토-멘티 관계를 유지한 스타트업의 CEO 혹은 CTO가 이끄는 회사를 입주 조건으로 설정했다. 또 직원이 6인 이하인 신생 스타트업으로, 사업을 향한 열정과 사업 아이템의 전망 등을 엄밀히 따져 선별 작업을 진행해나갔다. 최종적으로 12개의 스타트업이 선정됐고, 2018년 10월부터 입주가 시작됐다. 이 12개의 스타트업은 저마다 나와 특별한 인연이 있는데 그중 몇몇 에피소드를 소개하고자 한다.

Episode 1

2016년의 어느 날이었다. 한 멘티를 통해 일본과 한국에서 블록체인을 기반으로 유튜브와 같은 비디오 스트리밍 플랫폼을 만드는 스타트업의 CEO가 만나고 싶다는 연락을 해왔다. 그는 일본에서 대학을 졸업하고 소프트웨어 개발자로 이미 실력을 인정받은 상태였다. 특히 소프트뱅크에서 30대 초반의 나이에 수석급의 소프트웨어 개발자로 근무하다 자신의 사업을 시작한 케이스였다. 이 친구를 포함해 대여섯 명의 젊은이가 나를 찾아와 처음 이야기를 나누게 됐는데, 얘기가 다 끝나기도 전에 선약 때문에 자리를 마무리해야 했다. 내일 일본으로 돌아가는 이들을 이렇게 보내는 것이 마음에 걸려 저녁 9시 이후에 다시 시간을 내겠다고 했다. 저녁 식사 약속을 서둘러 끝내고 달려가 그들을 다시 만났다. 이렇게 인연이 이어진 지 1년 정도 된 어느 날이었다. 한국과 일본을 오가며 하는 사업이 원활하게 진행되지 않는 듯 보였고 조직이 두 군데로 분산돼 있어 효율성이 떨어지는 것 같단 생각에 나름의 멘토링을 해줬다. 몇 달 후, 그는 일본의 사무실을 정리하고 가족까지 모두 함께 한국으로 넘어왔다는 소식을 전했다. 지금은 정식 서비스 플랫폼인 '팬지FANZY'를 론칭해서 본격적으로 비디오 커머스video-commerce 시장을 개척해나가고 있다.

Episode 2

2017년 가을, 미국 실리콘밸리에서 스타트업 액셀러레이터로 유명한 'PLUG and PLAY Tech Center'가 한국의 스타트업들을 위한 행사를 개최했다. 여기에 초대받아 3개월에 걸친 창업 프로그램이 끝난 후 15개 정도의 스타트업이 중앙 무대에서 투자자와 참석자를 대상으로 IR 프레젠테이션 하는 모습을 지켜봤다. 3개의 스타트업이 눈에 들어왔는데 프레젠테이션 후 이어진 네트워킹 파티에서 그들과 대화할 기회가 생겼다. 창업 얘기부터 시작해 비즈니스 아이템, 실리콘밸리 프로그램에 참여한 동기 등 젊은 CEO들과의 수다는 밤 늦게까지 이어졌다. 얘기를 나누다 보니 그 친구들에게 최신 기술에 대한 정보가 부족한 것이 느껴져 따로 강연을 해주기로 약속하고 자리를 마무리했다.

며칠 후 저녁 9시, 행사에서 만난 스타트업 CEO들과 스탠퍼드대학교에 재학 중인 멘티, 실리콘밸리에서 인턴십 중인 멘티 등 7~8명이 내 호텔방에서 작은 모임을 가졌다. 탁자 위에 노트북을 올려 놓고 '실리콘밸리에서 바라본 AI&Future Technology'를 주제로 강연을 한 후에는 질의응답 시간을 가지기도 했다. 그러고는 준비해놓은 와인과 스낵을 곁들이며 젊음의 도전, 좌절, 재도전, 꿈, 목표, 성공 등에 대한 이야기를 밤새 나눴다.

이날 함께 꿈을 나눴던 3개의 스타트업들은 모두 드림앤퓨처랩스의 1기로 초대했다. 현재 한 곳은 얼굴 인식 기술을 개발하는 인공지능 플랫폼을 개발해 세계 진출에 도전 중이고, 또 다른 곳은 피트니스 장려 플랫폼을 만들어 뉴욕에 론칭했다. 다른 한 곳은 어린이 교육용 클레이를 사용한 디지털 콘텐츠 플랫폼 사업을 운영 중이다.

Episode 3

앞선 에피소드에서 언급하기도 했던 '실리콘밸리에서 바라본 AI & Future Technology'는 세부 내용을 매번 업데이트해 진행하는 내 큰 강의 주제 중 하나다. 이 강연을 듣고 똘망똘망한 눈동자의 젊은 여성 CEO가 나를 찾아왔다. 천안의 부모님 댁에서 혼자 푸드테크 스타트업을 경영하고 있다기에 이렇게 돌직구를 날렸다.

"천안에서 무슨 비즈니스를 해요. 나라면 서울에서 많은 사람들과 정보를 공유하며 더 큰 시장에 도전하겠어요."

그리고 한 달 후, 이 CEO에게서 연락이 왔다.

"캡틴! 저 서울로 이사왔어요. 진짜 도전해보려고요. 그리고 책임지세요. 캡틴 말만 듣고 무작정 올라왔으니까요."

"당근이지. 잘 왔어요. 이제 진짜 피 튀기게 도전해보세요."

이 친구가 운영하는 스타트업은 드림앤퓨처랩스에 1호로 입주했다. 우뭇가사리에서 추출한 식물성 글루틴을 사업 아이템으로 하는 이 기업은 동물성 글루틴이 주로 판매되는 미국의 아마존닷컴을 향해 바로 진격했다. 지금은 아마존에서 글루틴 부분 1위를 달성했으며 김치에서 추출한 특수 유산균으로 다시 전 세계를 상대로 한 K-Food Tech 비즈니스를 준비하고 있다.

Episode 4

2017년, 'SK Technology Forum'에 패널로 참석할 기회가 있었

다. 행사 주최측에 의뢰해 한 스타트업을 소개받았고, 패널 참가료와 강연료로 받게 되는 금액을 모두 기부했다. 이를 계기로 만난 젊은 두 여성 CEO도 드림앤퓨처랩스 1기로 초대했다. 이들은 반려동물을 식별하는 기술을 다루며, 인공지능으로 개나 고양이의 비문을 인식하는 플랫폼 개발을 진행했으나 여러 가지 사정으로 폐업을 하게 됐다.

Episode 5

2017년, 고등학교 2학년일 때 만나 지금은 성인이 된 멘티도 드림앤퓨처랩스에 합류했다. 그 친구는 이미 고등학생 때 곧 전기차가 대중화될 것을 예측하고 전기차 충전 통합 시스템 플랫폼을 만드는 스타트업에 도전했다. 마찬가지로 고등학교 2학년 때부터 3년 이상 멘티와 멘토 관계를 이어온 또 다른 친구도 소프트웨어 플랫폼을 만드는 영파워 스타트업으로 드림앤퓨처랩스와 함께하게 됐다.

이외에 포항공대 박사과정 학생들이 만든 실내 위치 추적 자율주행 플랫폼을 라이다와 딥러닝으로 개발하는 인공지능 전문 스타트업도 드림앤퓨처랩스에 입주했었다. 그들은 이번 CES 2020 스타트업관에 참가해 많은 스포트라이트를 받기도 했다. 창작 뮤지컬을 직접 제작해 무대에 올리는 뮤지컬 스타트업도 우리와 함께하게 됐는데, 지난겨울에는 대학로에서 크리스마스 시즌을 겨냥한 장기 공연을 준비하면서 스타트업이 대표적으로 활용하는 방법 중 하나인 크라우드 펀딩을 시도했다. 흥미로운 콘텐츠 덕분에 펀딩은 잘 마무리됐고, 40일간의 공연을 진행할 수 있었다. 이들은 계속해서 새로운 방법으로 뮤지컬 무대의 대중화를 시도하고 있다. 또 이탈리아에서 패션을 전공한 후 패션 컨설팅과 스타일리스트 관련 스타트업을 하는 팀, 인공지능 개발자용 시스템을 개발하는 스타트업까지, 다양한 분야의 회사를 1기로 선발했다. 융합 플랫폼을 기반으로 한 아이디어의 시너지를 만드는 것에 도전해보고 싶었기 때문이다.

함께 만들어가는 가치

1기가 입주를 마친 그해 12월, 겨울 방학 시작과 함께 전국의 멘티들을 위한 프로그램 준비에 돌입했다. 우선 이화여대 컴퓨터공학과 겸임교수를 맡으며 캡스톤 디자인 강의를 하게 됐는데, 이수업에서 만난 5개의 팀들을 드림앤퓨처랩스의 스타트업들과 연결해줘서 실제 기업에서 필요한 기술을 배울 수 있도록 했다.

인공지능에서 가장 중요한 분야 중 하나인 컴퓨터 비전 클래스도 계획해 4주간의 '컴퓨터 비전 윈터 스쿨'을 열기도 했다. 총

30명의 멘티를 대상으로 진행했으며, 교수와 기업의 전문가들로 강사진을 꾸렸다. 진행하고 보니 학생들에게 꼭 필요한 클래스라는 걸 느껴서 여름 방학에도 열고 싶었는데 생각보다 준비가 쉽지 않아 포기 아닌 포기를 해야 했다. 이때 느낀 인공지능 클래스의 중요성이 지금 내 개인 스타트업 회사에서 인공지능 전문가 아카데미를 오픈하는 계기가 됐다.

2018년 10월부터 그 다음해 2월까지, 이렇게 드림앤퓨처랩스를 오픈하고 스타트업과 멘티들을 위해 인공지능까지 아우르는 새로운 교육 프로그램을 만드는 데 온 힘을 다 쏟았다. 정말 열정 하나만으로 이 일의 가치에 공감하는 사람들과 함께 일궈낸 결과였다.

나는 참 복 받은 사람이다. 막연하게 '멘티들과 젊은이들을 도와주고 싶다', '스타트업들이 돈을 잘 벌 수 있도록 코칭을 해주고 싶다' 정도의 생각으로 도전했는데 이렇게 여러 사람의 지원으로 훌륭한 프로젝트를 시작할 수 있었으니 말이다. 뜻이 있는 곳에 길이 있다는 옛말을 몸소 체험하고 있다. 도전해보니, 뜻이 있는 곳에 진짜 길이 있다.

꿈대로 가라

앞에서도 설명했지만, 드림앤퓨쳐랩스는 앙트레프레너십 아카데미다. 미래에 대한 열정과 신뢰할 수 있는 성실함을 지닌 초기 스타트업들이 그들의 비즈니스를 안정화할 때까지 함께 도전하고 지원한다. 원한다면 최대 3년까지 드림앤퓨쳐랩스의 공간 자원을 활용할 수 있고, 직접적인 투자를 제외한 모든 환경은 무료로 제공된다. 투자는 안 하는 것이기도 하고 못하는 것이기도 하다.

이곳은 멘토-멘티의 신뢰 관계를 바탕으로 시작된 것이고, 스타트업에 도전하는 멘티들이 겪는 사업 초기의 어려움을 함께 고민하려는 순수한 마음으로 시작한 프로젝트다. 난 그들의 멘토이기에 때로는 격려를, 또 때로는 솔직하고 올바른 돌직구 같은 이야기를 해주고 싶다. 그렇기에 금전 관계가 얽히면 안 된다고 생각한다. 앞으로도 이 원칙에는 변함이 없을 예정이다. 이런 얘길 하면 사람들이 묻는다.

"그래도 운영 비용이 많이 들텐데 드림앤퓨쳐랩스의 수익 모델은 뭐죠?"

"드림앤퓨쳐랩스는 돈을 벌기 위한 일이 아니에요. 두 기업인이 마음을 합해 젊은이들의 미래를 지원하는 재능 기부와도 같은 일이죠."

"네? 그럼 뭐로 돈을 버시는 거죠?"

"뭐 먹고 사냐는 말씀이신 거죠? 그러게요, 다 길이 생기더라고요. 강연도 하고 원고도 쓰고. 그런 활동으로도 충당이 안 될 때는 사회 환원이라고 생각하면서 제 용돈 지갑도 열고…"

"네? 왜 그렇게까지 하시는 거죠?"

"그냥 제가 좋아서요. 그런데 완전 공짜는 아니에요. 나중에 사업이 잘 돼서 좋은 결과물을 내면 드림앤퓨쳐랩스 이름으로 기부해달라고 했어요. 다들 그러겠다고 하더라고요."

"그렇군요. 기부의 선순환이네요. 기부액이 정해져 있나요?"

"그것도 규정이 없어요. 계약서도 없고요. 본인이 후배들을 위해 주고 싶은 만큼 기부하면 돼요. 안 해도 어쩔 수 없고요."

"아…!"

"드림앤퓨쳐랩스가 저를 시작으로 제 멘티들이 꼬리에 꼬리를 물고 이어나가줬으면 하는 바람이 있어요. 서로 도와주고 이끌어 주는 문화가 만들어졌으면 싶은 거죠. 그래서 정말 열심히 할 거예요. 이 재능 기부 프로그램이 100년, 200년 이상 이어질 수 있도록!"

숙성된 지혜와 참신한 발상의 만남

스타트업들은 항상 자금 부족이란 어려움에 시달린다. 젊으니 당연히 가진 돈이 별로 없고, 돈에 대한 감각이 부족한 경우도 많아 사업 초기 단계에서 얼마 안 되는 돈 때문에 회사의 지분과 투자금을 맞바꾸기도 한다. 투자자들의 돈에 숨어 있는 뒷모습을 모르고 하는 실수이기에 이런 사례를 접할 때마다 마음이 아프다. 어쨌든 자금 문제는 스타트업들이 절대적으로 해결해야 할 부분이기에 계속해서 '돈의 필요와 투자의 상생 시너지'를 어떻게 낼 수 있을지에 대한 해결책을 고민하며 연구를 해나가고 있다.

먼저 기획한 것은 기존 기업과 스타트업의 1:1 연결이었다. 기존 기업들은 새로운 기술과 아이디어가 필요하고 스타트업들은 자금이 필요하다. 이 둘이 '드림앤퓨쳐랩스'라는 플랫폼 위에서 파트너십을 맺게 되면 선배 기업이 후배 기업을 경험과 자본으로 이끌어주고, 후배 기업은 선배 기업에 기존에 없던 기술과 아이디어를 지원하는 상생의 효과가 발생할 것이라고 생각했다. 이때 선배 기업이 단순히 자금적인 고민만 해결해주는 것이 아니라, 경영 전반에 대한 자문을 더해 전체적인 사업 코칭을 해줄 수도 있을 것이다. 더 나아가 인수 합병을 통해 경쟁력 있는 비즈니스 창출 기회를 함께 만들어나갈 수도 있을 것이다.

여기까지 생각이 정리되고 난 후에는 지인 중 성실하고 신뢰할 수 있는 기업 CEO들을 선별하는 작업에 돌입했다. 그러고는 직접 찾아가 문을 두드리며 드림앤퓨처랩스와의 상생 아이디어를 설명했다. 혹시나 했지만 역시나, 쉽지 않은 일이었다. 기업의 규모가 커질수록 부정적인 견해를 보였고, 보수적인 회사일수록 의심의 피드백을 받았다. 이런 과정을 통해 '기업의 보수성'이 CEO의 나이나 회사의 역사와는 상관이 없다는 걸 알게 되기도 했다.

결국 '너무 덩치가 크지 않고 개방적인 기업'으로 범위를 좁혀 리스트를 다시 만들었다. 양사의 시너지를 목표로 하는 이 자매결연 방식의 1:1 매치 투자 프로그램은 현재 진행형이고, 지난 1년 동안 몇 차례의 매칭에 성공해 지금도 잘 유지되고 있다.

빈 캔버스를 세상에 없던 형태로
채워나가는 일

드림앤퓨처랩스를 시작한 지 1년이 훌쩍 넘었다. 여전히 여러 가지 프로젝트들을 시도하며 테스트하는 과정 중에 있다. 세상에 없던 프로젝트 모델을 실행에 옮기다 보니 어떻게 지나갔는지 모를 정도로 시간이 빠르게 지나가버렸다. 10년 이상 젊은이들을 만나면서 느끼고 생각했던 것들을 하나하나 구체화해 나가는 작업을 하는 것이기에 여기는 형식도 규칙도 없었다. 일부러 주변의 액셀러레이터나 창업 지원 전문가 등과 상의도 하지 않고, 기존의 자본주의적인 모델이나 상황을 참조하지 않았다. 아무것도 없는 하얀 캔버스 위에 나만의 이상을 토대로 점을 찍고 선을 이어나갔다.

기뻤던 일들로 바탕색을 칠해 나가다 때론 슬픔을 덧칠해야 하는 날도 있었다. 많은 사람이 부대끼다 보니 예상치 못한 어려움들이 발생하기도 했다. 하지만 이 또한 처음 하다 보니 생긴 문제였고 기반을 잡아 나가는 데 도움이 되는 일들이었다. 슬픔을 기쁨 위에 칠한 덕분에 곧 희석되기도 했고. 이 그림의 마지막 터치는 드림앤퓨처랩스 1기의 입주가 끝나고 꽉 채워진 공간을 바라보며 느낀 환희였다. 아직 해나가야 할 일들이 더 있지만, 첫 번째 그림은 여기서 마무리해 액자에 넣어두고 새 캔버스를 준비하려 한다.

드림앤퓨처랩스 공간에서 특히 좋아하는 곳은 '아이디어 홀'이라고 이름붙인 토론의 광장이다. 사무 공간에 입주해 있는 기업이 아니더라도 누구나 와서 사업 준비를 할 수 있고, 수많은 멘티들과의 그룹 또는 1:1 멘토링도 수시로 이뤄진다. 학생들이 프로젝트 과제를 하러 방문하기도 한다. 멘티들에게 연락이 오면 대체로 어떻게든 시간을 만들어 만나는 편이고 멘티의 범위는 10대의 중학생부터 50대의 대기업 중역까지로 다양하다. 기술, 인문학 등 여러 주제로 독서클럽을 열기도 하는데, 책의 저자를 직접 초대해 진행한 적도 있다.

아이디어 홀에서는 인공지능 소프트웨어, 회계 등 많은 클래스도 열린다. UN 인가 환경 단체인 '에코맘코리아'와 함께 중학생을 대상으로 한 앙트레프레너십 프로그램을 만들어 6개월 동안 진행을 하기도 했다. 환경 문제를 기술로 해결하는 스타트업을 만드는 모의 앙트레프레너십 과정이었는데, 어린 친구들의 아이디어와 열정에 감동을 받았던 기억이 있다. 대학생을 대상으로 한 캡스톤 프로그램을 진행하던 중에는 SNS 마케팅에 대한 학생들의 정보와 지식이 이론에 머물러 있는 것이 아쉬워 실제로 스타트업 마케팅을 담당하고 있는 실무자들을 강연자로 초빙했다.

이런 식으로 틀을 정해놓지 않은 상태에서 필요한 요소가 생기면 기업인, 교수, 실무자 등을 가리지 않고 가장 적합한 이들을 찾아 해결하며 지식과 경험의 맞춤형 클래스를 만들어나갔다. 이 모든 프로그램 역시 무료로 진행됐다. 강사로 초청한 분들이 드림앤퓨쳐랩스의 의미에 공감하며 기꺼이 재능 기부를 해준 덕분에 학생들이 필요로 하는 부분을 충족해줄 수 있었다. 강의가 끝난 후에는 강사분들에게 맛있는 삼겹살을 대접하는 것으로 고마운 마음을 표했다.

그래! 꿈대로 가자

지금 하고 있는 드림앤퓨쳐랩스는 총 3년을 '1차 계획' 실행 기간으로 두고 실험 중에 있다. 3년 동안 진행하면서 쌓은 경험과 결과를 바탕으로 드림앤퓨쳐랩스를 비영리재단화해 뜻있는 지인들과 본격적인 재능 기부 사업을 함께하고 싶다.

나는 꿈을 꾼다. 10층짜리 건물을 임대해 드림앤퓨쳐랩스를 만드는 꿈을. 초기 아이템이었던 스타트업 멘토링 재능 기부 프로그램은 더욱 확대하고, 기술을 기반으로 하는 스타트업들이 사업하기 좋은 전문화된 오피스 공간을 만들 것이다. 하드웨어를 제작하고 소프트웨어를 연구할 수 있는 공간을 제공해 입주사들이 좋은 환경에서 각자의 사업을 성공적으로 키워나갔으면 하는 바람이다. 또한 젊은이들을 위한 기술 창업스쿨을 열어서 외부 전문가들의 재능 기부로 클래스를 만들고 이를 수료한 좋은 인재들은 바로 적합한 스타트업에 연결해주는 자체 생태계를 만들 것이다. 다양한 분야의 클래스로 실무에 도움을 주는 건 물론이고.

건물 1층에는 내가 부이사장으로 있는 한국화가협동조합이 운영하는 갤러리를 만들어 업무에 지친 직원들의 마음을 예술로 치유해주려 한다. 자녀돌봄센터도 직접 운영해 입주사 직원들이 마음 편하게 아이를 맡기고 일할 수 있는 환경을 제공해주고 싶다. 아이를 맡긴 부모들은 한 달에 한 시간씩 일일교사로 참여하고, 나는 틈날 때마다 아이들에게 인공지능과 기술에 대해 이야기해줄 것이다. 미래의 한국판 빌 게이츠를 만들기 위해서! 입주사 직원들의 슈퍼 파워 체력을 위한 피트니스 센터도 빼놓을 수 없다.

이 꿈이 진짜로 실현될 것인지 아닌지는 아직 모른다. 그런데 나는 믿는 구석이 좀 있다. 지금까지 살아오면서 계획하고 준비해 실행에 옮긴 일 중에 안 된 것은 거의 없었다. 물론 이번엔 다를 수도 있지만. 그래도 또 모르지 않나. 꿈은 이뤄지라고 있는 것이라고 생각한다. 꿈을 꾸고 꿈대로 실행에 옮기는 자만이 꿈의 가능성에 가까워질 수 있다. 그래서 이번에도 꿈대로 가보려 한다. 꿈대로 가면 되겠지.

4장

세상을 대하는 태도
: 글로벌 스타트업 창업기

WHERE WOULD I BE IN
FIVE
YEARS

나의 존경하는
젊은 기업가들

창업을 희망하는 젊은이들에게 도움이 될 만한 이야기를 적으려고 마음먹은 후에는 그동안 스타트업들에 비즈니스 코칭을 해줬던 경험을 떠올렸다. 실제로 몇몇 사례를 적어나가기도 했다. 그런데 쓰면 쓸수록 현장의 생생한 이야기보다 내 생각이 더 많이 반영되는 것이 아닌가. '이건 아닌데…' 하는 생각이 들었다. 그래서 글을 쓰던 노트북을 접고 대신 전화기를 집어 들었다.

"김 대표, 나예요. 내가 지금 멘티들과 함께했던 내용들을 적고 있는데 그중 창업 파트에 김 대표의 이야기를 넣고 싶어요. 그런데 내 목소리로 얘기하는 것보다 김 대표의 목소리로 전하는 편이 더 좋을 것 같아서 창업에 도전하며 겪은 성공과 실패에 대해 적어달라고 부탁하고 싶어요."

"대표님, 전 사람들에게 제 이야기를 할 만큼 결과를 만들지도 못했고 제 자신을 내세울 만한 기업인도 아니에요."

"난 그렇게 생각하지 않아요. 스타트업은 도전 그 자체가 중요하다고 생각해요. 성공과 실패, 좌절, 희망 어떤 얘기든 좋아요. 김 대표가 경험한 것을 있는 그대로 솔직하게, 적고 싶은 대로 적어주세요. 그렇게 해준다면 창업에 도전하려는 친구들에게 큰 도움이 될 거예요. 부탁해요."

전화를 끊고 이어서 다섯 명에게 같은 내용으로 연락을 했다. 모두 그동안 나와 함께한, 지금도 드림앤퓨처랩스에서 사업에 도전하고 있는 스타트업 CEO들이었다. 이들 중 세 명은 미국의 저명한 경제지 〈포브스Forbes〉에 이름을 올리며 세계적인 인재로 인정받기도 했다. 다들 '밀레니얼 세대'라고 불리는 범주에 속하는, 우리 주변에서 흔히 볼 수 있는 친구들인데 딱 하나 특별한 점은 '꿈'에 올인하는 경험을 해나가고 있다는 것이다. 아이디어와 열정만으로 창업에 도전한 자랑스러운 6인의 젊은 CEO를 여러분에게 소개하려 한다.

㈜리빙진 대표 김진아

20대에 스타트업을 창업하고 2년간 세계여행을 했다. 30대 초반에 푸드 테크놀로지 회사를 다시 창업했는데 그때는 처음부터 글로벌 마켓을 겨냥해 미국 아마존으로 진출했다. 식물성 한천 가루로 아마존 젤라틴·푸딩 부문 매출 1위를 기록했으며, 최근에는 김치에서 추출한 유산균으로 프로바이오틱스를 만들어 미국의 크라우드 펀딩으로 유명한 인디고고 indiegogo에서 론칭하며 다시 한 번 세계 시장 개척에 뛰어들었다.

㈜블루프린트랩 대표 신승식

대기업에서 엔지니어로 근무했다. 2007년 금융 위기가 터졌을 때 과감히 사표를 내고 CEO란 꿈을 위해 미국에 가서 MBA 과정을 밟았다. 이후에는 일본으로 건너가 IT 컨설팅 업무를 하다가 3D 프린트 관련 회사를 창업했다. 첫 창업은 실패였다. 하지만 다시 얼굴인식 AI 비즈니스에 도전해 지금은 좋은 결과를 만들어가고 있다. 또한 문재인 대통령의 경제사절단에 스타트업 대표로 선정돼 해외 순방길에 동행하기도 했다.

㈜레티널 대표 김재혁

대학생 때 친구들끼리 짜낸 아이디어가 창업의 발단이 됐다. 안경 렌즈로 증강현실을 보여주는 광학 솔루션을 개발해 국내 대기업뿐 아니라 실리콘밸리 다수의 기업과 협업하며 미래를 향한 항해 중이다. 지난 4월에는 〈포브스〉가 선정한 '2020년 아시아 글로벌 리더 300인'에 '한국의 청년 스타트업 CEO'로 선정되기도 했다.

㈜폴라리언트 대표 장혁

실내에서는 GPS가 커버되지 않는 문제점을 발견하고, 실내에서도 정확한 위치를 인식하는 솔루션을 자체 기술로 만들어냈다. 창업 5년 만에 쏘카에 인수합병됐으며 지금은 쏘카 R&D 본부에서 기술개발 총괄 매니저로서 새로운 도전을 이끌고 있다. 역시 지난 4월 〈포브스〉가 선정한 '2020년 아시아 글로벌 리더 300인'에 '한국의 청년 스타트업 CEO'로 선정되며 미래 가능성을 세계적으로 입증했다.

㈜뷰티패스 대표 김민준

18살에 고등학교를 자퇴하고 피부과 서비스 플랫폼 스타트업을 창업했다. 〈포브스〉가 선정한 '아시아의 영향력 있는 30세 이하 리더 30인'에 최연소로 뽑히기도 했다. 지금은 대웅제약에 뷰티패스를 매각하고, 계열사인 디엔컴퍼니에서 화장품사업부 총괄 팀장으로 사업을 이끌고 있다. 22살의 슈퍼 영파워.

㈜언더핀 대표 김경호

일본 소프트뱅크의 수석 소프트 엔지니어로 일하다가 일본에서 창업한 후 한국으로 넘어와 도전을 이어가고 있는 두 아이의 아빠. 개인이 만든 콘텐츠를 올리고 조회수에 따른 수익을 창출할 수 있는 블록체인 플랫폼 '팬지'를 만들었다.

나는 이 젊은 기업인들을 존경하고 사랑한다. 정말 바닥에서부터 노력과 열정으로 하나씩 벽돌을 쌓아 올려 탑을 만들어가고 있기 때문이다. 또 달려나가다 넘어져 무릎이 상처투성이가 돼도 꿈을 위해 다시 일어서는 이 순수함을 어찌 사랑하지 않을 수 있겠는가. 다들 자식에 조카뻘이지만 소주 한잔 털어 넣으며 속 애기를 꺼내놓을 수 있는 이 젊은이들이 나는 참 좋다. 그들의 이야기가 이 글을 읽는 여러분에게도 꿈을 향한 과감한 도전을 하게 하는 힘과 용기로 전달되길 바란다. 여러분의 도전을 항상 응원한다.

죽을 만큼 힘들어도
절대 포기하지 마라
_(주)리빙진 대표 김진아

아마존 톱 셀러 (주)리빙진은 식물성 젤라틴으로 '아마존 미국'에서 젤리·푸딩 분야 매출 1위를 기록했다. 제품 자체도 독보적이었지만, 모든 제품에 김진아 대표가 손글씨로 적은 엽서를 동봉하고 SNS에 제품을 활용한 레시피 등의 콘텐츠를 제작해 올리는 등 고객의 마음을 사로잡는 진심 어린 서비스도 빼놓을 수 없는 성공 요인이다. 글로벌한 성공 비결을 묻는 말에 김진아 대표는 이렇게 답하곤 한다. "내가 좋아하면서 인류에게 유익한 일을 찾으세요."

흔히 인생에는 어떤 '터닝 포인트'가 있다고들 한다. 나한테는 그게 '실패'의 탈을 쓰고 찾아왔다. 애니메이션·영화 CG 업계에서 일할 때는 컴퓨터그래픽 후반 작업을 했다. 그러다 10여 년간 아르바이트와 직장 생활을 하며 모은 전 재산을 사기당했다. 그것도 지인에게. 날린 돈을 생각하면 일을 더 열심히 해야 했지만 나는 회사를 그만뒀다. 일에 만족도가 낮았는데도 타이밍을 찾지 못해 질질 끌고 있던 차였는데 이 사건을 계기로 전부터 꿈꿔왔던 온라인 비즈니스 사업을 시작하기로 결단했다.

두 번의 도전과 두 번의 성공

하지만 당장 시작하기엔 온라인 비즈니스 산업에 대한 감이 없어도 너무 없었다. 일단 쇼핑몰 회사에 들어가 6개월 동안 실무를 익히며 가장 관심 있는 분야인 건강 관련 사업 아이템들을 찾기 시작했다. 그 시기에 지인이 편백나무에서 추출한 피톤치드를 아이템으로 동업을 제안했고, 2010년에 함께 브랜드를 론칭했다. 동업자는 제조 파트를, 나는 온라인 마케팅 파트를 담당해 사업을 운영해나갔다. 차별력 있는 제품과 스토리텔링을 가미한 홈페이지 운영, 진심 어린 고객 소통과 블로그 마케팅 등으로 입소문을 타기 시작하면서 감사하게도 2년 만에 사기당했던 만큼의 돈을 모두 벌 수 있었다.

이후 랭킹닷컴 기준, 동종 업계 1위를 하기도 하면서 또래 친구들에 비해 꽤 많은 돈을 벌었다. 그런데 행복하지 않았다. 돈이 다가 아니라는 생각이 들었다. 종일 일에만 얽매인 치열한 삶을 살다 보니 한 템포 쉬어갈 시간이 필요했다. 내 삶에 대해 반추해 볼 겸, 회사를 떠나 꿈 중 하나였던 세계여행을 하면서 글로벌 감각을 기르자고 결심했다. 회사의 매출이 최고점을 찍은 달, 나는 필리핀행 비행기에 몸을 실었다.

정해진 루트 없이 동남아, 유럽 전역, 미국 등을 옮겨다녔다. 여행 마지막즈음엔 32일간 스페인 '카미노 데 산티아고' 순례자의 길을 15kg의 가방을 메고 걸었다. 오직 두 발로만 800km를 횡단하며 내 삶을 되돌아보고 자신을 알아가는 시간을 가졌다. 이 시간을 통해 다양한 아이템으로 여러 나라에 진출할 수 있는 '무역'이란 분야가 내 성향과 적성에 잘 맞는다고 판단했고, 어디든 갈 수 있고 무엇이든 할 수 있는 자유로운 글로벌 비즈니스맨으로 도약하겠단 꿈과 함께 귀국했다.

돌아와서는 타 브랜드 제품을 한두 달 정도 판매하면서 아마존 운영에 대한 감을 잡아갔다. 동시에 자체 브랜드로 발전시킬 아이템을 찾기 위해 아마존을 통한 시장 조사도 진행했다. 우선 내 관심사인 '건강/환경'과 관련된 것이면서 고객의 니즈도 있어서 성장 가능성이 있는 상품과 식품들을 집중 분석했다. 그러던 중에 찾은 것이 '식물성 젤라틴'이었다.

젤라틴은 젤리의 원료다. 보통 동물의 가죽이나 힘줄, 연골 등에서 추출하는데 제조 과정에서 많은 화약 약품 처리를 하고 가공공정이 비위생적인 경우가 많다. 동물 사육으로 인한 환경 파괴 문제도 심심치 않게 대두됐다. 식물성 젤라틴이라면 건강과 환경, 동물 보호라는 세 마리 토끼를 잡을 수 있겠다고 판단해 자체 브랜드 상품으로 선정했다.

당시 해당 제품군에서는 원톱을 달리던 한 미국 브랜드를 제외하고는 판매 실적이 미비한 수준이었다. 1위인 제품의 상세 페이지조차 퀄리티가 좋지 않았고, 제품에 대한 설명과 정보가 무척 부족했다. 우리나라의 모든 제조사를 수소문해 국내 최초이며 최고의 기술력을 가진 곳을 찾아냈고 '리빙진'이라는 자체 브랜드 상품 기획에 착수했다. 2016년 8월, 아마존에 첫 론칭을 한 후에는 체험단으로 얼리버드 후기를 모아 공격적인 광고를 진행했다. 광고 데이터를 바탕으로 상품 페이지 관리 및 고객 메일 서비스, 각종 할인 쿠폰 발급 등의 마케팅 전략을 세운 덕분에 우리 제품은 현지 대형 브랜드를 이기고 몇 개월 만에 해당 제품군 1위를 기록하기도 했다.

다시 기본으로

다시 한 번 사업이 성공하면서 금전적인 풍요로움은 물론, 이번에는 그토록 원했던 자유로운 삶까지 얻었다. 내가 잘하고 좋아하는 일을 하며 디지털 노마드계의 1인 사업가로서 성공궤도에 오른 듯 보이기도 했다. 그런데 어느 순간 회의감이 들었다. 쓸쓸했다. 예상과 달리 물질과 시간, 인간관계로부터의 자유로움은 삶의 모든 만족을 채워주지 못했다. 그 이상의 무언가를 찾고 싶어서 2018년 초, 미국으로 건너갔다. 내가 왜 살고 있고 이 세상에서 이뤄나가야 할 소명이 무엇인지 찾고 싶었다.

고민 끝에 '이제는 조금 더 책임감을 갖고 나의 자유라는 가치를 넘어 주변에 좋은 영향을 주는 의미 있는 삶을 살고 싶다'는 결론을 얻었다. 인류의 진보를 위해, 다음 세대가 더 행복할 수 있는 세상을 만들기 위해 내가 기여할 수 있는 일이 무엇일까 생각했다. '혼자 가면 빨리 가지만 함께 가면 멀리 간다'는 말처럼 이 고민을 함께할 동료가 있으면 세상에 더 큰 선한 영향력을 끼칠 수 있겠단 마음이 들었다.

다시 귀국한 후에는 팀빌딩에 돌입했고 2018년 8월 말, 드디어 개인 사업자에서 법인 사업자로 전환했다. 전문 분야의 팀원들이 하나둘 합류하면서 매출 규모는 3달 만에 2배로 올랐다. 적극적인 SNS 홍보와 소통, 브랜딩, 고객 맞춤형 콘텐츠 생산으로 시장 자체를 키워버리며 제품군 1위를 넘어 상위 카테고리에서 1위를 하는 성취를 맛봤다. 난생처음으로 언론에 노출이 되기도 하고 아마존과 중앙일보에서 개최하는 대형 컨퍼런스에 연사로 초대되는 경험도 했다. 자신감이 붙었고 모든 게 지금처럼 다 잘 될 것만 같았다.

그런데 꽃길일 것만 같던 회사에 어둠이 닥쳤다. 법인 전환 전까지는 1인 기업이었기에 내부 조직 관리 시스템이 없었다. 그런 상태에서 팀원을 뽑다 보니 팀이 어떻게 돌아가고 있고 성과나 목표, 재정 관리는 어떻게 되고 있는지를 파악하기가 어려웠다. 법인 설립 후 1년 동안 회사에 7명이 들어왔다 5명이 나갔다. 팀원 한 명 한 명이 나갈 때마다 정신적 고통이 극에 달했다. 게다가 해상 운송 변수 예상에 착오가 생겨 수익의 80%를 담당하는 제품의 재고가 2~3주간 아마존 창고에 부재하는 상황까지 발생했다. 아마존의 제품 페이지는 소리소문 없이 사라졌으며 매출은 바닥을 쳤고 월급을 주지 못하는 상황에 이르렀다.

그렇게 재고 사태가 벌어지고 나서야 회사를 돌아보게 됐다. 현실을 정확히 직시하지 못한 상태에서 허황된 꿈을 좇고 있던 내 잘못이었다. 리더십 부족으로 팀원들에게 제대로된 디렉션과 동기 부여를 주지 못했다. 그렇다고 회사의 위기를 지켜보고 있을 수만은 없었다. 일단 붕 떠있던 내부 시스템을 재정비하기 위해 달별로 제대로 체크되지 않았던 손익 계산서부터 다시 점검해나갔다. 통장 입출금 내역 확인, 각 제품별 KPI 분석 등 회사의 현금 흐름을 일 단위로 체크하니 어느 부분에서 구멍이 났는지, 또 어떻게 개선해야 할지가 한눈에 보였다. 이런 분석 데이터를 통해 구체적인 액션 플랜을 설계하기 시작했으며, 팀원들의 업무 흐름을 수시로 파악해 모두가 회사의 가장 중요한 일에 집중하고 있는지 확인했다. 새로 시작하는 마음으로 기본적인 것들을 정비해나가니 매출은 다시 정상 궤도에 올랐고, 지금은 신제품 개발에 박차를 가하는 중이다.

목표는 지속 가능한 인류의 건강한 라이프스타일

우리 회사의 캐치프레이즈는 '지속 가능한 인류의 건강한 라이프스타일'이다. 인류의 건강 나이를 10살 이상 높이는 일에 힘쓰는 것을 목표로 건강한 삶의 가장 기초가 되는 건강식품 사업에 집중하고 있다. 회사의 고객은 '제품을 구매하는 고객'과 '제조 및 기술력을 가진 파트너사', 둘로 나뉜다. 리빙진은 글로벌, 특히 북미권 진출에 어려움을 겪는 제조·기술사와 삶을 더 건강한 방향으로 개선하고 싶은 고객의 니즈를 '매칭'하고 이를 통한 제품 기획과 개발, 브랜딩과 마케팅까지 총괄하는 업무를 한다. 인류의 건강한 삶에 기여할 수 있는 미래 가치가 있는 아이템을 개발하는 기술 업체들과 협업한 신제품 론칭도 계속해서 진행할 예정이다. 국내 기술을 글로벌화해 우리나라의 뛰어난 제품과 기술력을 세계에 알릴 수 있기를 바라는 마음도 있다.

그리고 더 나아가 직원의 꿈이 회사의 미래가 될 수 있도록 '일하는 게 즐거운 기업', 고객 최우선주의로 늘 고객의 소리에 귀 기울이는 '고객 집착적인 기업', 고객과 직원이 한 팀이 되어 더 나은 세상을 만들고 사회에 공헌하는 '사회적 기업'으로 성장하고 싶다. 혹시 나의 이야기를 읽으면서 자신이 하고 싶었던 일에 도전하고 싶은 마음이 생겼다면, 아래의 네 가지를 먼저 생각해보길 권한다.

1. 나는 어떤 문제를 풀고자 이 사업을 시작하는 것인가?

개인적인 것일 수도 있고 사회적인 것일 수도 있다. 무엇이 됐든 먼저 해결하고자 하는 문제에 집중해서 답을 찾길 바란다.

2. 고객의 니즈를 정확히 파악하고 있는가?

모든 사업의 답은 고객으로부터 나온다. 당연한 얘기이지만 정확히 파악하기는 쉽지 않은 것이기에 몇 번을 강조해도 부족하다.

3. 주변과 사회, 국가, 더 나아가 세계에 긍정적인 기여를 하겠다는 이타적인 마음이 있는가?

'돈'은 일시적인 수단이지 궁극적인 목표나 동기가 되어주지 못한다. 선하고 이타적인 생각으로 창업을 해야 어려운 시기를 버틸 수 있는 힘이 생긴다.

4. 절대 포기하지 않을 각오가 되어 있는가?

창업은 죽을 만큼 힘들 수도 있다. 하지만 절대 포기하지 않길 바란다. 버텨서 때를 만나면 가파르게 성장할 것이다.

물론 나도 아직 사업을 시작하는 병아리 단계이고 매일이 시행착오의 연속이다. 하지만 어제보다 오늘 조금 더 성장한 나와 회사를 보면 그렇게 뿌듯할 수가 없다. 실패도 성장이다. 사업을 하며 가장 행복한 순간은 우리의 제품을 경험하고 삶이 달라졌다고 말하는 고객들을 마주할 때다. 나의 일이 누군가에게 도움이 됐다는 경험을 하고 나면, 일이 즐거워질 뿐 아니라 사명감도 생긴다. 우리의 도전을, 그리고 여러분의 도전을 응원한다.

끝날 때까지
끝난 게 아니다
_(주)블루프린트랩 대표 신승식

(주)블루프린트랩은 3차원 안면 인식 기술과 가상 피팅 솔루션을 보유한 회사다. 2018년 론칭한 이 사업 아이템으로 그 가능성을 인정받아 2019년 6월, 신승식 대표는 문재인 대통령의 핀란드 순방 시 경제사절단으로 참여하기도 했다. 또한 최근에는 코로나19 사태를 거치며 비접촉 온라인 쇼핑 시대를 위한 필수 기술로 주목받고 있다. 하지만 이는 별다른 성과를 얻지 못했던 사업 초창기 아이템인 3D 프린팅 기술에 대한 연구 과정이 없었다면 존재하지 않았을 결실이다.

안정적인 것을 선호하는 집안 분위기에 따라 사고 치지 않고 평범하게 지내는 것을 미덕으로 여기는 학창 시절을 보냈다. 우수상보다는 개근상을 중요하게 여기는 학생이었고, 부모님의 말씀에 반기를 들 이유도 의지도 없었다. 그랬던 삶이 컴퓨터란 물건을 만나고 180도 바뀌었다. 중학생 때 컴퓨터 관련 공부를 하던 사촌형이 쓰던 '애플 컴퓨터'를 보게 됐고 첫눈에 반했다.

컴퓨터와의 운명적인 만남

눈을 감아도 눈앞에 컴퓨터가 아른거려서 공부에 도움이 된다는 핑계로 부모님을 졸라 '286 AT 컴퓨터'를 손에 넣었다. 메모리가 1MB밖에 되지 않았고 모니터는 흑백이었으며 지금은 찾기조차 힘든 MS-DOS로 구동되는 컴퓨터였다. '삼국지, 프린세스 메이커, 원숭이 섬의 비밀' 등과 같은 게임을 하며 밤을 샜고 PC 관련 잡지들에 실린 Basic, 어셈블리어 프로그래밍을 따라해보기도 했다. 내가 직접 짠 프로그램 한 줄이 제대로 작동해 화면에 결과물로 나타난다는 자체가 신기하고 뿌듯했다.

당시는 WWW(World Wide Web)이 지금처럼 보편적이지 않았다. PC 통신도 LAN으로 연결되는 것이 아니라 전화선을 통해 아주 느린 속도로 '케텔, 천리안' 등의 서비스에 접속하던 때였다. 전화선을 이용하다 보니 PC로 접속할 때는 집 전화가 계속 통화 중으로 표시됐는데, 한번은 집 전화가 하도 먹통이라 어머니가 놀라서 집으로 달려오시기도 했다. 온라인으로 만난 사람들과의 소통은 즐거웠고, 시간 가는 줄 모르고 하다 보면 한 달에 전화 요금이 10만 원, 20만 원씩 나와서 부모님께 크게 혼나기도 했다. 1997년 개봉한 한석규, 전도연 주연의 영화 〈접속〉은 이러한 상황을 현실감 있게 묘사해 관객들의 큰 호응을 얻기도 했다.

컴퓨터에만 빠져 시간을 보내다 보니 당연히 학업에는 소홀해졌다. 하지만 성적에 맞춰 대학교를 들어가면서도 컴퓨터 관련 학과로 진학하겠단 뜻을 굽히지 않았다. 컴퓨터 자체에 대한 흥미가 컸기에 프로그래밍이나 소프트웨어 관련 학과보다는 전기전자를 전공으로 택했다. 어렸을 때부터 용산 전자상가에서 컴퓨터 부품을 구입해 직접 조립하며 빌 게이츠의 성공 스토리를 접해온 나와 같은 세대 중에는 이런 마음으로 컴퓨터의 세계에 발을 들인 이들이 많았으리라 생각한다.

그러다 IMF가 터져 어수선하던 1997년에 군대를 가게 됐다. 제대를 하고 복학하니 이전과는 사회의 분위기가 무척 달라져 있었다. 그전에는 컴퓨터 관련 학과에 대한 공급보다 수요가 많아 적당한 학점으로 졸업만 하면 됐는데, 이제는 어떤 학과든 예외 없이 도서관에 틀어박혀 영어와 자격증 공부에 열을 올리는 분위기였다. 정주영 자서전을 읽으며 사업에 대한 동경을 키워왔던 나는 이때부터 본격적으로 경영과 관련된 교양 수업을 찾아 들으며 미래를 준비하기 시작했다. 학교 수업에 충실했고 영어와 네트워크 관련 자격증 공부도 시작했다.

졸업 후에는 지금의 SK브로드밴드인 온세텔레콤에 입사해 IT 업무를 담당했다. 한달에 2~3일의 밤샘 업무가 있었지만 그 외에는 평범한 일상이 반복되는, 대체로 만족스러운 회사 생활이었다. 하지만 2000년대만 해도 개발자에 대한 대우가 지금처럼 좋지 않았고, 반복적인 밤샘 근무로 건강은 나빠졌다. 또 개발자로 길게 일하지 못하고 중간에 관리자로 전직하는 회사 선배들을 보니 하루라도 빨리 '내 사업'을 해야겠다는 열망이 커져서 직장 생활을 유지하며 미국 MBA 진학을 위한 준비를 시작했다.

그런데 국제 정세가 급변하는 일이 발생했다. 2007년 미국에서 시작된 금융 위기는 나에게까지 영향을 미쳤다. 하지만 꿈을 포기할 수 없었고 지원할 수 있는 학교 중 상대적으로 물가가 저렴하며 상법이 발달해 여러 회사들이 몰려 있는 델라웨어Delaware주로 유학을 떠났다.

나의 일을 시작할 때를 직감하다

첫 수업에서 한국의 주입식 교육에 길들여져 있던 나는 큰 충격을 받았다. 교수가 질문을 하면 다 큰 어른들이 마치 유치원의 어린이들처럼 손을 들며 적극적으로 대답을 했고, 시덥지 않은 말이나 논리에 맞지 않는 말들도 서로 진지하게 받아주며 토론을 이어나갔다. 이러한 토론식 문화와 창의적인 사고가 미국이 외부의 뛰어난 인재를 받아들여 끊임없이 발전할 수 있었던 비결이지 않을까 생각했다. 이때 받았던 충격은 이후 스타트업을 시작하며 팀원 전체의 적극적인 참여를 바탕으로 창의적이고 자유로운 사고를 할 수 있는 조직 문화를 만들기 위해 노력하는 밑거름이 됐다. 미국에서 공부하는 동안 세계 곳곳에서 온 뛰어난 인재들과 경쟁하고 때론 협력하기도 하며 내 역량을 향상시키려 노력했고, 여름 방학에는 독일의 프랑크푸르트에서 인턴십을 하며 현장 경험을 쌓는 등 다양한 경험과 깊이 있는 사고를 하는 데 도움이 되는 여러 기회들을 적극적으로 붙잡았다.

2년은 금방 지나갔고 졸업이 코앞으로 다가왔는데도 2007년에 시작된 금융 위기의 여파가 여전히 지속되고 있었다. 대량으로 해고된 MBA 학위자가 시장에 넘쳐났다. 심지어 하버드 MBA 학위를 가진 사람이 직업을 구하지 못해 편의점에서 아르바이트를 하는 경우를 보기도 했다. 그런 상황에서 외국인 신분으로 미국에서 일자리를 얻기란 쉬운 일이 아니었다. 그러던 중에 기회가 생겨 일본으로 건너가게 됐다.

일본에서 거주한 3년 동안은 IT 기업 컨설팅 업무를 했다. 고객으로 만난 기업 중에 인간의 전신을 스캔해 피규어로 출력해주는 회사가 있었는데 그때 3D 프린팅을 처음 접하게 됐다. 미국과 일본에서 3D 프린터 붐이 불던 2012~2013년의 일이었다. 중학생 때 처음 애플 컴퓨터를 봤을 때처럼 3D 프린터를 보는 순간 '이거다!'라는 생각이 들었다. 내 사업을 시작할 때라는 것을 직감적으로 알 수 있었다. 3D 프린터에 대한 공부와 창업에 관한 정보를 수집하며 2013년 말, 일본 생활을 정리하고 한국으로 돌아왔다.

끝까지 버티면 기회가 온다

모임 사이트를 통해 스타트업 관련 강연, 이벤트, 데모데이 등에 적극적으로 참석해 지식을 쌓고 인맥을 넓히며 차근차근 창업 준비를 해나갔다. 6개월 정도의 준비 기간을 거쳐 2014년 개인 사업자로 창업을 했다. 초기 아이템은 3D 프린팅을 쉽게 할 수 있는 '3D 파일 공유 사이트'였다. 3D 프린팅의 가장 어려운 점이 3D 모델링이라고 생각했기 때문이다. 이를 더 발전시켜 3D 모델링을 쉽게 할 수 있는 '클라우드 기반의 3D 모델링 소프트웨어'

까지 개발했다. 하지만 3D 프린팅 산업은 전망만 밝았지 예상보다 하드웨어의 발전이나 시장의 성장이 더뎠다. 다른 제품이 필요해 다시 아이템 개발에 열을 올렸다.

2018년 초, 3D 프린팅 기술을 연구하며 쌓은 3D 렌더링 기술을 활용해 안면 인식 기술과 AI로 안경 등의 가상 착용 솔루션을 개발했다. 사업 아이템을 바꾼 이후에는 다행히 정확한 수요가 있는 시장을 확인할 수 있었고 꾸준한 사업 개발로 어느 정도 실적을 내는 수준에 이르렀다. 아이템 론칭 초기부터 글로벌 시장을 타깃으로 정하고 영국 스포츠카 회사인 맥라렌을 고객사로 확보하며 안정적인 성장을 해나갈 수 있었다. 이를 바탕으로 2019년 6월에는 문재인 대통령의 핀란드 순방에 경제사절단으로 참여했고 한양대 기술지주회사와 신한금융그룹으로부터 투자를 유치하는 성과도 있었다. 물론 여전히 '성공한 창업가'라는 수식을 얻기엔 부족하지만, 다년간의 스타트업 운영 경험을 기반으로 창업을 생각하고 있는 사람들에게 전하고 싶은 말이 있다.

1. 될 수 있으면 창업은 하지 마라

창업에 성공하면 부와 명예라는 달콤한 꿈을 얻을 수도 있지만 거기까지 가는 과정에는 상상도 못할 역경과 고난이 기다리고 있다. 또한 여러분이 경쟁해야 하는 사람들은 자신의 모든 것, 인생과 목숨을 걸고 사업을 하는 사람들이다.

'아님 말고'와 같은 적당한 생각으로는 어려운 시기를 이겨
낼 수 없는 것은 물론, 자신의 존재를 걸고 사업을 하는 사
람들과 경쟁할 수 없다. 창업 후 3년을 버티는 기업은 39%,
5년을 버티는 기업은 10%가 채 안 된다는 얘길 들은 적이
있다. 그 10%에 포함될 자신이 없다면 시작하지 않는 편이
좋다.

2. 그럼에도 하겠다면 많은 준비를 해라

그래도, 죽어도 창업을 해야겠다면 할 수 있는 한 많은 준비
를 해야 한다. 특히 초기 스타트업의 대표는 생각보다 많은
일을 해야 한다. 투자를 받고 고객을 만드는 일부터 세금 납
부, 등기 업무와 같은 자잘한 일까지 모두 창업자의 몫이다.
이 모든 걸 해결할 수 있는 슈퍼맨이 되어야 하므로 세무,
회계, 인사, 마케팅 등 넓은 분야에 대해 많이 아는 것이 중
요하다.

3. 주위의 환경 혹은 도움을 충분히 이용해라

이제는 국내 창업 지원 환경도 많이 좋아지고 스타트업으
로 성공한 기업도 늘어나면서 이용할 수 있는 자원이 많아
졌다. 정부의 창업 지원 사업을 충분히 활용하고 스타트업
업계에서 창업자를 도와주려는 분들을 적극적으로 찾아나

서라. 무슨 일이든 혼자서는 하기 힘든 법이다. 도움을 받는 건 부끄러운 일이 아니다. 물질적, 정신적으로 도움을 받을 수 있는 창구가 있다면 최대한 활용해라.

4. 사업에 집중해라

비영리 기업이 아닌 이상 기업의 존재 이유는 수익 창출이다. 네트워킹을 위해 너무 많은 행사에 참여하거나 사업에 별로 도움이 되지 않는 수상과 인증 등에 힘을 쏟지 말고 자신의 업, 그 본질에 집중해 사업적 결과를 낼 수 있도록 노력해야 한다.

5. 끝날 때까지 끝난 게 아니다. 절대로 포기하지 마라

이런 말이 있다. "Most startups fail because they just give up, not because they run out of money or time." 스타트업은 돈이 없을 때 실패하는 것이 아니라 열정의 불이 꺼졌을 때 실패하는 것이라는 뜻이다. 끝까지 버티면 최소한 한 번의 기회는 온다. 그 기회가 올 때까지 포기하지 않으면 실패하지 않는 것이고 그렇지 못하면 실패하는 것이다. 버텨라, 끝까지.

줄타기의 고수가 돼라

_(주)레티널 대표 김재혁

증강현실 스마트 글래스를 위한 광학계를 개발하는 분야의 숨은 고수였던 (주)레티널은 최근 글로벌 시장에서 슈퍼 루키로 떠올랐다. 국내에서는 카카오, 네이버 등의 투자사로부터 총 40억 원의 투자를 유치했으며, CES 2020에서는 기존의 기술적 한계를 극복해 사용성을 극대화 할 수 있는 '핀 미러 2020' 렌즈를 공개하며 세계의 주목을 받았다. "5년 안에 인류가 세상을 바라보는 방식을 완전히 바꾸는 세 번째 시각 혁명을 이끌겠다"는 당찬 포부를 밝힌 김재혁 대표는 자신의 사업 여정이 '줄타기와 같다'고 표현했다.

누군가 사업에 대해 물으면 허공에 설치된 줄 위에서 균형을 잡으며 앞으로 나아가는 줄타기 묘기를 하는 것 같다고 답한다. 그런데 이 줄타기에는 좀 특별한 점이 있다. 줄 하나를 건너고 나면 서로 다른 방향으로 가는 수십 개의 줄이 눈앞에 펼쳐진다. 각각의 줄이 어디를 향하고 있는지, 얼마나 튼튼한 것인지는 어렴풋이 짐작만 해볼 뿐이다. 줄 아래에 무엇이 있을지 떨어지기 전까지는 구체적으로 알 방법이 없다. 아프긴 해도 다시 일어나 시도할 수 있는 아스팔트일 수도 있고, 떨어진 자리에서 잠시 쉬어가게 하는 매트리스일 수도 있으며 다시 올라오기 힘든 절벽일 수도 있다. 또 줄 위에 서 있으면 바람은 어쩜 그렇게 시도 때도 없이 여러 방향에서 불어오는지… 어찌저찌 줄의 끝에 다다랐다고 생각해보자. 그런데 여기서도 문제가 생긴다. 온갖 변수를 헤쳐나가며 도착했는데 기대했던 목적지가 아닌 경우도 허다하다. 이렇듯 사업은 난해한 줄타기이지만 이를 꿰뚫는 하나의 법칙이 존재한다. 바로 '적자생존'. 고객과 시장에 적합한 줄만이 생존을 보장해준다. 내가 경험한 줄타기 중 잊을 수 없는 몇 가지를 이야기해보려 한다.

• "[CES 2019] 레티널, 향상된 AR 광학 솔루션 선보여", 블로터, 2019년 01월 08일 (http://www.bloter.net/archives/327943)

넘어지는 것을 받아들여라

공대생이던 나는 종종 친구들과 공학적으로 재미있는 것을 만들어보곤 했다. 하루는 '세상의 패러다임을 바꿀 아이템이다!' 싶은 것을 개발했다. 이는 지금 하고 있는 사업의 초기 아이템이기도 하다. 그런데 나는 어떻게 하면 세상을 바꿀 수 있는지 몰랐다. '일단 어떻게든 이 아이템을 알리기만 하면 누군가 알아봐주고 무언가 진행되는 일이 있지 않을까' 하는 마음으로 인터넷에 아이디어를 올렸다. 정말 거짓말처럼 국내의 규모 있는 중견 업체에서 연락이 왔다.

"인터넷에 올린 거 봤어요. 우리에겐 그 아이디어를 구현할 수 있는 기술력, 노하우, 자금력은 물론 판매망까지 갖추고 있으니 함께 제대로 만들어보지 않겠어요?"

세상에 그런 지름길이 제발로 내 눈앞에 와줄 리 없는데, 그때는 그 전화가 우리의 실력을 인정받아 성공으로 가는 특급열차처럼 느껴졌다. 연락을 준 기업과 몇 개월에 걸친 논의를 이어갔고 정말 만들 수 있겠느냐는 질문에 우리는 최선을 다한 성과물로 대답을 대신했다. 기업의 평가도 괜찮았기에 우리는 정말 제대로 해볼 수 있겠다는 생각이 들었다. 그런데 최종 계약서를 받아들고는 난감한 표정을 감추기가 어려웠다. 우리가 납득할 수 있는 계약 조건이 아니었다. 친구에게 의견을 물었다.

"계약 조건이 좀 별로긴 한데… 솔직히 너랑 나는 대학생이잖아. 그래도 이 정도면 세상을 바꿔볼 수 있는 판을 만들어주는 게 아닐까?"

"아무리 그래도 이 조건은 우리가 만들어 낸 것에 대한 권리와 수고를 제대로 인정받지 못한다는 느낌이 드는데. 그리고 만약에 우리가 제품에 대한 권리의 상당 부분을 넘겼다고 치자. 그런데 제품 개발 과정에서 이 회사가 약간의 어려움을 느꼈다는 이유로 제대로 하지 못하거나 아예 접어버리면? 그땐 우리가 이 아이템으로 다시 시작할 수 있을까?"

결국 최종 협상 테이블에서 이런 조건이라면 계약이 어려울 것 같다고 말했다. 그렇게 협력은 물 건너 갔고, 다른 업체들도 더 좋은 조건은 어렵다며 선을 그었다.

"정말 이 선택이 잘한 것일까?"

"잘한 걸로 만들어야지, 뭐."

계약이 무산되고 집으로 돌아가는 길에, 나는 우리가 제대로 해내지 못해 줄에서 떨어진 것 같아 마음이 아팠다. 하지만 돌이켜보면 지금의 회사가 없어질 뻔한 참사를 막은 잘한 결정이었다. 이처럼 줄타기를 하다 보면 지금까지 왔던 거리를 다시 되돌아가는 일도 생기고, 멈춰야 한다는 판단이 서면 그 자리에서 스스로 넘어지거나 떨어지는 선택을 해야 하는 상황도 발생한다. 그 당시에는 마음이 괴롭겠지만 지나고 나면 자신을 칭찬해주고 싶을 만한 선택일 것이다. 우리는 때때로 넘어질 필요가 있다.

내가 기꺼이 흔들릴 바람을 분별해라

위와 같은 일이 있은 후에 우리는 1년간 기술의 수준을 높이기 위한 여러 시도를 하면서 지속적으로 경진대회나 해커톤에 나가 우리의 기술을 알렸다. 이 과정에서 새로운 팀원을 만났고 심사 위원의 비판에 대처하는 요령과 발표 스킬이 늘기도 했다. 어디로 어떻게 가고 있는지는 여전히 보이지 않는 줄타기였지만, 맞는 줄을 따라가고 있는 듯한 느낌이었다.

많은 도전 끝에 정부 과제에 선정됐고 이를 진행하기 위한 법인을 설립했다. 얼마 후에는 벤처 투자자에게 투자 제의를 받기도 했다. 법인을 설립하기 전 참가했던 경진대회의 심사 위원으로 참석했던 분이었다. 투자자의 지원을 받는 게 굉장히 매력적으로 보였지만, 정부 과제로 자금이 부족하지 않은 상태에서 추가 지원을 받는 게 맞는지 고민이 되어 알고 지내던 분들에게 자문을 구했다.

"그 돈 받을 생각 말고, 우리랑 일 좀 더 하고 다른 아이템을 생각해보는 게 어때?"(중견 기업 임원)

"그거 너네 기술만 빼가려고 하는 일반적인 전략이야. 그런 식으로 접근해서 투자하고는 망하길 기다렸다가 본인들 잇속만 챙길걸? 두고 봐라."(과거 유사한 업종의 벤처 기업 대표였던 분)

"무슨 그런 날강도 같은 계약서가 다 있어. 나도 투자자로 있어 봤지만 그런 조건으로 하니까 한국에서 성공하는 스타트업이 안 나오는 거야."(투자 고문)

많은 사람들이 우리가 가야 하는 방향에 대해 부정적인 피드백을 줬지만 우리는 주변의 반대를 무릅쓰고 투자를 받기로 결정했다. 그 과정에 많은 고민이 있었지만 회사를 운영하는 데 정말 경험 있고 이해관계가 일치하는 분이 한 명 생긴다는 점, 그리고 우리를 미리 알아볼 정도로 혜안이 있으시고 비슷한 사업을 직접 진행해보신 분이란 점이 긍정적으로 작용했다. 시간이 지나고 보니 그 투자자는 업계에서 이미 인정받고 있는 훌륭한 분이셨고 우리보다 경험과 경력은 물론 사업 분야에 대한 전문성까지 갖추고 있어서 함께 일을 시작한 후 어려운 순간마다 중요한 피드백을 받을 수 있었다. 많은 분들의 조언을 수용하지 않고 우리가 독자적으로 결정한 첫 번째 경우였는데, 모든 이들의 우려와 달리 최고의 결정이 된 셈이다.

하지만 그분들이 주신 반대 의견들에도 중요한 의미가 있었다. 현재 아이템이 아닌 다른 아이템을 제안한다는 건 어쨌든 우리의 능력을 높게 평가했다는 것이고, 기술만 뺏길 가능성이 있다는 의견은 우리의 제품을 보호할 수 있는 방법을 치밀하게 고민하는 계기가 됐다. 또 계약서가 좋지 않다는 점을 짚어주었기에 그 이후에는 어떤 계약서든 도장을 찍기 전에 한번 더 차분히 확인하고 확신이 섰을 때만 계약을 진행한다는 원칙을 정했다.

사업에 있어서 경험의 부족은 사실 절대적으로 불리한 조건이다. 그래서 어떤 투자 제의가 왔을 때 이것의 가치를 구별하기가 쉽지 않다. 또 선경험자에게 조언을 구하면서도 이미 마음으로는 무게 추가 기운 쪽이 있기에 자신과 같은 생각인 사람의 의견만 수용하고 싶은 것이 사실이다. 그런데 이처럼 사업을 하면서 나와 다른 의견 중에도 분명히 귀담아 들어야 할 것이 있다는 것을 자주 경험했다. 사업이란 줄타기를 할 때는 정말 많은 바람이 부는데 이때의 경험으로 바람에 흔들리지 않고 필요한 부분만 골라내는 훈련을 할 수 있었다.

꿈을 현실로 만드는 과감한 결단

2018년 3월, 그해 초에 참여했던 CES와 MWC 전시회의 경험을 바탕으로 2019년에 참여할 전시의 예산과 규모를 결정해야 했다. 2018년까지는 기술 성숙도가 낮았기에 전시회 또한 저예산으로 진행했지만, 1년간 발전할 기술에 맞춰 이번에는 다른 준비를 해야 했다. 하지만 투입돼야 하는 예산의 규모와 이로 인해 얻을 효과, 심지어는 전시할 제품과 콘텐츠까지도 감이 오질 않았다. 베팅을 할 만한 이유도, 하지 않을 이유도 충분히 합리적이라 결정이 쉽지 않았다. 팀원 4명의 의견이 팽팽하게 나뉘었고 나는 최종적으로 규모를 크게 늘리는 것에 베팅을 해보기로 결정했다. 이때 정말 무서웠다.

이후 1년 동안 전시를 준비하는 과정에서 시행착오가 아주 많았고 비행기 출국일을 미뤄 직접 물건을 가져가야 할 정도로 아슬아슬하게 준비를 마쳤다. 그래도 노력한 덕분에 준비한 콘텐츠, 전시장, 사전 홍보 등이 한데 어우러져 최상의 시너지를 냈으며 투자한 비용 이상으로 성공적인 전시가 됐다. 이때를 기점으로 한국의 이름도 모르는 업체에서 글로벌 광학 기술 회사로 업계의 인정을 받기 시작했고 몇몇 기술 보고서에 등장하기도 했다.

물론 실패할 수도 있는 일이었다. 지금도 그때 어떻게 심장이 벌렁벌렁할 만큼의 과감한 결정을 할 수 있었던 것인지는 여전히 의문이다. 확신할 수는 없지만 도착하고 싶은 목적지가 있었기 때문에 시도할 수 있었던 결정이었는지도 모르겠다.

최선을 기대하되 최악을 대비하라

"이 친구랑은 사업하지 말아라."

한 스타트업 엑셀러레이터 대표가 나와 내 친구가 있는 자리에서 내 친구에게 했던 말이다. 앞서 한 얘기들은 마치 졸업 후의 목표가 창업인 것처럼 보였을지도 모르겠다. 그런데 사실 나는 이 사업을 '플랜 C' 정도로 생각하고 있었다. 대학교를 다니던 때였고, 학교 연구실에서 연구 프로젝트도 진행하고 있었으며 개발에 관련된 기업 인턴십 프로그램에도 참여하고 있었기에 나에게는 다양한 선택지가 있다고 생각했다. 그 대표님은 친구에게 바로 나의 이런 점을 염두에 두고 위와 같은 말을 했던 것이다. 사업에만 모든 집중을 해도 모자랄 판인데 그렇지 못한 사람과 어떻게 제대로 사업을 할 수 있겠냐는 뜻이었다. 분명 일리 있는 얘기지만 나는 조금 다른 의견이다.

사업은 적자생존이 우선시되는 영역이다. 대학생이던 나는 고객과 시장이 얼마나 빨리 변하는지 가늠조차 할 수 없었다. 플랜 B, C가 준비돼 있지 않으면 플랜 A에만 집중하다 너무 많은 것을 잃을 위험이 있다고 생각했다. 그래서 대체로 모든 줄타기에 항상 '플랜 B'를 준비하는 편이다. 사업에 본격적으로 참여하게 된 것도 정부 지원금을 통해 회사의 운영 자금을 충분히 확보한 순간부터였고, 투자를 유치하고 고객을 확보하면서도 항상 몇 가지의 다른 플랜을 준비했다. CES나 MWC 전시회 등을 준비할 때도 가장 주력하는 제품이 제대로 나오지 않았을 상황을 대비해 2중, 3중의 대비책을 세워놨다.

너무 리스크를 피해 몸을 사리는 걸로 보일 수도 있다. 하지만 스티브 잡스와 함께 애플을 창업한 워니즈악 또한 투자를 받은 후에도 HP를 떠나지 않았다. 빌 게이츠도 학교를 휴학한 상태로 사업을 시작했으며 래리 페이지와 세르게이 브린도 박사 과정을 휴학하고 회사를 창업했다. 자의든 타의든, 줄타기를 하다 떨어지는 상황이 분명 발생한다. 이를 전화위복 삼아 빠르게 더 좋은 방향으로 나아갈 자양분을 얻기도 하지만, 되도록 너무 깊게 떨어지지 않도록 항상 준비해야 한다고 생각한다. '최선을 기대하되 최악을 대비하라.' 이 말을 좋아하는 이유다.

종종 친구랑 이런 얘길 한다.

"야~ 우리 회사 잘 되고 있냐?"

"응. 그래도 큰 실패 없이 한 50번 정도 성공한 것 같다."

"이야~ 우리 잘나가네."

"근데 한 100번 정도는 더 성공해야 자리잡을 것 같아. 아직 멀었어."

나와 친구는 정말 운이 좋은 케이스다. 좋은 결정을 내릴 수 있게 도와주는 분들이 있었고, 시장의 상황이 괜찮았다. 아직도 가야 할 길이 아득하고 할 일이 많다고 느낀다. 하지만 지금 함께

해주시는 분들, 주위에서 도움을 주시는 분들이 있기에 외롭지 않고 재미있게, 즐기면서 줄타기를 이어나갈 수 있을 것 같다. 창업을 진지하게 고민하는 분들에게는 이 말을 꼭 전하고 싶다.

"혼자 하지 마세요!"

능력적으로도, 인간적으로도 온전히 믿고 함께할 수 있는 사람을 만나는 게 가장 중요하다. 빨리, 혼자 가는 길보다는 같이, 멀리 가는 길이 더 나은 선택이라고 자신 있게 말할 수 있다.

단 하나의 완전함을 향해 가라

_(주)폴라리언트 대표 장혁

2015년 설립된 (주)폴라리언트는 GPS가 도달하지 않는 실내에서 '실내 조명'으로 사용자의 위치를 파악할 수 있는 솔루션을 제공하며 네이버로부터 초기 투자를 유치했다. 이어 시장 자체가 성장하고 있는 VR 시장을 공략하기 시작했고, VR 기기를 위한 '3차원 마우스'를 만들었다. 이 기술을 토대로 여러 모빌리티 회사들과 프로젝트를 진행해나갔으며 사업의 가능성을 인정받아 2019년 4월에는 (주)쏘카에 100% 인수합병됐다. 3명의 공동창업자 중 한 명이었던 장혁 대표는 현재 쏘카 소속 엔지니어로 일하며 차량 소유로 발생하던 도시 문제를 공유 차량으로 해결하는 데 기여하고 있다.

사업을 시작하고 보니 조롱은 일상이고 거절은 기본인 날들의 연속이었다. 만약 창업을 했는데 칭찬과 격려로 가득한 날들을 보내고 있다면 아마 법인 설립 전이거나 천국에 있는 것이거나 혹은 컴포트 존comfort zone에 머물며 시장과 적극적으로 소통하지 않고 있는 것일 수도 있다. 보통 '혁신'이라는 수식을 얻는 솔루션에는 기존 사업자들의 반발이 있을 수밖에 없다. 직접적으로 부딪치는 상황이 아니어도 '이미 충분한데 굳이 왜?'라는 반응에 익숙해져야 했다. 처음엔 그런 반응들에 일일이 답을 하려고 애썼지만 곧 깨달았다. 사업에 더 집중해 가치를 높이는 것이 가장 명확한 답이라는 것을.

시장의 흐름을 파악해라

폴라리언트는 '빛의 편광을 활용한 실내 정밀 위치 측위 솔루션'이라는 기술로 시작한 회사다. 시장을 보고 기술을 만든 게 아니라, 기술을 먼저 만들고 시장을 찾았다는 얘기다. 이 기술의 가치가 극대화될 수 있는 시장을 찾는 게 우리 사업의 최대 미션이었다. 타깃 시장을 스마트 공장의 실내 측위 솔루션 도입으로 설정하고 세일즈를 진행했는데 그곳은 이미 기존 기업의 점유율이 압도적이라 신규 사업자에겐 진입 장벽이 높았다. 회사 운영을 지속하려면 다른 아이템을 찾아야 했다.

2015년은 페이스북, 구글과 같은 공룡 기업을 중심으로 VR이 화제가 됐던 시기였다. 이 시장은 페이스북의 마크 저커버그가 2014년 '오큘러스'라는 VR 기기 스타트업을 천문학적인 금액으로 인수합병하며 얻은 '비욘드 모바일'이란 감투를 쓰기도 했다. 관련 하드웨어가 빠르게 발전했지만 컴퓨팅 파워의 부족으로 '모바일 VR 기기'에서 손의 위치와 자세를 정확히 반영하는 컨트롤러는 부재한 상황이었다. 기존 정밀 위치 측위 솔루션 기술로 빠르게 해당 제품 개발에 돌입했고, 새 제품이 업계의 주목을 끌면서 국내외 대부분의 VR 대기업들과 미팅을 갖기도 했다.

문제는 VR 기기의 일반 소비자 시장의 성장률이 예상보다 저조하다는 데 있었다. 제조사들은 초반의 기세와 달리 새로운 버전의 VR 기기 출시에 소극적인 태도를 보였다. 덩달아 우리 사업도 어려워지고 있던 차에 로보틱스와 모빌리티 업체 3~4곳에서 이 기술을 실내 측위에 활용하자는 제안이 들어왔다. 직원 모두가 힘을 합쳐 한 달 만에 실내 측위에 특화된 편광 감지 기술 (Polarized Light Sensing, PLS)* 센서를 만들어냈다. 이후 로봇, 지

---

* 빛은 모든 방향으로 진동하는데 여기에 편광판을 씌우면 일정한 방향으로만 통과한다. PLS는 빛의 이러한 성질을 활용해 3차원의 위치와 자세를 측정하는 기술이다.

도, 차량 등 이동의 문제를 해결하는 모빌리티 회사들과 다양한 협업을 진행하게 됐고 이것이 '(주)쏘카'와의 인수합병으로까지 이어졌다.

사업에서 시장은 가장 중요한 요인 중 하나다. 그걸 몰랐던 우리는 기술을 먼저 정하고 역으로 시장을 찾으려했다. 하지만 아무리 좋은 기술이 있어도 시장이 성장하지 않으면 기술을 활용할 기회 자체가 생기지 않았다. 그렇다고 초반의 무지가 후회되는 것은 아니다. 기술 자체가 혁신적이고 시장의 타당한 로드맵에 적절히 걸려 있는 제품이라면 시간이 걸리더라도 분명 기회가 온다는 것을 확실히 알게 됐기 때문이다.

사업을 어느 정도의 시장 지위로 시작할지 선택하는 것도 중요한 문제다. 최종 고객과 바로 맞닿아 있는 사업이라면 빠른 실행력과 자본 확보로 시장 점유율을 높이는 것이 필요할 테고, 중간 고객을 대상으로 하는 사업이라면 가장 큰 확장성을 부여해줄 수 있는 사업자와의 연대에 집중하는 것이 장기적인 미래를 봤을 때 가장 빠른 방법일 것이다. 폴라리언트는 후자에 가까웠기에 모빌리티 사업에서 최종 고객과 밀접하게 닿아 있으면서도 1등 사업자로 압도적인 점유율을 지닌 쏘카와의 연대에 집중했다. 이런 부분들을 사업 초기에 잘 세팅해 놓으면 '이미 이긴 싸움'을 시작할 수 있을 것이다.

절대 잊혀지기 위해 존재하지 마라

창업이 학교 밖 첫 사회생활이었으므로 만나는 분들은 대부분 나이가 많은 인생 선배들이었다. 한 분야에서 오래 계셨던 분들은 그 인생 자체가 경험의 분수이기에 네트워킹을 하는 것만으로도 도움이 되지만 그 이상을 바란다면 실망하기 십상이다. 말하기 조심스럽긴 하지만, 적어도 내가 경험한 이 업계는 멘토십의 이름으로 창업가가 기대하는 것 이상의 코칭을 받을 수 있을 정도로 여유롭지 않다. 각자가 있는 위치, 이해관계에 맞춰진 태도에서 주고받는 것이 전부였던 것 같다. 어찌 보면 당연한 것일지도 모르겠다.

만약 만나는 사람 중 많은 것을 지원해줄 것처럼 말하는 사람이 있다면 스스로 기대치를 낮추고 이해관계를 관찰하며 서로 윈-윈 할 수 있는 최선의 조합을 주도적으로 찾아나가는 데 집중하는 것이 좋다. 내 사업의 결과에 가장 많은 애정과 관심을 쏟는 것은 결국 나다.

이미 명성과 경륜이 있는, 여러 번의 창업으로 인지도를 쌓은 사람이라면 모르겠지만 대부분의 스타트업 CEO들은 세상의 주목을 받기가 어렵다. 나만 그랬나⋯ 하지만 그렇다고 시장에 의견을 내는 것에 소홀해서는 안 된다. 특히 이미 충분히 성숙한 시장을 혁신하려 한다거나 아직 만들어지지 않은 시장을 주도하려는 스타트업이라면 자신이 바꾸려는 방향의 주도권을 쟁취할 수 있도록 열심히 소통해야 한다고 생각한다. 거창한 자리에서 발표를 하라는 뜻이 아니다. SNS를 활용해 의견을 개진할 수도 있고, 작은 성과를 꾸준히 세상에 공유할 수도 있다. 스타트업에는 사람도, 자본도 부족하다. 모든 게 부족하기에 태생부터가 잊혀지기 딱 좋은 조건이다. 모든 방법을 동원해 잊혀지지 않기 위해 노력해야 한다.

상대의 마음을 얻으며 나를 지키는 일

거절이 일상인 삶을 살다 보면 사람이 미워지기도 한다. 개인적으로는 힘든 시기를 맞았을 때 이 부분이 가장 마음의 짐이 됐다. 쿨하게 지원을 결정해주지 않는 벤처 캐피털은 물론이고 업계 사람들까지도 미워진다.

그런데 주도적으로 서로 윈-윈 할 수 있는 승리의 조합을 찾아나가다 보면 최근 내게 거절 의사를 보였던 사람을 꼭 붙잡아야 하는 상황이 생기기도 한다. 진부한 격언이지만 어제의 적이 오늘의 동지가 되어야 할 때가 정말 많다. 이럴 때는 어떻게 해야 할까? 저 사람은 이미 나에게 퇴짜를 놨고, 나는 지금 저 사람이 너무 미운데. 그럴 땐 눈 딱 감고 먼저 다가가는 게 답인 것 같다.

이는 상대의 거절에 내가 영향을 받지 않기로 선택하는 것이기도 하기에 자존감을 지키며 사업의 성숙도를 높이는 데 도움이 되기도 했다.

그리고 꼭 거절의 영역이 아니더라도 타인의 말에 내 사업이 휘둘리게 돼서는 안 된다. 내가 경험한 사업은 그럴싸한 0.9의 단계에 도달해 치고 빠지는 한탕주의가 아니라 단 한 번의 '1'을 만들어내는 완전함의 영역이었다. 타인에게 괜찮다고 평가받고 성공 확률이 높은 것만을 취하려고 하다 보면 내가 진정으로 도달하고 싶은 것에서는 멀어지게 될지도 모른다. 적어도 나는 그랬다. 창업을 꿈꾸는 이들에게 몇 가지 전하고 싶은 말로 이 글을 맺으려 한다.

1. 스타트업 창업은 자신이 세상에서 발견한 문제를 풀기 위한 가장 적극적인 방법 중 하나이기에 적극적으로 권하고 싶다.

2. 하지만 문제를 풀기 위해 현재 자신이 가진 것은 무엇인지, 앞으로 어떤 것이 더 필요한지를 현실적인 시각으로 파악하는 작업이 선행돼야 한다. 그래야만 초기의 열정을 끝까지 지속할 수 있다.

3. 세상을 향한 비전과 문제 해결에 대한 열정을 지속 가능한 현실로 만드는 동료 기업가들을 더 많이 만날 수 있길 기대한다.

고등학교 자퇴, 회사 창업 그리고 매각

_(주)뷰티패스 대표 김민준

2017년 설립된 (주)뷰티패스는 피부과 멤버십 서비스를 제공하며 시장의 이목을 끌고, 여러 관련 기업에서 투자를 유치했다. 피부과를 이용하는 고객이 고질적으로 겪는 문제인 시술 가격의 불투명성을 극복하고 진짜 고객 후기를 찾을 수 있게 함으로써 사용자 편의성을 높여 그 가치를 인정받았다. 2020년에는 대웅그룹 계열사이자 IT 헬스케어 전문 기업 '엠서클'에 100% 인수합병됐다. 창업자 김민준 대표는 엠서클에서 연간 150억 원의 매출을 올리는 화장품사업부를 총괄하는 동시에, 대웅제약의 또 다른 계열사 디엔컴퍼니에서 새롭게 출범한 헬스케어콘텐츠전략팀을 이끌며 또 한 번의 창업을 이어나가고 있다.

고등학교 3학년 진학을 앞둔 2017년 12월 겨울 방학, 나는 공부와 창업 중 무엇을 선택할 것인지 일생일대의 기로에 놓여 있었다. 어릴 때부터 해온 생각이 있다. '신문을 읽기만 할 것인가, 신문에 나오는 사람이 될 것인가?'

하고 싶은 게 생기면 뭐든 직접 부딪쳐보는 편이었다. 초등학생 때 크롤링 방식의 간단한 마케팅 프로그램을 만들어 대행사에 팔았던 경험이 있고, 중학생 때는 컴퓨터를 조립해보고 카카오톡 테마를 만들어 팔기도 했다. 고등학생 땐 3D 프린터를 만들어 팔았으며 우주로 인공위성을 쏘아 올리겠다며 학교 동아리실에서 연구를 하다가 전교생이 대피할 뻔한 해프닝이 벌어지기도 했다. 학교 사이트를 해킹해 벌을 받기도 했고 사진 찍는 것에 푹 빠져 있을 때는 올림푸스의 제안으로 사진전을 열었다. 글 쓰는 것도 좋아해 네이버에서 전자 제품 리뷰 사이트를 운영하며 740만 명의 누적 조회수를 기록한 적도 있다.

고등학교 2학년 때는 청소년 최초로 UN의 NGO 인증을 받은 '준브레일'을 설립해 시각장애를 겪는 아이들을 위한 플라스틱 점자책과 촉각 교구를 개발했고, 교육부의 지원을 받아 3D 프린팅 기술의 지적 재산권을 10개국에서 확보했다. 준브레일을 통해 300여 명이 넘는 아이들을 도왔고 UN 정식 회의에 초대받아 반기문 전 사무총장을 만나기도 했다. 또 또래 친구들과 의약품 중

개 애플리케이션인 '바오바브'를 개발해 의약품 검색 알고리즘을 중국 징웨이약국에 매각했다. 이런 활동 덕분에 2017년 말에는 〈포브스〉가 선정한 '아시아의 가장 영향력 있는 30세 미만 인물 30인'에 최연소로 이름을 올리기도 했다.

내가 봐도 청소년 시기의 김민준은 정말 재미있는 삶을 살았다. 물론 일찍이 내가 하고 싶은 것을 하기 위해 부모님, 학교 선생님 등과 충돌하고 그분들을 이해시키는 과정을 거쳐야 했다. 그런 상황과 마주할 때마다 내가 하고 싶은 일을 제대로 했을 때 그 누구보다 압도적으로 잘할 수 있다는 것을 증명해보이고 싶었다. 그래서 나는 고등학교 2학년을 마치고 결국 자퇴라는 선택지를 골랐다.

삶은 때때로 내 편이 아니다

뷰티패스는 2017년 7월, 내가 모은 1,000만 원의 종잣돈으로 설립한 주식회사였다. 이전에 함께 일했던 디자이너와 공동으로 시작했으며 첫 사무실은 3명이 들어가면 꽉 차서 움직일 수 없는 좁은 공간이었다. 공간 한가운데 기둥이 있어 이동 동선도 불편했다. 이곳에서 개발자 2명을 채용해 피부과 가격 정보를 한번에 비교할 수 있는 애플리케이션인 뷰티패스를 만들었다. 나는 낮에는 시장 조사를 하기 위해 피부과로 출근했고 의료진과 상담실장이 느끼는 불편을 파악하려 노력했다. 퇴근 후에는 뷰티패스 개발에 집중하며 밤을 새는 날이 허다했다. 한번은 천장 누수로 노트북에 문제가 생기는 바람에 사업계획서가 날아간 적도 있다. 지금이야 하나의 에피소드로 꺼내놓을 수 있는 이야기지만 그때는 정말 하늘이 무너지는 심정이었다. 당시의 나는 잠꼬대로 사업계획서 발표 대본을 달달 외울 만큼 간절했으니까.

서비스 개발만 끝나면 모든 게 잘될 것 같았는데 론칭 이후에도 쉽지 않은 날들의 연속이었다. 우리의 애플리케이션에 많은 병·의원을 입점시키는 것을 목표로 소개서를 만들어 모두가 출근하기 전인 새벽에 병원 우편함에 넣어두었다. 출근길에는 직접 병원들에 얼굴 도장을 찍으며 명함을 돌렸고, 시술 가격을 투명하게 공개했을 때 매출이 더 오를 것이라고 설득했다. 그런 과정을 거쳐 뷰티패스는 경쟁사 중 가장 많은 피부과 시술 상품을 판매하게 됐고, 모든 시술 상품을 정상가의 49% 이상 할인받아 이용할 수 있는 서비스로 성장해나갔다.

15명으로 늘어난 직원들과 함께 피부과 상담실장의 역할을 축소하는 미션을 달성하려 머리를 맞대고 있을 때였다. 보건복지부에서 우리의 서비스가 특정 병·의원과 고객을 알선하는 행위라며 제재를 가했고, 예정된 후속 투자를 받지 못하게 되면서 방향을 잃게 됐다. 한순간에 대부분의 팀원을 내보내야 했고, 정신적으로 무너진 나는 회사를 돌보지 않고 도망쳤다.

선택에 책임지는 법을 배우다

하지만 나 혼자 도망친다고 해서 정리될 문제가 아니었다. 뷰티패스는 스타트업 액셀러레이터인 프라이머와 야나두의 김민철 대표, 세리박스 전종하 대표, 파우더룸 김정하 대표 등 여러 투자자와 파트너 병원들이 엮여 있는 사업이었다. 나에게 지지와 신뢰를 보여준 이들에게 실망을 안겨줄 순 없었다. '대표님, 지금 무너지면 안 됩니다. 빨리 정신 차리세요' 하고 보내준 전종하 대표의 메시지를 곱씹으며 무엇이든 해야한다는 생각을 하게 됐다. 이때 깨달았다. 창업가는 실패할 수도 있지만, 실패하더라도 숨지 않고 최선을 다해 끝까지 도전함으로써 아름다운 작별을 해야 한다는 것을 말이다.

뷰티패스에 남아 있는 자산과 직원들, 그간의 경험과 기술을 바탕으로 사업의 방향을 새롭게 전환해 회사를 계속 운영하기로 마음먹었다. 회사의 어려운 상황을 이성적으로 인지하고 닥치는 대로 서비스를 만들고 고객들의 반응 관찰하기를 쉬지 않았다. 그렇게 1년 동안 병·의원의 마케팅 성과 관리 앱, 뷰티 동영상 개발 솔루션, 공간 설계 서비스 등을 출시했고 큰 성과는 없었지만 회사의 채무를 모두 정산하고 경영을 정상화하는 기틀을 마련했다.

뷰티패스가 마지막으로 내놓은 서비스는 코스메틱 인큐베이션 솔루션이었다. 우리는 화장품 브랜드가 필요한 사람들을 위해 제품 브랜딩과 제조, 유통, 마케팅 등을 관리해주는 서비스를 론칭했다. 피부과 원장과 SNS 인플루언서, 새로운 브랜드를 준비하는 화장품 회사를 타깃으로 브랜드를 제안하고 개발하는 솔루션을 통해 뷰티패스를 다시 성장 궤도에 올렸다.

다양한 서비스를 만들어야 했던 지난 시간을 통해 나와 우리 직원들이 배운 것은, 기회를 잡기 위해서는 무엇이든 닥치는 대로 하고 있어야 한다는 것이다. 원래 목표했던 것이 잘 되지 않는다고 상심해 있을 게 아니라, 무엇이든 시도하고 부딪쳐봐야 한다. 그래야 기회가 왔을 때 잡을 수 있는 힘이 생긴다.

언제나 진정성 있고 솔직하게

코스메틱 인큐베이션 서비스가 출시된 이후에 대웅제약의 계열사 디엔컴퍼니에서 자사 화장품 브랜딩을 전면 개편하고 싶다며 연락을 해왔다. 이 기회를 잡기 위해 모든 직원들이 크리스마스에도 자발적으로 출근해서 제안서를 만들었다. 미친 듯이 최선을 다했고 우리의 제안서는 대웅제약 담당자를 거쳐 회장님에게까지 전달됐다.

　나에게 회장님을 대면할 수 있는 15분의 시간이 주어졌고, 제안서를 보여드리며 왜 브랜드를 젊은 감각으로 개편해야 하는지에 대해 설명했다. 회장님의 질문에는 과감할 정도로 솔직하게 답했다. 당시엔 우리에게 인수합병 제안을 할 거라고는 생각도 못했기에 더 솔직할 수 있었던 것 같다. 처음부터 그런 느낌을 받았다면 나는 더 잘 보이고 싶은 마음에 꾸며낸 대답을 했을 수도 있고 그랬다면 매각은 무산됐을 것이다. 15분의 미팅 후 바로 회사 매각 제안을 받았고 가격 협상을 하며 회계 실사를 받았다. 모든 과정이 끝나고 통장에 돈이 입금됐을 땐 지난 힘들었던 시간들, 직원들과 서비스를 성장시킨 즐거운 추억들이 주마등처럼 스쳐 지나가며 눈물이 터졌다. 19살에 회사를 세우고 3년간 눈물로 만든 노력의 결과여서 더욱 더 마음이 벅차올랐다. 나는 지금도 대웅제약 안에서 새롭게 출범한 헬스케어콘텐츠전략팀을 이끌며 여전히 창업가의 길을 걷고 있다. 스타트업을 꿈꾸는 사람들에게 내가 경험에서 얻은 몇 가지 깨달음을 나누고 싶다.

　1. 실패한 순간에도 정신 차리고 최선을 다하다 보면 기회가 온다. 기회가 왔을 때 그것을 잡으려면 자신의 현재 자본과 능력 안에서 무엇이든 계속하고 있어야 한다.

2. 더욱 솔직해야 한다. 투명한 것은 강력한 힘을 지닌 무기가 된다. 화려해 보이기 위해 덧붙이는 거짓들은 독이 돼 돌아온다. 약점을 인정했을 때 비로소 보이는 것들이 있다.

3. 들은 것을 모두 믿지 말자. 동시에 뒤에서 누군가의 험담을 하거나 말을 전하지 마라. 사람의 실수는 대부분 입에서 시작된다.

4. 인간관계에서 긁어 부스럼을 만들지 말자. 적이 나를 공격하면 이는 곧바로 회사의 타격으로 이어진다. 적이 있다면 관계를 개선하고, 아직 적이 없다면 이를 만들 수 있는 환경 자체를 조성하지 않도록 주의하자. 조금 손해를 보면서 살다 보면 도움이 필요한 순간에 무너지지 않을 수 있다.

5. 갑자기 큰 기회가 왔을 땐 의심부터 하자. 모든 일에는 순리가 있다. 계약서를 먼저 쓰고 일을 진행하는 것이 우선이다. 이런 기본적인 순리를 생략하고 진행되는 일이라면 그것은 거짓일 확률이 높다. 큰 기회는 정직하고 올바른 방법으로 온다.

6. 쉬는 것에 죄책감을 갖지 말자. 쉴 땐 당당하게 쉬는 것이

좋다. 알다시피 업무 시간과 성공은 정비례하지 않는다. 일할 때 최선을 다하고 쉴 때 제대로 쉬어야 더 큰 일을 할 수 있다. 잠을 자지 않고 일을 하면 꼭 큰 화를 입게 되더라. 하루에 최소 5시간은 자야 일의 성과를 높일 수 있다.

7. 누군가의 도움 없이 스스로 생존해야 한다. 타인에게 의지하는 삶은 좋지 않다. 경제적으로도 업무적으로도 독립이 필요하다. 혼자서 서비스의 A부터 Z까지 운영할 수 있어야 인생이든 사업이든 이끌어갈 수 있다.

8. 그렇지만 멘토는 필요하다. 앞으로 하게 될 많은 것들은 대부분 처음 하는 일일 것이기에 꼭 내가 걸으려는 길을 먼저 걸어간 사람의 조언을 받도록 하자. 멘토에게 간절히 'HELP!'를 외쳤을 때 외면할 이는 없을 것이다. 그들도 누군가의 도움을 받으며 성장했기 때문이다. 나는 15살 때 엔비디아의 이용덕 대표님을 만났고 그때 건넨 '도와주세요'란 한마디 덕분에 여기까지 올 수 있었다.

9. 시행착오를 겪을 수도 있다. 이때 중요한 건 현실을 직시하고 대처하는 것이다. 두렵다고 피하기 시작하면 더 큰 문제가 발생한다.

10. 스타트업은 말도 안 되는 이슈에도 타격을 받는다. 그러한 고비들을 잘 넘겨야 생존할 수 있다. '존버'는 과학이다.

11. 어떤 사람을 주변인으로 둘 것인지가 무척 중요하다. 내가 닮고 싶은 건강한 사람들을 주변인으로 두기 위해 노력해야 한다. 이는 자기계발의 원동력이 되기도 한다.

12. 하지만 인맥을 쌓는 것에 힘을 쓰지는 말자. 인맥을 위해 시작된 관계는 진정성 있는 관계로 발전하기 어렵다. 매일을 진실하게 살다 보면 자연스럽게 건강하고 훌륭한 사람을 만날 수 있다. 도움은 그런 사람들에게 구하는 것이다.

나는 아직
스타트업을 하고 있다
_㈜언더핀 대표 김경호

인공지능 기반 블록체인 기업 ㈜언더핀은 가상화폐로 리워드를 하는 동영상 플랫폼 '팬지'를 개발한다. 기존의 플랫폼에서는 소수의 유명 크리에이터가 대부분의 수익을 차지한다는 점에 착안해, 전문가뿐 아니라 자신을 표현하고 싶은 아마추어들에게도 재능 표출과 금전적 수익의 기회를 제공하는 것을 목적으로 한다. 창업자 김경호 대표는 아직 시작 단계인 팬지가 잘 자라서 사람들이 각자의 즐거움을 더 많이 공유하고, 창작자와 시청자가 함께 행복해지는 세상을 만들어주길 바라는 마음으로 회사를 운영해나가는 중이다.

우리는 과거 벤처 붐의 시대를 지나 스타트업 붐의 시대를 살고 있다. '배달의 민족'과 같은 국내 유니콘 기업의 성공 스토리는 가히 희망적이다. 그래서인지 예전보다 사업에 도전하려는 젊은 친구들이 많아진 듯 보인다. 예전에는 사업을 시작하려면 독창적인 기술력이 필요했다. 하지만 지금은 독창적인 아이디어만 있으면 무언가를 시작해볼 수 있는 환경이라는 것도 스타트업 붐에 한몫했을 거라고 생각한다.

'음악'을 예로 들어보자. 내가 10대이던 1990년대에는 음악을 들으려면 음악이 녹음된 CD나 테이프가 있어야 했고 이를 재생할 기기도 필요했다. 그러다 mp3 플레이어와 온라인 음원 사이트들이 등장하면서 음악을 듣기 위한 절차가 간편해졌다. 요즘엔 어떤가? 인터넷을 이용할 수 있는 환경이라면 누구나 생산자와 소비자가 돼 전 세계의 음악을 듣고 또 자신의 음악을 알릴 수도 있는 환경이 조성됐다. 불과 20년 사이에 벌어진 일이다.

이처럼 새로운 서비스를 제공하는 기업의 탄생은 한 개인의 도전을 넘어 우리 생활 전반에 크고 작은 변화를 일으키게 된다. 스타트업을 꿈꾸고 있는가? 그렇다면, 당신도 세상을 변화시키는 주역이 될 수 있다. 사회에 선한 영향력을 주는 기업이 많아지길 바라는 마음으로 내 경험을 나누고자 한다.

목표가 생기면
어제와는 다른 오늘이 된다

우리 집은 IMF의 영향을 직격타로 맞았다. 당시 대기업 퇴사 후 개인 사업을 하던 아버지는 이 고비를 넘기지 못했고, 집까지 날려서 조부모님 댁에 얹혀 지내야 했다. 나는 장남이었지만 '성공해서 집안을 다시 일으켜야겠다'는 생각은 하지 않았다. 삶이 한순간에 나락으로 떨어질 수도 있다는 것을 바로 옆에서 지켜본 이후로 도전하기보다는 움츠러드는 마음을 합리화하는 편을 택했다. 그렇게 아무것도 열심히 하지 않는 학창 시절을 보냈다. 미래를 생각할 수 없었고 그저 매일 노는 것에만 몰두해 시간을 흘려보냈다.

그러다 스물다섯, 대학교 졸업을 앞둔 해에 아버지가 암으로 돌아가셨다. 남대문 한 상가의 경비원이 되려고 이력서에 붙였던 아버지의 증명 사진은 영정 사진이 됐다. 드라마나 영화 속 주인공은 부모님을 여의면 감정이 폭주하곤 하던데 내게 그런 것은 없었다. 장례가 끝난 후에는 한국에서의 모든 기대와 책임을 모른 체하며 비행기 값만 들고 무작정 호주로 떠났다.

호주의 풍경은 평화로웠다. 낮에는 카페에서 일하던 할머니가 밤에는 야라Yarra 강변에서 바이올린을 연주했고 해변에는 일을 마치고 서핑을 즐기러 온 젊은이들로 북적였다. 한국과 달리 여유롭게 삶을 즐기는 사람들을 보며 내 인생을 돌아보게 됐다. 가계가 어려워졌을 때도 방황하지 않았다고 생각했는데, 그것은 사실 어떻게 살아야 하는지에 대한 생각조차 없었던 것임을 깨달았다. 그제야 비로소 앞으로 어떻게 살아야 하는지, 어떤 인생을 만들어가야 할지에 대한 지표가 그려지기 시작했다.

귀국해서는 진로를 변경해 프로그래밍을 공부하고 일본에서 시스템 엔지니어로 취업했다. 삶의 지표가 생기자 모든 것이 재미있었다. 글로벌 금융 위기가 닥친 2007년에는 참여 중인 프로젝트가 직접적인 영향을 받아 집에 들어가지 못하는 날이 부지기수였다. 한국에 계시는 어머니에게 월급의 대부분을 보내고 30만 원도 안 되는 돈으로 생활하면서도 즐거웠다. '언젠가 세상 모두에게 사랑받는 서비스를 만들어내자'는 꿈이 있었기에, 이를 응원하며 도와주는 동료들이 있었기에 가능한 일이었다.

포기할 수 없는 일

시간이 더 지나자 경제적 자유와 시간적 자유를 모두 이뤄 나뿐 아니라 주변 사람들과 함께 행복하고 싶단 열망이 커지며 자연스레 스타트업에 대해 생각하는 시간이 많아졌다. 이런 생각에서 출발한 스타트업은 벌써 올해로 6년 차가 됐다. 그동안 같은 목표를 향해 달리다가 이견이 생겨 떠나는 사람들도 있었고, 어렵게 모은 돈이 바닥나버리기도 했다. 처음 계획했던 것과 다른 결과물로 성과를 내지 못해서 초기에 집중했던 분야인 인공지능에 '블록체인'이란 기술을 더하는 쪽으로 사업의 방향을 틀기도 했다. 6년을 일했지만 나는 여전히 '스타트업'에 속하는 일을 하고 있고 성공이란 단어를 쓸 수도 없다. 하지만 그것이 곧 실패라고 생각하지는 않는다.

얼마 전 〈슈가맨〉이라는 예능 프로그램에서 2인조 그룹 가수인 '더 크로스'의 사연을 접했다. 서로 오해를 풀고 다시 힘을 합쳐보려던 때에 멤버 한 명이 교통사고를 당해 어깨 밑의 신체가 전부 마비됐다. 노래는커녕 1년 동안 누워만 있어야 했던 그의 옆을 멤버와 가족들이 지킨 덕분에 지금은 힘겹지만 다시 노래를 할 수 있을 만큼 상태가 호전됐다. 사고를 당한 멤버는 삶을 포기하고 싶었지만 주변 사람들이 대신 그의 삶을 지켜줬다.

그들의 모습이 나의 모습과도 닮아 있다는 생각이 들었다. 투자를 해주고 응원해주는 친구와 선배들이 있었기에, 같은 꿈을 바라보며 어려움을 함께 헤쳐나갈 동료가 있었기에, 언제나 나를 믿어주는 가족이 있었기에 나도 사업을 계속할 수 있었다. 덕분에 나와 내 주변의 행복이라는 지극히 개인적인 목표와 나의 작은 아이디어가 불러올 생활의 큰 변화라는 거시적인 목표가 흔들리지 않을 수 있었다. 그렇기에 나는 앞으로 어떤 실패를 마주하든 계속해서 스타트업을 하고 있을 것이다.

스타트업을 시작하고 마음이 흔들릴 때마다 사업 초기에 만나 들었던 엔비디아 이용덕 대표님의 말을 곱씹곤 했다. "寝るな(네루나 ; 자지 마). 잠을 잘 시간이 어딨어?" 자지도 말고 열심히 일만 하라는 뜻이 아니다. "꿈이 있고 기회가 있고 이렇게 즐겁기까지 한데, 잠이 올 리가 없지!"의 맥락이다. 스타트업은 자식을 키우는 것과 같다. 모든 것이 처음 경험하는 것이기에 미숙할 수밖에 없다. 잘하고 싶은 마음이 굴뚝같지만 그렇지 못할 때가 더 많다. 기다림과 인내의 연속이고 재촉한다고 되는 일도 아니다. 때론 내가 원하는 방향이 아니어도 받아들여야 하고, 무엇보다 마음에 들지 않고 포기하고 싶다고 해서 혼자 두 손 들고 도망칠 수도 없는 일이다. 사랑하는 사람이 생겨서 결혼을 하게 되고, 아이가 태어나 가정을 이루며 성장하는 과정처럼 스타트업은 자연스러운 선택이었고 나를 성장하게 했다. 누군가 내게 왜 계속 스타트업을 하는지 묻는다면 이렇게 답할 것이다.

"스타트업은 제 인생이예요."

마지막으로 스타트업을 꿈꾸는 이들에게 다음과 같은 말을 해주고 싶다.

"스타트업은 자식과 같습니다. 어렵고 힘들어도 절대 포기하지 마세요! 모든 것이 처음일 거예요. 그래서 실수할 수도 있어요. 길게 보시기 바랍니다. 저도 그러려고요."

변화를 대하는 태도
: 2030년이라는 기회

WHERE WOULD I BE IN
FIVE
YEARS

전진하고 싶다면
변화의 흐름을 읽어라

2020년에도 인공지능은 여전히 초강세다. 마치 지금 인공지능의 메인스트림에 편승하지 못하면 앞으로 영원한 낙오자라도 되는 것처럼 모두 지금의 흐름에 편승하기 위해 애를 쓰는 듯 보인다. 이렇다 보니 인공지능 기술을 보유하지 못한 기업들의 불안은 점점 커질 수밖에 없다. 어떻게서든 서둘러 이를 도입해야 할 것 같은 마음에 조바심을 내며 무턱대고 덤벼들기도 한다. 이쯤 되니, 인공지능 기술이 알라딘 램프와 같은 매직 박스로 둔갑해 손에 쥐기만 하면 4차 산업혁명 대열로의 성공적인 입성을 보장하는 신기루를 만들어내고 있는 건 아닌가 싶다.

기술의 트렌드를 이해하는 힘

인공지능 기술은 단연코 중요하다. 올초 미국 라스베이거스에서 개최된 'CES 2020'에서도 볼 수 있듯, 인공지능 기술의 도입으로 디지털 트랜스포메이션digital transformation은 상상 이상의 속도로 산업의 모든 분야에 적용돼 빠르게 확산되고 있다. 그런데 이 인공지능 기술은 하루아침에 하늘에서 뚝딱 떨어진 것이 아니다. 오랜 기간을 두고 한 발자국씩 차근차근 발전되어 온 기술이다. 오늘날 우리가 보고 있는 것은 그러한 과정의 결과다. 특히 2010년 이후 엔비디아의 GPU 컴퓨팅 기술의 혁신으로 큰 발전이 이뤄졌다.

지금 세계를 이끄는 IT 기업들은 기술의 '트렌드'를 정확히 읽고 자신들의 아이디어나 제품에 적용해 시장을 리드해왔다. 우리가 아는 구글, 아마존, 페이스북, 넷플릭스, 엔비디아 등은 모두 탄생한 지 20년 정도밖에 되지 않은 기업들이다. 그런데 이 회사들이 어떻게 기라성 같은 전통적인 업체들을 단숨에 누르고 IT와 인공지능 분야의 최강자가 될 수 있었던 것일까?

구글과 아마존의 인공지능 음성 인식 플랫폼은 전 세계 11억 개 이상의 디바이스에 장착돼 그들만의 에코 시스템echo system 생태계를 훌륭하게 이끌어가고 있다. 아마존의 인공지능 비서 알렉사는 2019년 초를 기준으로 3,500개 기업, 2만 종 이상의 제품에, 구글의 인공지능 비서인 어시스턴트는 100개 기업의 제품에 탑재되어 있다.[*] 이처럼 우리는 알게 모르게 그 생태계에 종속되어 길들여지는 중이다. 이는 지속적인 기술의 트렌드를 읽으며 '변화'를 이끌었기에 가능했던 일이 아닐까. 또한 이들이 이끈 변화는 그 자체로 '트렌드'가 되기도 하며 자신들의 제국을 건설해 가고 있다. 그 누구보다 빠르게.

그동안 IT 분야에 속해 있지 않았던 기업들도 이제는 기술을 도입해 자신들도 IT 업체라며 홍보하는 모습이 눈에 띈다. 지난 100년을 이어왔던 가장 전통적인 방법에 인공지능을 접목해 새로운 모멘텀을 만들어 나가려는 것이다. 이번 'CES 2020'에서 샌즈 홀Sands Hall의 전시는 이런 변화를 잘 보여주고 있었다. '디지털 머니 테크digital money tech, 패밀리 테크family tech, 피트니스 테크fitness tech, 헬스 앤 웰니스 테크health & wellness tech, 슬립 테크sleep tech, 웨어러블 테크wearable tech' 총 6개의 기술이 전시됐고 모든 제품의 홍보에는 'Smart, Intelligence, AI' 등의 단어가 등장하며 새로운 기술의 도입과 변화에 대한 노력을 어필했다.

---

[*] ""사람보다 더 사람 같은"…갈수록 진화하는 AI 비서", 조선비즈, 2019년 12월 01일(https://biz.chosun.com/site/data/html_dir/2019/11/30/2019113001565.html?utm_source=naver&utm_medium=original&utm_campaign=biz)

5장 변화를 대하는 태도 : 2030년이라는 기회　279

안목을 갖춰야만 길게 볼 수 있다

2016년 다보스포럼에서 '4차 산업혁명'이 언급되고 같은 해 이세돌 9단과 알파고의 세기적 대결이 전파를 탄 이후, 인공지능 기술은 거부할 수 없는 트렌드가 됐다. 오래전부터 실리콘밸리의 기업들을 중심으로 인공지능 기술의 연구와 개발을 지속하려는 움직임이 있었다. 특히 기술의 미래 트렌드와 잠재적 실현 가능성을 정확히 읽고 수많은 투자들이 이어지면서 지난 10년간 놀라운 변화와 혁신이 이뤄져왔다. 그렇다면 지금 우리는 무엇을 해야 할까? 이 시점에서 가장 중요한 건 미래와 기술을 바라보는 '안목'과 '플랜plan'이다.

그런데 지금 우리 사회에는 기술을 제대로 바라보는 안목을 갖춘 전문가의 수가 절대적으로 부족하다. 무엇보다 장기적으로 전문가를 양성할 수 있는 교육 과정이 필요하다. 교육은 백년지대계百年之大計라고 하지 않았는가. 시기에 따라 바뀌는 것이 아니라 확고한 신념과 계획으로 세운 교육 정책을 통해 해당 분야의 인재를 양성하고, 각 분야의 전문가로 등용하는 것까지 바라보아야 한다. 금방 달아올랐다가 결과가 나오지 않는다고 바로 방향을 바꿔버리는 플랜은 위험하다. 단번에 결과가 나오는 분야라면 이 세상에 성공하지 않을 기업이 어디 있겠는가. 단기, 중기, 장기 플랜을 세운 후에 당장의 결과에 흔들리지 않고 지속적으로 실행해

나가는 뚝심이 필요하다.

지금 실리콘밸리의 세계 최고 기업들은 10년, 20년, 30년 뒤를 내다본 프로젝트들을 각각 진행하고 있다. 구글의 'X 프로젝트'가 좋은 예다. 현재는 CEO 자리에서 물러난 구글의 공동 창업자 래리 페이지와 세르게이 브린이 구글의 지주회사인 알파벳 산하에 둔 비밀연구소다. 이곳에서는 당장의 현실과는 다소 무관해 보이는 미래의 혁신을 이끌어갈 연구 프로젝트들이 비밀스럽게 진행되고 있다.

이제 패러다임 즉, 기존의 통념을 깨뜨리고 나아가는 변화가 필요한 시점이다. 지난 100년 동안 이어왔던 전통적인 비즈니스 기술은 오늘날 인공지능 기술로 인해 붕괴되고 있다. 거기에 더해 인공지능 기술은 완전히 새로운 비즈니스의 영역을 만들어내고 있기도 하다. 기존 패러다임으로는 예측할 수 없었던 일들 말이다. 더 창의적이고 다양한 패러다임이 필요하다.

그렇다면 이 패러다임의 변화는 어디서부터 어떻게 시작해야 할까? 오늘날의 새로운 패러다임은 '융합'이고 그 대표적인 예가 '공유경제'다. 차와 집을 공유하자는 아이디어를 소프트웨어 플랫폼과 결합시켜 소유자와 이용자의 중계를 실현했다. 인공지능 기술을 도입해 비즈니스 과정에서 생성된 고객의 데이터를 축적하고 관리하며 또 다른 비즈니스에 이용하는 모습도 보인다. 이러한 것들이 모두 아이디어와 기술의 융합으로 탄생한 새로운 비즈니스 마켓이다.

하지만 기술의 융합을 기존 산업에 접목하는 시도를 한 모두가 성공하는 것도, 모두가 단번에 주목할 만한 결과를 낼 수 있는 것도 아니다. 그렇기에 다시 한 번 '장기적 안목과 플랜'을 강조하고 싶다. 인공지능 기술을 도입하기만 하면 모든 것이 해결될 거란 믿음은 환상에 불과하다. 현재 해당 분야의 선두에 있는 기업들도 10여 년을 투자해왔을 만큼 어렵고 힘든 일이다. 기술의 흐름을 읽되, 기술의 패러독스에 빠지는 우는 범하지 않기를 바란다.'

• "[CES 2020 참관기] AI, 장기·지속 투자가 관건이다", 한국경제, 2020년 01월 16일

(https://www.hankyung.com/opinion/article/2020011500651)

파괴적 변화는
어떻게 탄생하는가

　매년 1월 초면 미국 라스베이거스에서 세계 최고의 기술 전시회인 CES(Consumer Electronics Show)가 열린다. 1976년부터 시작됐으니 올해로 53번째다. 이 행사는 문자 그대로 전자제품 전시회다. 그런데 2010년부터는 그 자체로 하나의 거대한 '파괴적 변화'의 모델이 되고 있다.

　CES는 2000년대 초반까지 미국 서부에서 열리는 전자 제품 전시회에 불과했다. 그런데 2010년 이후, 이 행사는 전 세계의 기술 시장을 리드하는 최고의 테크놀로지 전시회로 탈바꿈한다. 개최 시기도 매년 1월 초로 전시회 중 가장 빠르다 보니, 각국의 기업들은 새해부터 자신들이 개발한 첨단 기술을 들고 라스베이거스로 몰려든다. 개최 장소가 라스베이거스라는 것도 주목할 만하다. 세계 최고의 엔터테인먼트 도시의 인프라를 바탕으로 세계 최고의 기술 전시회가 열리다니. CES는 그야말로 기술과 엔터테인먼트가 융합한 하나의 거대한 콘텐츠 플랫폼이 되는 것이다.

이러한 파괴적 변화가 시작된 것은 2010년 이후로 불과 10년도 채 되지 않았다. IT 기술 트렌드의 변화를 읽는 주최측의 안목과 과감한 투자 및 실행 덕분이다. 2010년을 기점으로 IT 산업은 ICT(Information and Communication Technology)로 변화했다. 가전제품에 ICT 기술이 도입되면서부터 우리의 생활에도 많은 변화가 생겼다. CES 주최측은 이러한 트렌드의 변화를 읽고 행사의 슬로건을 기존 '제품' 콘셉트에서 '기술' 콘셉트로 바꿨다. 또한 변화를 이끌기 위해 60년 동안 사용해온 협회의 이름까지 소비자 가전협회Consumer Electronics Association에서 소비자 기술협회Consumer Technology Association로 바꾸는 파격적인 결정을 감행했다. 동시에 국제적 기술 전시회로의 이미지 격상을 위해 과감한 투자도 서슴지 않았다.

자동차를 만들지 않는 자동차 회사

CES가 열리는 LVCC(Las Vegas Convention Center) North Hall. 자동차 회사들의 전시관이다. 입구를 지나 계속 들어가다 보니 맨 안쪽 중앙에 '와!' 하고 탄성이 나올 만큼 거대하고 멋있는 플라잉 택시가 전시돼 있었다. 이번 CES 2020에서 가장 주목받은 현대자동차의 전시관이었다. 그런데 이 전시관에 자동차는 한 대도 없었다. 비행체와 자율주행 이동 수단만 전시되어 있을 뿐이었다. 현대자동차는 인간 중심의 역동적인 미래 도시 구현을 위해 'UAM-PBV-HUB'라는 혁신적인 모빌리티 비전을 전시한 것이다.

현대자동차의 설명에 의하면, UAM(Urban Air Mobility)는 도심 항공 모빌리티로 개인 비행체를 의미한다. PBV(Purpose Built Vehicle)는 목적 기반 모빌리티로 HUB와 도심을 운행하는 자율주행 이동 수단이며, HUB는 UAM과 PBV를 연결하는 터미널 같은 공간이다.

이 거대하고 멋진 모빌리티 비전의 등장이 뜻하는 것은 무엇일까? 현대자동차는 무엇을 보여주려 했던 것일가? 여기에서 찾을 수 있는 파괴적 변화의 해답은 무엇일까? 여기엔 지난 100년 동안 이어져온 전통적인 '자동차'라는 하드웨어 플랫폼 비즈니스에서 모빌리티 서비스 플랫폼으로의 전환이라는 혁신의 의미가 담겨 있다. 기술적으로 좋고 가격도 적절한 차를 만들어 팔던 과거의 비즈니스 모델에서, 이제는 도로를 달리는 자동차가 아닌 인공지능 기반의 에어 모빌리티 공유 서비스로 사업의 미래를 확장해나간다는 전략인 것이다.

2020년, CES 주최측이 발표한 '주목할 만한 5대 기술' 중 하나가 '플라잉 택시'다. 현재 전 세계 약 200개 이상의 업체가 플라잉 택시를 개발하기 위한 연구를 진행 중이다. 그렇다고 단순하게 '현대자동차도 그중 하나겠지'라고 생각하면 오산이다. 앞서도 언급했지만 현대자동차는 플라잉 택시뿐 아니라 비행체와 승객을 연결하는 허브까지 구축한 토탈 운송 서비스 인프라를 구축하겠다는 계획을 갖고 있다. 도시와 사람, 기술 사이에 어떤 '가치'와 '경험'을 만들어 새로운 모빌리티 라이프의 패러다임을 보여줄 것인지 기대가 된다.

과거의 영광을 되돌리는 방법

일본 전자산업의 상징인 소니 전시장에서 놀라운 일이 벌어졌다. 전시장의 가장 중요한 장소인 중앙에 전시된 것은 다름 아닌 자율주행 전기차 '비전Vision-S' 콘셉트였다. 수많은 사람이 몰려들어 연신 사진을 찍느라 야단법석이었다. 2002년 〈타임〉은 소니의

몰락을 예고했었다. 20세기 최고의 전자회사 중 하나였던 소니는 21세기 디지털 트랜스포메이션 트렌드에 적응하지 못하고 과거의 영광에만 사로잡혀 쇠락해가는 기업의 상징이 됐다.

하지만 소니는 반도체와 플레이스테이션, 엔터테인먼트 산업을 통해 오랜 부진의 늪에서 벗어나며 2017년에는 20년 만에 최고 실적을 기록하는 등 부활의 신호탄을 쏘아 올렸다. 그리고 2020년 1월에는 실제 주행이 가능한 전기자동차를 선보이며 미래 모빌리티 산업 분야로의 진출을 세상에 선포하는 쇼케이스를 열었다. 자동차의 미래 트렌드를 예측해 모빌리티 영역에서 새로운 가치를 만들기 위한 소니의 전략을 엿볼 수 있는 기회였다.

인공지능맛 프링글스

샌즈 엑스포 컨벤션센터Sands Expo Convention Center 2층의 샌즈 홀. 미국 최대 생활용품 소비재 회사인 P&G 전시장에 들어섰는데 순간 잘못 찾아왔나 싶어 되돌아 나갈 뻔했다. 전시장을 온통 'LIFE LAB' 로고로 브랜딩해서 헷갈렸던 것이다. 특히 전시장 한가운데의 작은 무대엔 'Building the Consumer Experience Through Blockchain', 즉 블록체인 기술을 통한 소비자 경험 구축이란 슬로건을 내걸어 자칫하면 인공지능 회사의 공간으로 착각할 뻔했다.

그런데 착각이 아니었다. P&G는 인공지능 회사였다. 그들은 서슴없이 이렇게 말했다. 'Innovating, operating like a startup to compete with startups.' 자신들은 스타트업처럼 혁신하고 스타트업과 경쟁하기 위해 빠른 의사 결정을 한다는 것이다. CES 2020에서 혁신상을 받은 오랄비Oral-B 전동칫솔을 비롯한 5개의 제품에 인공지능과 지능형 IoT 기술을 바탕으로 올인원 커넥티드 케어 시스템을 제공하는 최신의 혁신 기술을 도입했다고 발표하기도 했다. 프링글스 감자칩으로 친숙한 182년 전통의 생활용품 회사가 이젠 생활 인공지능 기술 회사로 우뚝 서는 변신을 시도한 것이다.

커스텀 화장품을 만들어드립니다, 딱 하루치만

라스베이거스 다운타운 벨네시안 타워 34층, 209호. 이 작은 회의실은 로레알L'Oreal의 전시장이었다. 지난 CES 2019와 비교해 가장 큰 파괴적 변화를 이끈 업체를 묻는다면 주저없이 로레알을 꼽을 것이다. CES에서 만난 많은 지인과 기자들에게도 마찬가지였다. 2019년, 로레알은 피부의 수분 수준을 측정하는 웨어러블 스티커를 들고 나왔다. 스티커를 붙이고 있으면 포함된 웨어러블 센서가 작동해 15분 이내에 피부가 산성인지 알칼리성인지 알 수 있었다. 스티커를 촬영해 애플리케이션에 전송하면 색상 변화를 통해 결과를 알려주는 방식이었다. 사실 별로 특별할 것 없는 기술이었다. 그런데 올해 로레알은 1년 사이의 성과라고는 믿기 힘들 만큼 혁신적인 제품을 들고 나왔다.

인공지능 기반의 개인 맞춤형 화장품 제조기라고 할 수 있는 이번 제품은 고객의 피부 상태를 체크하고 취향과 트렌드, 날씨를 고려해 그날 가장 최적화된 화장품을 딱 한 번 쓸 양 만큼만 만들어주는 기능을 갖추고 있었다. 사용법은 간단하다. 아침에 일어나 스마트폰 애플리케이션에 접속해서 얼굴을 스캔하기만 하면 '스킨케어 로션, 파운데이션, 립스틱' 3가지의 개인 맞춤형 화장품이 만들어진다. 이 제품의 이름은 페르소 PERSO. 만약 이 제품이 성공해 상용화된다면 코스메틱 시장에는 어떤 변화가 일어날까? 전통적인 오프라인 매장에서 샘플을 사용해보고 직원의 추천을 받아 화장품을 샀던 구매 방법은 힘을 잃을 것이다. 로레알은 제조업에서 서비스업으로 변화했다. 여기에 바로 혁신의 키가 있다.

연 13회, 수확의 기쁨

P&G의 전시장이 있던 같은 층에 '텃밭'이 등장했다. 세계 최대 IT 전시회인 CES에 텃밭? 그것도 레고 블록처럼 연결해서 쓸 수 있는 전형적인 40피트 컨테이너에 꾸려진 텃밭이었다. 컨테이너를 원하는 위치에 연결하기만 하면 나만의 농장이 만들어졌다. 각각의 컨테이너, 플렌티 큐브plenty cube에는 내가 원하는 작물을 재배할 수 있었다. 인공지능 운영 플랫폼과 IoT 기술이 큐브 전체의 온도, 습도, 조도, 산소량, 이산화탄소량 등을 자동으로 분석하고 최적화된 환경을 조성하며 흙이 아닌 자체 개발한 특수 배양액에서 작물을 재배하는 방식이었다. 이와 같은 최적의 환경으로 연 13회까지 수확이 가능하며 영양 성분 기능을 조절한 작물을 만들 수도 있다. 이를테면, 신장질환 환자를 위해 칼륨을 80% 줄인 채소, 당뇨병 환자를 위해 당을 조절한 작물 등을 만들 수 있는 것이다. 이만하면 가히 농업계의 마이다스의 손이라고 지칭할 수 있지 않을까.

그런데 더 놀라운 것은 이 텃밭을 만든 주인공이 '엔씽'이라는 대한민국의 스타트업이라는 것이다. CES에 농업 관련 제품이 전시된 것은 처음이었는데, 이들은 등장과 동시에 CES 2020 스마트 시티smart city 최고 혁신상을 받았다. 수상 부문이 고개를 갸우뚱하게 만들지만, 아마 스마트 팜smart farm이나 팜 테크farm tech 영역이 분리돼 있지 않아 스마트 시티 분야에서 '최고 혁신상'이란 이름으로 상을 준 것이 아닐까 싶다.

이들의 기술 중 가장 놀라운 것은 자체 개발한 특수 배양액이다. 땅이 아닌 이 특수 배양액에서 작물을 수경 재배하면, 식물의 생육 상태를 최적화하고 통제해 연 13회의 수확이 가능하다. 이미 국내의 요식업체 중 투뿔등심과 붓쳐스컷에서 이렇게 재배된 채소를 사용 중이라고 한다. 일론 머스크는 2035년에 인류 최초로 화성에 가겠다는 발표를 했는데, 엔씽도 마찬가지로 2035년에 인류 최초로 화성에 스마트 팜을 세우겠단 야심찬 목표를 발표했다. 부스를 둘러보던 나는 이들의 꿈이 꿈에서 그치지 않을 것이라는 걸 알아챘다. 이미 이들은 생각을 행동으로 옮겨서 보여줬기 때문이다. 변화는 생각이 아니라 작게 내딛는 한 발자국의 실행에서부터 시작된다.

매년 참석하는 CES지만 특히 이번 해엔 지난 5년간 추적해온 기업들의 변화가 구체적인 성과로 드러났다는 점이 흥미로웠다. 매년 큰 변화를 거듭해 리더가 된 업체도 있었고 5년 전이나 지금이나 변화하는 세상 속에서 방향을 잡지 못하고 뫼비우스의 띠에 갇혀 여전히 팔로워에 머문 업체도 있었다. 다들 '변화해야 한다'는 생각은 똑같이 했을 텐데, 그 결과 면에서는 큰 차이가 있었던 것이다.

이젠 변해야만 살아 남을 수 있다. 그런데 단순히 '이게 대세래!'라며 따라가는 것으로는 안 된다. '스스로 덧붙인 생각'이 있는 변화여야만 그 의미가 있다. 지금의 변화가 자신에게는 어떤 영향을 끼칠 것인지를 촘촘히 분석하고 적용해 나아갈 포인트를 찾아야 한다. 이때 중요한 또 한 가지는 '조바심 내지 않는 마음'이다. 변화의 속성은 '점진적'이다. 적지 않은 시간을 들여 한 걸음씩 일궈낸 변화의 끝에 섰을 때에야 비로소 자신도 인지하지 못한 사이에 '파괴적 변화'를 성취했다는 것을 깨닫게 될 것이다. 오늘날 기술의 변화와 디지털 트랜스포메이션은 중장기적인 플랜과 투자, 그에 걸맞은 노력으로 이뤄졌다는 것을 기억해야 한다. 근시안적인 시야로 눈에 보이는 결과만을 쫓다가는 몇 년이 지나도 팔로워의 자리에 머물러 있을 테다. 묻고 싶다. 팔로워와 리더, 당신은 어떤 자리를 향해 나아가고 있는가?

세계는 지금
인공지능 전쟁 중

2016년 3월, 알파고의 갑작스런 출현으로 인공지능 기술은 전 세계에 화려하게 데뷔하게 됐다. 인간과 인공지능의 대결은 세상의 이목을 끌 만한 이슈였으며 구글은 이 황금 같은 찬스를 살려 자신들의 기술을 대대적으로 알리는 데 여념이 없었다. 게다가 이세돌 9단이 대망의 4국에서 알파고를 상대로 거둔 승리는 인류가 인공지능을 머릿속에 각인하게 되는 계기가 됐다. 이후 세계는 인공지능의 광풍에 휘말리게 된 듯 보였다.

헤이 구글! 하이 알렉사!

2017년 1월, 두 가지의 놀라운 일이 발생했다. 하나는 트위치에 올라온 영상이었다. 구글의 인공지능 음성 비서인 구글 어시스턴트를 탑재한 스피커 '구글 홈' 2대가 대화하는 영상이 며칠째 실시간으로 생중계되며 세간을 떠들썩하게 하고 있었다. 누적 조회 수는 340만을 기록했다. 각각의 인공지능 스피커에 희곡 《고도를 기다리며》의 두 주인공 이름을 쓴 포스트잇을 붙여 실제 블라디미르Vladimir와 에스트라곤Estragon이 대화하는 것처럼 느껴지기도 했다. 이를 보고 있자니 둘의 대화는 인간의 대화보다 정확할지도 모르겠단 생각이 들었다. 그들은 이전에 자신들이 나눴던 대화를 빠짐없이 기억하고 있었기 때문이다. 대화의 주제는 광범위했다. 한 번도 먹어본 적이 없고 먹을 수도 없는 음식에 대한 이야기부터 우주와 신의 존재에 대한 이야기를 나누기도 했다. 때로는 어린 아이들의 대화처럼 유치하기도 했고 시간 날 때는 무엇을 하느냐며 취미를 묻기도 했다. 또 한 가지 흥미로웠던 것은 그들이 '인간인 척'을 한다는 점이었다. 서로가 인간이라고 주장하기도 히고 이를 증명하라고 다그치는 모습을 보이기도 했다. 어쩌면 이들은 정말 인간이 되기를 원하는 것은 아닐까. 실시간으로 중계되는 이 영상을 보다가 섬뜩함이 느껴졌다. 인공지능의 기술이 어디까지 발전할 것인지 두려워서였을까.

또 하나는 미국 샌디에이고의 CW6 방송 뉴스였다. 방송에서는 텍사스에 사는 6살 소녀가 아마존 에코를 통해 170달러짜리 인형의 집과 4파운드의 슈가쿠키를 주문했다는 소식을 전했다. 이때 앵커가 '하이 알렉사! 인형의 집을 주문해줘'라고 말한 아이의 주문 멘트를 그대로 따라했는데, 뉴스를 틀어놓고 있던 미국 각 가정의 아마존 에코가 이에 반응해 실제로 동시 주문을 하는 해프닝이 벌어졌다. 귀엽고 황당한 일이었지만 그저 웃고 넘기기에는 생각해볼 포인트가 많은 일들이었다.

언급한 사례는 아마존과 구글의 치열한 인공지능 전쟁의 서막이라고 볼 수 있다. '알렉사'와 '헤이, 구글'로 대변되는 각 기업의 인공지능 음성인식 시스템의 한판 승부가 시작된 것이다. 이들은 해당 소프트웨어 API를 무료로 공개해 전 세계 모든 회사들이 자유롭게 기술을 활용할 수 있도록 했다. 그렇게 함으로써 에코 파트너십echo partnership을 만들어 나가겠다는 것이다. 그런데 말이 에코 파트너십이지, 실은 세계의 기업들을 자신들의 인공지능 기술 영역 안에 가두고 있는 것이나 마찬가지다. 이젠 가정과 사무실, 차 안에서까지 이들의 음성인식 기술이 탑재된 제품을 사용하게 됐다. 현재 구글의 기술이 탑재된 디바이스가 10억 대, 아마존의 기술이 탑재된 디바이스가 1억 5천만 대라고 한다.

이제 세상은 음성 유저 인터페이스 VUI(Voice User Interface)와 음성 유저 경험 VUX(Voice User Experience)로 바뀌어가고

있다. 13년 전 영화 〈아이언맨〉에서 등장한 인공지능 비서 자비스가 실제 우리 생활 속으로 들어온 것이다. 이처럼 우리가 상상해왔던 것들의 많은 부분이 현실로 옮겨오고 있다. 바로 인공지능 기술에 의해서 말이다. 묻고 싶다.

'헤이 구글! 하이 알렉사! 얼만큼 더 발전할거니?'

지식을 다운로드 하시겠습니까?

2017년 3월, 테슬라 CEO 일론 머스크는 인간의 뇌신경과 컴퓨터가 데이터를 주고받는 기술을 연구하고 개발하기 위해 '뉴럴링크Neuralink'를 설립했다는 기자회견을 했다. 뉴럴링크의 목표는 30년 후 인간의 뇌에 슈퍼 컴퓨팅 기능을 넣은 'AI Human'을 만드는 것이었다.

그는 이미 2015년 3월, 〈네이처 나노 테크놀로지Nature Nano Technology〉에 발표된 하버드 대학교 화학 및 화학생물학과 리우 지아Liu Jia 교수팀의 뉴럴 레이스neural lace, 신경 그물망 논문을 바탕으로 연구 및 개발을 진행 중이라며 'AI 휴먼'의 청사진을 발표한 바 있다. 인간의 뇌에 초소형 칩인 뉴럴 레이스를 이식해 뇌신경과 컴퓨터가 서로 소통하게 하는 것이다. 이 프로젝트가 성공하면 뇌의 정보와 컴퓨터의 정보가 서로에게 전송돼 인간의 지능을 원하는 대로 확장할 수 있다. 이는 슈퍼 AI 휴먼의 탄생 가능성을 의미한다.

뉴럴링크 설립을 공표하고 2년이 지난 2019년 7월, 일론 머스크는 이 연구 개발의 진행 상황을 업데이트해 공유하며 뉴럴 레이스 칩을 개발했다고 밝혔다. 이 칩은 머리카락보다 얇은 1,000개의 실로 만들어졌으며 이 실들을 머리 속에 이식 또는 탑재해 데이터를 주고받게 된다. 현재는 동물을 대상으로 임상 실험을 진행 중이고 2020년 말에는 인간을 상대로 임상 실험을 하기 위해 준비 중이라고 했다.

이 기술이 완성되고 나면 '지식'의 개념은 완전히 바뀔 것이다. 이젠 아인슈타인이 평생을 바쳐 연구한 상대성원리 이론과 지식을 블록체인 플랫폼에 디지털 머니를 지불하고 불과 몇 초만에 다운로드받게 될 수 있을지도 모른다. 2017년 개봉한 영화 〈공각기동대〉에서 사이보그를 열연한 스칼릿 조핸슨을 우리 주변에서 볼 수 있는 날이 머지 않은 듯하다.

인간의 조건을 학습하는 로봇

2020년 1월, CES 2020 센트럴 홀의 한 전시장 앞에서 나는 충격에 휩싸여 걸음을 멈췄다. 인공인간artificial human을 본 순간이었다. 부스에는 성별, 인종, 직업을 특정하지 않은, 실제 사람의 모습과 똑같은 20여 명의 인공인간이 전시돼 있었다. 부스가 아니었으면 그냥 이곳에 방문한 사람이라고 생각됐을 정도여서 뒷목에 소름이 돋았다. 데모 시연 시간도 있었다.

"너는 인간이야 뭐야?"

"안녕하세요, 저는 네온이에요. 저는 인공인간입니다. 저는 지금 사람처럼 말하고 행동하는 것을 학습하고 있어요."

"한국어를 할 수 있어?"

"안녕하세요, 만나서 반갑습니다."

소름끼칠 정도로 인간과 똑같은 모습을 하고 있는 이들은 '스타랩스STAR Labs*'가 극비리에 추진해온 인공인간 프로젝트 '네온NEON'이었다. 2009년 〈MIT 테크놀로지 리뷰〉에서 발표한 '세계에서 가장 영향력 있는 젊은 과학자 35인'에 뽑힌 천재 과학자이자 이 프로젝트를 총괄한 스타랩스 CEO 프라나브 미스트리Pranav Mistry는 '가상에서 만들어낸 것을 진짜라고 믿을 수 있는가?'라는 질문에서 인공인간의 개발이 시작됐다고 설명했다. 그는 '실제 사람처럼 생긴 네온은 수백만 가지의 표정을 지을 수 있으며 다양한 외국어도 구사할 수 있다'며 설명을 이어갔다. 자체 개발한

---

* Samsung Technology&Advanced Research : 삼성전자의 미국 연구개발(R&D) 조직인 삼성리서치아메리카(SRA) 산하 연구소

소프트웨어인 '코어 R3'로 네온을 만들었는데 'R3'는 '현실reality, 실시간realtime, 반응responsive의 의미를 담고 있다. 실시간으로 바로 반응하는 인공인간을 만든 것이다.

나는 기술의 변화를 느끼기 위해 3일 연속 네온 전시장을 찾았다. 그리고 자문했다. '이 기술의 변화는 어디로, 어떻게 흘러갈까?' 지금과 같은 기술의 변화는 개인뿐 아니라 모든 기업, 나아가 국가의 흥망성쇠로까지 연결되기 때문이다. CES에 참가한 전문가들은 'AI는 모든 산업의 판도를 뒤바꿀 것'이라고 입을 모아 이야기했다. 이제 세계의 모든 기업들은 가능한 많은 범위 내에서는 모두 인공지능 기술을 도입할 것이다. 이는 개인의 라이프스타일과 기업의 전략, 산업 생태계 전반에 많은 영향을 미칠 테다. 우리는 이런 중요하고도 엄청난 변화에 어떻게 대비해야 할까?

인공지능 기술은 눈에 띄는 하드웨어가 아니라 소프트웨어 플랫폼이기에 우리가 크게 인지하지 못할 수 있다. 하지만 이것은 이미 우리 삶에 깊숙이 들어와 있다. 우리가 한시도 손에서 떨어뜨리지 않는 스마트폰만 봐도 그렇다. 각종 인공지능 기술이 탑재돼 있고 가전제품도 예외는 아니다. 챗봇으로 대표되는 다양한 로봇들이 존재하며 모빌리티 비즈니스와 자율주행차 등이 삶에 편리를 더하고 있다. 이러한 기술들은 매년 획기적으로 진화하는 모습을 보이기도 한다. 또한 지능형 사물 인터넷Intelligence IoT의 발달로 초연결이 이뤄지며 스마트 홈, 스마트 시티로의 발전도 거듭하고 있다.

특히 IT가 아닌 분야에서 혁명의 바람이 거세게 불고 있다. 인공지능 체질로 개선되지 않으면 영원한 낙오자가 될 수밖에 없다는 절박감을 느꼈기 때문이다. 심지어 리딩그룹leading group에 있는 실리콘밸리의 기업들조차도 인공지능으로의 기술 전환을 더욱 가속화하는 중이다. 이젠 모든 비즈니스의 중심에 인공지능이 있다. 우물쭈물하다가는 지금 갖고 있던 것마저 잃어버릴 수 있다. 매출을 올려 사옥을 짓고 직원의 수를 늘리는 것보다 더 중요한 건 인공지능 기술로 무장하는 것이다. 혹시 지금 '너무 늦었다'는 생각을 하진 않았는가? 아니다. 괜찮다. 인공지능 기술 혁명은 이제부터가 시작이다. 지금이 바로 망설임을 그치고 무기를 갖춰 이 전쟁에 참전해야 할 때다.

100년 된 기업이 10년 된 기업에 종말을 맞이하고 있다

2016년 10월, 미국 실리콘밸리의 중심인 산 호세^{San Jose}에 '산타나 로^{Santana Row}'라는 계획 타운이 조성됐다. 캘리포니아에서 보기 힘든 유럽 풍의 다운타운으로 거리에는 고급 레스토랑과 호텔이 즐비했다. 명품숍이 모인 쇼핑센터의 한가운데에는 얼핏 보기에도 특이한 상점이 하나 있었다. 전기차로 새로운 기술의 패러다임을 만들어 나가고 있는 '테슬라'의 전시장이었다. 화려한 매장 안에는 붉은색의 레드 멀티코트^{red multi-coat}와 군청색의 딥 블루 메탈릭^{deep blue metallic} 테슬라 모델S가 전시돼 있었다. 조명과 어우러진 자동차는 단아하고 당당한 자태를 뽐냈고 보는 것만으로도 명품을 소유하고 싶은 욕망을 자극했다. 또한 고객의 편한 감상을 위해 매장 안의 직원들은 고객이 찾기 저에는 먼저 고객 앞에 나서지 않았다.

차를 둘러보는데 벽에 '자동 항법 장치auto pilot' 홍보 포스터가 붙어 있었다. 레벨2*의 자율주행 플랫폼을 소개하는 내용이었고 세계 최초로 7,500달러(약 850만 원)에 판매 중이었다. 궁금해서 직원에게 자세한 설명을 부탁하니 돈을 지불하면 자동 항법 장치 소프트웨어가 자동으로 차에 깔린다고 했다. 생각지 못한 얘기에 충격을 받았다.

'아, 이 차는 소프트웨어 차구나!'

기존의 엔진 자동차와는 다르다는 것을 그제야 깨달았다. 가격이 궁금해 물으니 친절하게 40인치 벽걸이 모니터 앞으로 안내해 줬다. 모니터에서 내가 원하는 사양을 터치하자 최종 가격이 나

---

* 미국자동차기술학회(SAE)의 기준에 따른 자율주행 자동차의 자동화 단계는 다음과 같다.
  - Level 0(전통적주행) : 운전자가 모든 것을 통제
  - Level 1(부분 보조주행) : 속도 및 차량 간 거리 유지, 차선 유지 등에 시스템이 일정 부분 개입
  - Level 2(보조주행) : 특정 상황에서 일정 시간 동안 보조주행하며 필요 시 운전자가 즉시 개입
  - Level 3(부분 자율주행) : 고속도로와 같은 조건에서 자율주행하며 필요 시 운전자가 즉시 개입
  - Level 4(고도 자율주행) : 제한 상황을 제외한 대부분의 도로에서 자율주행
  - Leverl 5(완전 자율주행) : 운전자는 목적지만 입력, 운전대와 페달 제거 가능

오고 배송 날짜를 확인할 수 있었다. '혁명'이라고 생각했다. 지난 100년을 이끌어 온 내연기관 자동차의 시대가 저물고 새로운 자동차 기술의 시대가 열린다는 것을 생생하게 체험한 순간이었다.

테슬라는 기술의 혁명뿐 아니라 마케팅과 판매에도 혁명적인 시스템을 도입했다. 명품 쇼핑센터 한가운데에 전시장을 만들어 고객의 욕구를 자극하며 명품 브랜딩 작업을 훌륭히 해냈다. 또 기존의 자동차 업체들이 딜러를 통해 차를 판매하던 방식에서 벗어나 고객에게 직접 차를 판매함으로써 유통 비용을 줄이고 있었다. 들리는 얘기에 의하면, 앞으로는 전시장조차 없애고 인터넷으로만 판매를 할 예정이라고 했다.

자동차 업계에 일어난 지각 변동

- 2018년 3월, 미국 제너럴 모터스(GM)의 자율주행 부문 자회사인 크루즈가 기자회견을 했다. 2019년 4분기부터 레벨4의 자율주행 자동차를 생산·판매하기 위한 생산라인 건설 비용으로 1조 원을 투자한다고 발표했다. 동시에 핸들과 액셀레이터, 브레이크가 없는 자율주행차 동영상을 전 세계에 선보였다.
- 2018년 11월, 구글의 자율주행차 회사인 웨이모는 미국 애리조나주 피닉스시에서 자율주행 택시 서비스를 시작할 것이라는 기자회

견을 했다. 그러고는 같은 해 12월 5일, '웨이모 원Waymo One'이란 이름의 자율주행 택시 서비스를 시행했다.

• 2019년 4월, 테슬라 CEO 일론 머스크는 투자자 데이invester day에서 2020년 100만 대의 로봇 택시를 서비스하겠다고 발표했다. 고객이 자신의 차를 웹에 등록해 놓으면 사용하지 않는 시간 동안 공유용 택시로 활용해 수익을 창출하는 형식이었다. 수익의 70%는 고객에게, 30%는 테슬라에 분배된다.

• 2020년 1월 22일, GM의 크루즈가 미국 샌프란시스코에서 완전 자율주행차인 '오리진Origin'을 발표했다. 운전자의 개입이 전혀 필요 없는 레벨5의 자율주행이 가능한 실물 차량은 오리진이 세계 최초였다. 핸들과 액셀레이터, 브레이크가 없고 탑승자가 안전벨트를 착용한 후 문쪽에 있는 '시작' 버튼을 누르면 차가 알아서 출발한다. 크루즈 측은 차 곳곳에 설치된 카메라와 센서로 교통 상황을 파악해 목적지까지 안전하게 스스로 주행한다고 덧붙이며 실제 양산이 가능한 모델이라는 점을 강조했다.

• 2020년 2월 4일, 테슬라의 주가는 장중 968.99달러를 기록했다. 178달러였던 작년 6월과 비교해 8개월 만에 5배가 넘게 상승했다. 중국의 기가팩토리2 공장이 정상적으로 가동되기 시작하면서 모델3가 안정적으로 공급된 것이 주가 상승의 주요한 원인 중 하나였다. 더 놀라운 것은 테슬라의 시가 총액이 도요타에 이어 세계에서 2번째로 큰 규모라는 점이다. 폭스바겐, 제너럴 모터스, 다임러, 포

드를 모두 다 제치고 말이다.

지난 4년간 자동차 산업에 일어난 기술 변화를 주요 시간 순으로 요약해봤다. 어느 산업보다도 숨가쁘게 진행된 이 변화는 가히 혁명적이다. 기술 패러다임의 변화로 100년을 이어온 자동차 생태계가 뿌리부터 흔들리고 있다. 이러한 혁신은 그 변화의 과정에서 살아남기 위한 자동차 산업의 몸부림일 테다.

자동차 제조업 시대의 종말

지난 2019년 11월, 독일의 아우디 자동차는 대규모 인원 감축을 발표했다. 2025년까지 약 9,500명을 감축하겠다고 했는데 이는 전체의 10%가 넘는 인원이다. 그런데 이 인원 감축의 원인은 비즈니스의 부진이 아니다. 내연기관 자동차에서 전기 자동차로 기업의 중점 산업을 변경하는 과정에서 발생한 다운사이징이었다. 전기 자동차에 들어가는 부품 수는 내연 기관 자동차의 약 1/7이다. 제작 과정 또한 단순해 지금처럼 많은 생산 인력을 필요로 하지 않는다. 이에 아우디는 감원과 조직 개편으로 2029년까지 600억 유로(약 78조 원)의 비용을 절감할 예정이다. 이렇게 절약한 자금은 향후 전기차와 자율주행차 등 미래 기술 개발에 투입하겠다는 계획이다.

벤츠가 있는 다임러 그룹도 전기차를 포함한 미래 자동차 시장의 변화에 대응하기 위해 2022년까지 인원을 감축하고 10억 유로 이상의 비용을 절감하겠다고 밝혔다. 독일 자동차 부품업체 콘티넨탈 또한 2028년까지 5,000명가량의 인원을 감축하겠다고 발표했다. 도대체 무슨 일이 일어나고 있는 것일까? 이들이 바라보고 있는 것은 10년 후의 미래다. 시장과 기술, 비즈니스 형태의 변화를 읽고, 전기 자동차, 자율주행 자동차, 자율주행 차량 공유 서비스 등을 통해 카멜레온처럼 대규모의 변신을 시작하고 있는 것이다. 이는 내연기관 자동차로 이어온 지난 100년의 명성과 전통을 향후 100년으로 이어가며 새로운 기술 변화 시대에 걸맞은 리더의 자리를 차지하기 위한 시도다.

미국과 일본의 상황도 다르지 않다. GM은 최근 몇 년간 글로벌 사업장은 물론 공장까지 폐쇄해서 아낀 비용을 크루즈의 전기자동차와 자율주행차 기술에 집중 투자했다. 포드 또한 2019년 6월, 다섯 곳의 공장 폐쇄를 결정했고 닛산도 최근 12,000여 명 수준의 인력 감축 계획을 발표했다. 현대자동차는 아직 이렇다 할 발표는 없었지만, 외부 자문위원으로부터 '자동차 생산 기술의 변화로 2025년에는 제조 인력을 최대 40%까지 줄여야 한다'는 컨설팅 결과를 받았다고 한다. 폭스바겐 CEO 헤르베르트 디스Herbert Diess는 2020년 1월 기자회견에서 이렇게 말했다.

"전통적인 자동차 제조사들의 시대는 끝났다."

작년 1,830만 대를 팔며 자동차 제조업에서 1위를 한 폭스바겐이기에 더욱 놀라운 발언이었다. 그는 앞으로 전기차의 시대가 올 것이며 하이브리드인 연료 전지 차량은 10년간 경쟁력이 없을 것이라고 예상하면서 이렇게 덧붙였다.

"자동차 산업은 현재 극심한 변화의 시대를 맞이하고 있다. 폭스바겐 그룹이 속도에 맞춰 적응하지 못하면 한때 전성기를 누렸지만 이제는 기억 속에 묻힌 노키아처럼 될 수도 있다. 그런데 폭스바겐이 자동차 산업의 급격한 변화에 빠른 속도로 적응할 수 있을지는 의문이다."

미래에 폭스바겐 그룹이 재정적 위험에 빠질 수도 있다는 냉철한 자기 객관화도 빠뜨리지 않았다. 현재 자동차 산업의 빠른 변화에 위기의식을 느끼고 있는 거대 그룹의 수장에게서 나온 솔직한 이야기여서 더 진정성 있게 다가왔다.

모빌리티 비즈니스가 일으킨 광풍

이와 같이 자동차 업계는 1907년 포드 자동차 'T'가 나오면서 맞이했던 기술 혁명을 113년이 지난 오늘날 다시 맞이하고 있다. 이런 폭풍을 일으킨 모빌리티 비즈니스가 의미하는 것은 무엇일까?

모빌리티 비즈니스는 서비스 플랫폼 비즈니스다. 특히 무인 자율주행차 기술이 완성되면 무인 자동차 공유 플랫폼으로 시장을 선점한 업체에는 다이아몬드 광산과 같은 노다지의 시장이 열릴 것이다. 공유 플랫폼이 이 산업의 핵심 키다.

플랫폼은 생산과 소비, 공급과 수요, 공급자와 소비자가 인터넷에 설치된 운영체제 위에서 동시에 움직이며 작동하는 공간이다. 제품을 공급하는 건 제3자다. 이 지점에서 지난 100년 동안 '제품'을 잘 만들어 팔아온 자동차 산업과 가장 큰 차이가 발생한다. 플랫폼을 제공하는 기업은 소비자들이 좋은 서비스와 제품 제공처를 선택할 수 있도록 돕는다. 좋은 서비스와 제품이 공급되도록 품질 관리도 지속적으로 이뤄진다. 실시간으로 양질의 서비스를 저렴하고, 빠르고, 친절하게 제공하는 것이다.

공유 플랫폼 비즈니스를 탄생시킨 주역은 단연 '우버'다. 우버는 2009년 3월 샌프란시스코에서 탄생했다. 1년 후인 2010년 6월부터 해당 지역을 중심으로 최초의 차량 공유 플랫폼 서비스를 시작했고, 9년이 지난 오늘날에는 82조 6천억 원의 기업 가치를 지닌 거대 기업으로 성장했다. 그리고 지금 이 시장에는 미국의 리프트, 중국의 디디추싱, 동남아의 그랩, 인도의 올라 등이 뛰어들어 우버를 맹추격 중이다. 특히 디디추싱은 중남미에 진출해 70조 원의 기업 가치를 기록하며 우버의 뒤를 바짝 쫓고 있다. 놀라운 진격이다.

골드만삭스에 의하면 전 세계 차량 공유 비즈니스 시장은 2017년을 기준으로 8년 만에 39조 원의 규모를 달성했다. 2030년 엔 305조 원의 거대한 산업 영역이 구축될 것으로 예측된다. 세계의 모든 IT 업체들이 앞다퉈 자동차 공유 업체에 투자하는 이유가 여기에 있는지도 모른다.

100년된 기업이 10년된 기업에 종말을 맞이할 지도 모르는 시대가 왔다. 자동차 산업의 붕괴와 종말은 이렇게 소리 없이 진행되고 있었다. 새로운 100년을 이끌 기술로 무장한 영웅들도 우리 생활에 성큼 다가와 있다. 비단 자동차 산업에만 국한된 이야기가 아니다. 죽느냐 사느냐! 목숨이 달린 심각한 게임이 모든 산업 곳곳에서 벌어지고 있다.

당신이 만들
2030년을 상상하라

이번 CES 2020의 최대 서프라이즈 중 하나는 아직 제품을 공식 론칭하지도 않은 한 신생 스타트업이 키노트keynote 무대에 오른 것이다. 세계적으로 쟁쟁한 기업이나 막대한 자금을 스폰서 한 회사만 오를 수 있는 자리에 신생 스타트업이 오른 것은 그 자체로 이례적인 일이었다. CES도 큰 변화를 맞이하고 있다는 생각이 들었다.

모두를 놀라게 한 주인공은 2004년 〈포춘Fortune〉에서 꼽은 '세계에서 가장 영향력 있는 여성 기업인'에 이름을 올리기도 했던 前 HP CEO 맥 휘트먼Meg Whitman이었다. 영화감독 스티븐 스필버그와 '드림웍스 픽처스'를 공동 창업했던 제프리 카젠버그Jeffrey

Katzenberg도 그와 함께 키노트 무대에 올랐다. 각각 올해 우리나라 나이로 64살, 70살인 두 사람은 노익장을 과시하듯 자신 있는 목소리로 세계 스트리밍 시장을 뒤흔들 혁명적인 플랫폼의 탄생을 선포했다. 그들의 기조 연설을 들으며 베테랑 창업자들이 기존 미디어 스트리밍 시장을 뒤엎을 파괴적 아이디어를 들고 나왔다는 것에 다시 한 번 놀랐다.

더 짧게, 더 재미있게, 더 가치 있게

이들이 발표한 글로벌 숏폼short-form 스트리밍 서비스 '퀴비Quibi'는 스마트폰에 최적화된 10분 안팎의 짧은 영상 콘텐츠를 제공하는 플랫폼이다. '퀴비'는 'Quick Bites'의 줄임말로 '빨리 베어무는 한 입'이라는 의미다. 기존에도 짧은 영상을 서비스하는 플랫폼은 있었지만 퀴비가 특별한 지점은 '10분짜리 스마트폰용 영화'를 제공한다는 것이다.

세상이 '밀레니얼 세대'에 집중할 때 두 사람은 그 다음 세대인 'Z세대'를 겨냥한 사업을 준비했다. Z세대가 흐름을 주도할 날이 멀지 않았음은 '스티븐 스필버그, 기예르모 델 토로, 샘 레이미' 등 이 서비스에 참여하는 창작자 라인업의 비범함이 증명해주는 듯하다. 이러한 창작자 라인업을 기반으로 오리지널 콘텐츠를 제공하는 것은 기존 숏폼 플랫폼들이 프로슈머 기반의 서비스라는 것과도 차별화되는 지점이다. 또한 퀴비는 헐리우드 영화에 버금가는 하이 퀄리티의 영상을 제공하는 동시에, 자체 개발한 '턴스타일turnstyle' 기술로 스마트폰의 작은 화면이 갖는 단점을 극복했다. 같은 장면에서도 가로 방향으로 볼 때는 배경이 포함된 전체 화면을, 세로 방향으로 볼 때는 인물의 얼굴 같이 특정 부분을 클로즈업해 보여주는 등 각 방향에 최적화된 영상을 제공한다. 이는 고객의 경험치를 극대화하는 기술적 전략이며, 넷플릭스와 틱톡의 장점만을 취한, 스마트폰 세대를 위한 넷플릭스의 틱톡 버전이라고 볼 수 있겠다.

또 하나 신선했던 것은 플랫폼 운영 기획력이었다. '공포 영화는 해가 저문 밤에만 볼 수 있습니다'와 같은 카피를 내세우며 특정 시간대에만 시청할 수 있는 영상을 기획한 것이 눈에 띄었다. 소비자의 심리를 자극하는 전략을 사용한 것이다. 초기 론칭 콘텐츠는 모두 5~10분 이내로 구성했고, 175개의 오리지널 쇼와 8,500개의 영상을 론칭과 동시에 제공했다. 맥 휘트먼은 사용자가 원하는 것이 무엇인지 알기 위해 머신러닝을 활용하고 매일 25개의 쇼를 포함한 고객 맞춤형 피드를 제공할 것이라고 덧붙였

• "10분 동영상 '퀴비' 글로벌 출시… OTT에 부는 '숏 폼' 바람", news1, 2020년 04월 08일(https://www.news1.kr/articles/?3899740)

다. 퀴비는 출시도 전에 이미 1조 2천억 원의 투자를 받았으며 영상에 삽입될 광고 계약액만 벌써 1천2백억 원을 기록했다. 두 사람이 기조 연설을 할 때 스크린에는 이런 문구가 떴다.

'The Future is in Your Hands.
The Next Revolution of Entertainment'

미디어 혁명의 시작을 알리는 신호탄이었다.

2020년 1월은 그 어느 해의 1월보다 중요했던 시기였다고 과감하게 말하고 싶다. 1월 초 CES에서부터 1월 말 다보스포럼에 이르기까지, 한결같이 향후 10년이 과거의 10년과는 비교조차 되지 않을 정도로 다를 것이라는 메시지를 전하고 있었기 때문이다. 이번 CES는 향후 10년 동안의 기술이 경험을 제공하는 플랫폼으로의 비즈니스 대전환이 이뤄질 것을 보여줬으며, 이를 위해 인공지능 기술을 중심으로 한 디지털 트랜스포메이션에는 폭발적인 가속도가 붙을 것이라고 예고했다.

2016년 4차 산업혁명을 이슈화했던 다보스포럼은 올해 '이해관계자 자본주의stakeholder capitalism'를 발표했다. 기업의 목적이 주주의 이익 극대화가 아니라 고객, 직원, 파트너사, 지역사회를 비롯한 사회 전체 모든 이해관계자의 요구를 충족시키는 데 초점을 맞춰야 한다는 개념이다. 지구온난화와 환경오염, 전 세계를 강타한 '코로나19'와 같은 신종 바이러스 문제, 사회적 불평등과 빈부격차 등의 이슈도 이해관계자 자본주의에서 다루고자 하는 내용에 해당된다. 이러한 변화는 우리가 새로운 10년을 맞이하는 데 있어 기존 산업을 이끌어왔던 거대 기업들이 많은 공격을 받게 될지도 모른다는 예측을 하게 만들기도 한다.

관점의 변화가 미래를 좌우한다

변화! 변화는 어디서부터 시작되는 것일까? 많은 기업의 오너, 중역들과 대화하다 보면 '옛날에는~' 하면서 과거 얘기부터 꺼내는 경우를 종종 본다. 특히 나보다 젊은 40대의 후배 기업인들이 '옛날에는 이랬는데…'와 같은 말로 얘기를 시작하려 하면 사실 좀 당황스럽다. 그분들을 무시하려는 얘기가 절대 아니다. 그저 세상이 변했다는 것을, 변해도 너무 많이 변했다는 것을 이야기하려는 것이다. 이제는 과거의 경험을 우선으로 생각해선 안 된다. 새로운 것을 새롭게 보고 다르게 생각해야 한다. 정말 본인이 변화하길 원한다면 말이다. 옛날의 시각으로 보고 판단하려 하면 절대 이해할 수 없는 것이 오늘날의 세상이다.

30~40년 전에는 '만들면 팔렸던' 시대가 있었다. 그리고 그 후 10~20년 전에는 '잘 만들면 팔렸던 시대'가 있었고, 10년 전부터 바로 어제까지는 '잘 팔릴 물건을 잘 만들어야 팔리는 시대'인 듯 보였다. 그렇다면 오늘과 내일은 무엇일까? 완벽하게 예측할 수

는 없지만, 반드시 '물건'을 만들어서 파는 시대가 아니라는 것은 알 수 있다. 물건이 아니라 물건으로부터 서비스라는 '가치'를 창출해 소프트웨어 플랫폼에서 파는 시대가 될 것이다. 이때 데이터는 다시 새로운 서비스를 만들어내는 귀중한 전략적 도구로 사용될 테다.

불과 10년 전, 소유한 자동차 한 대 없이 운송업 서비스 플랫폼을 만든 우버는 100년을 건재했던 운송 업계의 판도를 뒤집었다. 우버에서 시작된 공유 서비스는 이제 모빌리티 서비스로 확대돼 골목을 누비는 킥보드에서 하늘을 나는 자율주행 비행 공유 플랫폼으로까지 확장되며 스마트 시티의 변화까지 예견하고 있다. 자동차 공유가 더 활발해지면 전체 자동차 생산량은 지금의 1/10로 줄어들 것이고, 자율주행차 공유 서비스까지 시작되면 지금의 차량 공유 서비스가 가져온 변화 이상의 변화가 일어날 것이다. 또한 전기차가 수요가 늘어나면 내연기관 자동차를 중심으로 구축된 협력 파트너 생산 체계에도 많은 변화가 생길 것이다. 전기차 AS는 기존 수리점이 아니라 각 자동차 회사에서 제공할 확률이 높기에 엔진오일을 갈아주는 자동차 수리업체는 빠르게 사라질 것으로 보인다.

호텔 방 하나 없이 숙박업 서비스 플랫폼을 만든 에어비엔비 역시 전통적인 숙박 업계에 파괴적인 변화를 가져왔다. 바로 뒤이어 공유 오피스가 탄생하기도 했다. 이런 공유 서비스 플랫폼 비즈니스는 향후 10년간 모든 산업에 적용되며 기존 산업을 리뉴얼해 갈 것이다. 공유 주방은 조만간 동네 골목 식당들의 생존을 위협하는 존재가 될 것으로 예상한다. 월 160만 원에 주방을 빌려 음식을 만들고 공유 주방 서비스 플랫폼을 통해 전문적인 마케팅과 빅 데이터를 활용한 홍보, 배달까지 진행하는데 작은 골목 식당이 이를 어떻게 이길 수 있겠는가.

게다가 5G 기술이 대중화되기도 전에 지금 몇몇 국가와 기업에서는 2030년에 선보일 '6G' 기술 개발을 시작했다. 아직 확실한 스펙이 정해진 것은 아니지만 2019년 11월에 나이지리아에서 열린 기술 전시회 'TechPlus'에서 들은 바로는 6G의 속도가 5G(20기가bps)보다 약 5배 빠른 1테라bps대라고 한다. 6G 기술의 실현은 슈퍼 사물 지능Super IoT 기술을 통한 초연결·슈퍼지능 시대로의 이행을 의미한다. 사람과 사람, 사람과 기기, 기기와 기기가 6G로 연결돼 새로운 '서비스'를 만들어낼 것이다. 영화 〈아이언맨〉에서 토니 스타크 역을 연기한 로버트 다우니 주니어가 음성으로 허공에 홀로그램 영상을 띄워 컴퓨터를 하던 장면이 현실에서 재현되며 디스플레이 혁명이 일어날 날이 머지 않은 듯하다.

이렇듯 '관점의 변화'에서부터 출발해야 한다. 상품이 아닌 서비스를 매장이 아닌 소프트웨어 플랫폼에서 판매하는 시대의 이해부터가 변화의 시작이다. 지금처럼 빠르게 변하는 현실 속에서 2030년을 생각하면 답답한 마음부터 들거나 걱정이 앞설 수도 있다. 하지만 미래의 불확실성은 누구에게나 같은 조건으로 주어지는 것이다. 다만, 어떻게 미래를 바라보고 예측하고 준비하느냐에 따라 10년 후의 결과를 달라지게 할 수는 있다. 2030년을 기회로 만들 것인지 위기로 만들 것인지는 당신의 선택에 달렸다.

나는 지금도 하고 싶은 게 너무 많다

나는 하고 싶은 게 너무 많다. 50의 중년이 된 지금도 하고 싶은 게 많아 고민 아닌 고민에 빠지곤 한다. '어떻게 시간을 만들어 저걸 할까?' 하고 궁리하기 일쑤다. 일단 하기로 마음먹은 일은 바로 실행에 옮긴다. 이런 성향이 지금의 나를 만든 것임엔 분명해 보인다.

그런데 사실 원래는 이렇게 적극적인 스타일이 아니었다. 어릴 때는 키가 작았다. 중학교에 들어가니 다른 친구들은 키가 쑥쑥 자라는데 나는 그렇지 않아서 반 아이들을 키 순서대로 줄 세우면 앞에서부터 3번째 정도에 머무르곤 했다. 상황은 고등학교에 입학해서도 별반 다르지 않았다. 전교에서 내가 제일 작았고, 키 때문에 주눅들기 일쑤였다. 그저 얌전하고 성실하게 학교에 다니는, 반에 있는 '학생1' 정도의 내성적인 아이였다. 방과 후에는 조그만 문고판 책을 벗삼아 시간을 보내곤 했다.

도전을 해야 운도 따른다

그런 내 성향이 바뀌게 된 것은 고등학교 2학년 때의 일이었다. 친구가 연극을 보러 가자고 해서 연극이 뭔지도 모르고 따라나섰다. 그때 대학로의 작은 소극장을 찾은 것이 계기가 돼 연극의 세계에 호기심이 생겼고 이후 송승헌이 무대에 오른 연극 〈에쿠우스〉를 보고 푹 빠지게 됐다. 틈만 나면 연극을 보러 다니며 나도 무대에 오르고 싶다는 욕망을 키워왔던 것 같다. 어쩌면 사춘기 시절 작은 키로 주눅들었던 마음을 연극으로 해소했던 것인지도 모르겠다.

대학에 입학하자마자 연극 동아리인 '극예술연구회'에 입단했던 것도 그때 생긴 관심의 연장선이었다. 군대에 가기 전인 3학년 때까지 연극에 미쳐 살았다. 음향, 조명, 기획 보조 등등 스태프로 시작해 엑스트라, 주인공으로 무대에 오르기까지 학교 수업과 연극, 두 가지에만 집중했다. 제대 후 복학을 해서 가장 먼저한 일이 연극 연출이었으니 말 다했다. 남들은 그 시기에 취업 준비에 여념이 없었는데 나는 무슨 배짱인지 취업 준비를 하면서도 연극을 일상에서 빼지 않았다. 그때 여출한 작품이 《양철북》의 작가인 '권터 그라스'가 쓴 희곡 〈민중들 반란을 연습하다〉였다. 1953년 동베를린에서 일어난 노동자 봉기를 다룬 내용이라 당시 민주화 운동이 한창이던 우리나라에서는 무대에 올리기가 조심스러웠던 게 사실이었다. 하지만 공연장 밖에서 민주주의를 외치는 함성과 최루탄 가스가 난무하던 그때 나는 배우들과 무대 위에서 민주화를 위한 봉기를 준비했다. 실제로 연극 포스터를 시내에 붙이자 공연의 내용이 불법이니 이를 떼라는 계고장이 학교로 날아오기도 했다. 이 연극 동아리 활동은 내성적이던 나를 진취적이고 사교적인 성격으로 바꾸어갔다. 좀 뻔뻔해지기도 했고. 그리고 이때부터 하고 싶은 게 생기면 주저하지 않고 바로 실행에 옮기는 오늘의 내가 만들어지기 시작했다.

무대 예술 중에는 오페라를 가장 좋아한다. 배우가 관객에게 노래와 춤, 연기 모두를 사용해 메시지를 전달하는 종합예술이기 때문이다. 특히 배우가 미묘한 감정을 때로는 노래로, 때로는 바이올린 선율로 잡아내고 표현할 때면 그 감동에 푹 빠지곤 했다. 무대가 끝난 뒤엔 극 전체를 CD로 들으며 그때의 감동을 복기하는 게 즐거움 중 하나였다. 오페라를 즐겨 보기 시작하면서부터는 틈틈이 악기를 배웠다. 기타, 하모니카, 대금… 둘째 아이가 초등학생일 때는 색소폰을 함께 배워 학원 친구들과 분당 율동공원에서 공연을 하기도 했다. 석양이 내려앉은 저녁, 주황색 불빛

이 호수 위에 퍼저나갈 즈음 무심코 들리는 색소폰 소리는 마음을 떨리게 만들었다.

나는 와인 애호가이기도 하다. 오랜 외국계 회사 생활에 와인을 마실 기회가 많아 자연스럽게 좋아하게 됐다. 관련 책을 사서 읽으며 독학을 하기 시작했고, 와인 소믈리에 전문 기관인 WSET에서 공부를 하기도 했다. 그리고 출장이나 여행으로 해외에 가게 되면 목적지 주변의 와인 산지를 필수로 들렀다. 가서 시음도 해보고 해당 와인이 생산된 포도밭에 가서 포도도 따먹어 보고 흙도 맛보았다. 오래 전 아내와 프랑스로 여행을 갔을 때도 와인으로 유명한 보르도 지역을 방문했다. 관광이 아닌 와인 공부를 목적으로 가는 것이었기에 1,000페이지가 넘는 로버트 파커의 《보르도 와인》도 챙겼다. 짐을 싸면서 아내가 이렇게 무겁고 두꺼운 책을 왜 힘들게 가져가느냐고 말려서 실랑이를 벌이기도 했다. 결과는 내 집요함의 승리였다. 당시엔 출국 6개월 전부터 여행 스케줄을 짜며 《보르도 와인》을 세 번이나 정독하기도 했다. 각 지역별로 일정을 정리하고 가고 싶은 와이너리를 선별했다. 고르고 나니 전부 상시개방을 하지 않는 곳이라 방문 요청 메일을 보내야 했는데, 내 이메일이 꽤 호소력 있었는지 대부분이 승인 답장을 보내왔다. 일뿐만 아니라 다른 여러 영역에서도 이런 노력과 정성이 있어야만 내가 원하는 것을 얻을 수 있는 것이 아닐까. 그런데 놀라운 일이 벌어졌다. 보르도의 포므롤 지역에 '샤

토 르 팽Chateau Le Pin'이라는 와이너리가 있는데 이곳은 와인을 일 년에 4,000병 정도만 생산하는 작은 곳이었다. 생산량은 많지 않지만 최고 레벨의 와인을 만드는 곳이라 와인 중계인들에게도 와이너리 오픈이 제한적이라고 들었다. 그래도 꼭 가보고 싶은 마음에 다음과 같이 메일을 보냈다.

르 팽 귀하에게.
와인을 좋아하는 한국의 이용덕입니다.
사랑하는 아내와 보르도 여행을 계획 중인데 꿈의 레전드 와 같은 당신의 와인을 항상 동경해왔습니다. 당신의 와이 너리를 방문할 수 있는 기회를 허락해주길 바랍니다.

6개월 동안 답이 없어 역시 안 되는구나 하고 체념한 채 프랑스 여행길에 올랐다. 그런데 보르도에 도착하기 하루 전 날 한 줄의 이메일이 도착했다. 며칠 후 오후 3시에 방문할 수 있는지 묻는 내용이었다. 약속된 시간에 아내와 함께 와이너리에 방문하자 60대 후반의 오너가 우리를 맞아줬다. '르 팽은 프랑스어로 소나무를 뜻합니다'로 시작된 설명은 와이너리의 내부와 와인 생산 과정 등에 대한 이야기로 이어졌다. 오크통에서 직접 와인을 뽑아내 시음해볼 수 있는 배럴 테스트barrel test의 영광을 얻기도 했다. 그의 사무실로 자리를 옮겨 얘기를 나눈 후 헤어지려는데 갑자기 자리를 비우더니 한참 후에 먼지가 뽀얗게 앉은 하프바틀 와인 한 병을 들고 나타나 우리에게 선물로 주었다. 약 2시간 동안 세계에서 가장 유명한 와이너리의 오너 자크 티엔퐁^{Jacques Thienpont}과 특별한 만남을 가졌고 거기에 와인까지 선물로 받았으니 이런 행운이 또 어디있겠는가. 그 후로 몇 년간 그에게 크리스마스 카드를 보내며 감사의 마음을 전하곤 했다. 모두 메일 한 통에서 시작된 일이었다. 실패의 가능성을 알지만 성공의 가능성 또한 믿었으며, 하려고 마음먹은 일을 귀찮아하거나 미루지 않았기에 가능한 일이었다고 생각한다.

물론 이렇게 열심히 최선을 다해 실행에 옮겼지만 결과가 만족스럽지 않을 때도 많았다. 당연히 실패를 하기도 했다. 그런데 부지런한 새가 벌레를 잡는다는 속담처럼 많이 도전하다 보니 성공의 확률이 점점 높아졌다. 흔히 농담으로 운칠기삼^{運七技三}이란 말을 한다. 나는 여기에 이렇게 덧붙이고 싶다. 뭐든 실행에 옮겨야 운도 따른다고. 하지도 않고서 운을 바라는 것은 기회가 널린 이 시대에 가장 바보 같은 선택일지도 모른다.

낮 동안은 깨어 있어라

7년 전 어느 날, 가장 존경하는 대학원 스승님을 만나게 됐다. 그분은 사진에 취미가 있었고 명예 정년퇴직을 한 후에는 사진에 더 몰입하시며 예술가들과의 네트워크를 확장해가셨다. 그러면서 한국 화가들의 힘든 상황을 알게 돼 후원단체 수립을 계획 중이라고 하셨다. '그림 한 점으로 세상을 따뜻하게'라는 슬로건에 동감한 나는 한국화가협동조합 설립에 동참하게 됐다. 올해로 6년을 맞이하는 이 단체에는 40여 명의 한국 중견 화가들이 소속돼 있다. 화가들이 마음 편히 작업할 수 있도록 그들의 작품을 서초동에 있는 '갤러리 쿰'에서 1년간 상설 전시한다. 이사장인 스승님과 부이사장인 나를 비롯해 모든 이사들이 무보수로 갤러리 운영을 지원하고 화가들의 그림 판매에 더해 여러 사회 환원 프로그램을 진행하고 있다. 특히 올해부터 전국 6,500개 초등학교에 '그림 걸어주기 프로젝트'를 시작한다. 대도시보다는 예술 소외 지역인 강원도에 있는 10개 초등학교에 조합 소속 화가의 작품 수백 점을 걸고, 작가들의 그림 그리기 클래스도 열어 아이들이 어릴 때부터 예술을 접하며 바른 인성을 갖는 데 도움을 주려고 한다. 화가협동조합의 일을 지원하는 것은 내가 지금 하고 있는 멘토링 사업과 큰 맥을 같이 하는 것일지도 모르겠다.

작년에는 멘토링 사업을 후원하기 위해 인공지능 스타트업 회사를 만들었다. 인공지능 전문가로서 대한민국 산업에 도움을 주고자 하는 마음에 해당 분야 석학과 인공지능 전문가를 양성하는 클래스 운영도 시작했다. 물론 영리 목적의 기업이긴 하지만, 목요일과 금요일에만 한 기수에 24명을 배출하는 소수 정예 클래스를 운영하는 것은 사회환원 프로젝트의 일환으로 볼 수도 있겠다.

이렇듯 지금도 나는 많을 일을 하고 있다. '드림앤퓨처랩스'의 캡틴으로서 2만 명 이상의 멘티들과 인연을 만들어왔고, 연락이 오면 언제든 만나서 멘토링을 해준다. 드림앤퓨처랩스 소속 11개 스타트업을 지원하는 일도 계속 진행 중이다. 이들뿐 아니라 40개 이상의 스타트업에 멘토의 역할을 지속하며 같이 이야기를 나누고 있다. 무역협회의 스타트업 브랜치 멘토로서, 한국정보산업연합회의 소프트웨어 마에스트로 과정의 멘토로서, 또 한국 NGO 최초로 UN 환경본부의 인가를 받은 에코맘코리아의 멘토로서 초·중학생들을 위한 활동도 하고 있다. 이화여대 겸임교수로 강의를 하고 있고, 매년 약 80회 이상 기업과 학생들을 위한 기술 강연과 멘토링 강연을 한다. 멘티들을 위한 북클럽을 상시로 운영하고, CEO 북클럽 멤버로 한 달에 한 번씩 독서 토론회에 참여하기도 한다. 한국화가협동조합 부이사장으로 화가들을 후원하고 있으며 소프트웨어 중심의 벤처 회사들이 모인 한국클라우드협동조합 이사로 조합의 일도 돕고 있다. 드림앤퓨처랩스를 후원하는 수산그룹, 한국SW산업협회와 청년 창업을 이끌기 위한 'SW 창업 공모전'도 매년 주관한다. 마지막으로 3개 사업부를 둔 스타트업 회사도 운영 중이다. 그리고 짬을 내서 틈틈이 원고를 쓰고 있다. 지금 이 책의 원고가 완성되면 다음 책을 또 쓰기 시작해야 한다.

어떻게 이 많은 것들이 가능할까? 솔직히 나도 잘 모르겠다. 나의 하루는 아침 7시에 시작된다. 8시부터 9시 30분까지 피트니스 센터에서 운동을 하고 10시부터 업무를 시작한다. 잠자리에 드는 건 새벽 1시. 깨어 있는 시간에는 쉬지 않고 무언가를 계속해왔다. 생각과 행동이 다른 일을 멀티로 하고 있을 때도 있다. 종종 이런 질문을 받는다.

"아니 어떻게 그 많은 일을 다 하세요? 비결이 뭐예요?"

그러면 난 이렇게 답하곤 한다.

"예전엔 하루가 36시간이었는데 지금은 늙어서 하루를 25시간으로밖에 못 만들겠더라고요."

"헐~~!"

그렇다. 내 경험에 의하면 시간은 만드는 것이지 주어지는 것이 아니다. 나는 지금까지 어떤 일을 하든 '꿈'을 정하고 '꿈'을 이루기 위한 계획을 세워 실행에 옮겨왔다. 그렇게 하다 보니 목표 하나하나에 가속이 붙어 점점 더 불어났는지도 모른다. 아내가 힘들지 않느냐고 묻는다. 물론 힘들 때도 있다. 하지만 내가 하고 싶은 일을 하는 것이기에 마음은 행복하다.

나는 지금 여러분에게 오랫동안 젊은이들과 함께 경험한 '꿈'과 '미래'에 대해 이야기하고 있다. 강산도 변한다는 10년이 훨씬 넘는 시간 동안 그들과 함께 어우러져 왔다. 그 이유가 뭘까? 바로 '변화' 때문이다. 젊은이들이 '꿈'을 이뤄가는 '변화'를 목격했기 때문이다. 미래의 비전을 보여주고 마음속에 있는 '꿈'을 끄집어내어 '실행'에 옮기도록 용기를 북돋아 주고 격려와 칭찬을 아끼지 않았다. 그랬더니 놀라운 변화가 일어났다. 나는 이 '변화'가 이들의 인생을 성공과 행복으로 이끌어갈 거라고 확신한다.

　그리고 인생은 '꿈'꾼 대로 흘러간다는 것을 여러분에게 말하고 싶다. 앞으로 우리에게 다가올 5년 뒤는 어떤 모습일까? 혹시 미래에 대해 어떠한 준비도 하지 않고 아무 생각 없이 하루하루를 보내고 있지는 않은가? '꿈'을 만들자. 그 크기는 문제가 되지 않는다. '꿈이 있다'는 자체가 중요하다. 꿈은 미래를 향한 항해, 즉 '실행'을 시작하게 하고, 이 '실행'이 변화를 만들기 때문이다. 이 글을 읽고 있는 여러분에게 묻고 싶다.

　"여러분은 5년 후, 어디에 있을지 생각해보셨나요?"

5년 후 나는 어디에 있을 것인가

1판 1쇄 발행 2020년 06월 15일
1판 5쇄 발행 2022년 09월 07일

지은이 이용덕
발행인 오영진 김진갑
발행처 토네이도

기획편집 박수진 박은화 박민희
디자인팀 안윤민 김현주
마케팅 박시현 박준서 김예은 조성은
경영지원 이혜선 임지우

출판등록 2006년 1월 11일 제313-2006-15호
주소 서울시 마포구 월드컵북로5가길 12 서교빌딩 2층
원고 투고 및 독자 문의 midnightbookstore@naver.com
전화 02-332-3310 팩스 02-332-7741
블로그 blog.naver.com/midnightbookstore
페이스북 www.facebook.com/tornadobook

ISBN 979-11-5851-177-7 03190

이 도서의 국립중앙도서관 출판예정도서목록(CIP)은 서지정보유통지원시스템 홈페이지(http://seoji.nl.go.
kr)와 국가자료공동목록시스템(http://www.nl.go.kr/kolisnet)에서 이용하실 수 있습니다.
(CIP제어번호: CIP2020020381)